CÓMO HACER QUE LOS NIÑOS TRIUNFEN

Determinación, curiosidad y el poder oculto del carácter

PAUL TOUGH

CÓMO HACER QUE LOS NIÑOS TRIUNFEN

Determinación, curiosidad y el poder oculto del carácter

PAUL TOUGH

Barcelona · México · Bogotá · Buenos Aires · Caracas ·Madrid · Miami · Montevido · Santiago de Chile

Título original: *How Children Succeed.*
Grit, Curiosity, and the Hidden Power of Character

Cómo hacer que los niños triunfen.
Determinación, curiosidad y el poder oculto del carácter

Primera edición en México, abril de 2014

D.R. © 2014, Paul Tough
D.R.© Ediciones B México por la
traducción de Carolina Alvarado
D.R. © 2014, Ediciones B México S.A. de C.V.
    Bradley 52, Col. Anzures, 11590, México, D.F.
    www.edicionesb.com.mx
    editorial@edicionesb.com

ISBN 978- 607- 480- 578- 9

Impreso en México | *Printed in Mexico*

Para Ellington,
que prefiere los libros en vez de los camiones de volteo

Índice

Introducción

En el verano del 2009, dos semanas después del nacimiento de mi hijo, Ellington.

Pasé el día en un salón de clases de preescolar en un pequeño poblado de Nueva Jersey. No había relación entre ambas cosas; mi visita al salón 140 de la Escuela Primaria Red Bank no fue para estudiar al grupo como papá primerizo, sino para intentar comprenderlo como periodista.

A primera vista, el salón de clases parecía completamente ordinario. Las paredes de tabicón estaban pintadas de color amarillo alegre y una bandera de Estados Unidos se erguía junto al pizarrón blanco. Alrededor de la habitación, el grupo de niños de cuatro años se entretenía realizando las actividades usuales de los alumnos de preescolar: construían torres con bloques de plástico, empujaban camiones a lo largo de los areneros o armaban rompecabezas. Pero conforme avanzó el día, me di cuenta de que en realidad lo que sucedía en el salón 140 no era nada común y se manifestaba tanto de maneras evidentes como sutiles. Para empezar, era sorprendente la tranquilidad y orden de los estudiantes. Ese día no hubo lágrimas, ni rabietas, ni ataques de ira, ni peleas. Para mi mayor sorpresa, la maestra (la señorita Leonardo) no parecía estar haciendo esfuerzos extraordinarios por mantener el orden o por dirigir siquiera el comportamiento de los niños de forma obvia. No hubo regaños, estrellas en la frente ni tiempos fuera. Nada de "me gusta cómo están poniendo atención". De hecho, no hubo ningún premio por buen comportamiento, ni castigo por malo.

Los estudiantes del salón 140 estaban inscritos en un programa llamado Tools of the Mind[1] (Herramientas de la mente), un plan para preescolar relativamente nuevo creado por dos pedagogos en Denver. El programa se basa en una teoría poco ortodoxa del desarrollo infantil. Actualmente, la mayoría de las escuelas para niños pequeños en Estados Unidos están diseñadas para desarrollar un conjunto de habilidades pre-académicas específicas, en su mayoría relacionadas con descifrar textos y manipular números. Tools of the Mind, en contraste, no se enfoca mucho en la lectura ni en las habilidades matemáticas. Por el contrario, tiene como objeto ayudar a los niños a aprender habilidades de otro tipo: como controlar sus impulsos, mantenerse enfocados en la tarea que están realizando, evitar las distracciones y las trampas mentales, manejar sus emociones u organizar sus pensamientos. Los fundadores de Tools of the Mind creen que estas habilidades, que agrupan bajo la rúbrica de "autorregulación", contribuirán más para alcanzar resultados positivos en el primer grado y más allá, que el menú tradicional de habilidades pre-académicas.

A los estudiantes de Tools of the Mind se les enseñan una variedad de estrategias, trucos y hábitos que pueden poner en práctica para mantener sus mentes enfocadas. Aprenden a usar el "diálogo privado": hablar con ellos mismos mientras realizan una tarea difícil para ayudarles a recordar qué paso sigue. Por ejemplo, al escribir la letra W pueden ir mencionando: abajo, arriba, abajo, arriba.

Utilizan "mediadores", que son objetos que les permiten recordar cómo completar una actividad en particular (por ejemplo, durante la lectura en parejas usan dos tarjetas, una con unos labios y una con una oreja, las cuales indican a quién le toca leer en voz alta y a quién le toca escuchar).

Cada mañana, llenan formatos de "planes de juego", donde escriben o dibujan lo que harán ese día: voy a manejar el tren;

voy a llevar a las muñecas a la playa. Y pasan largas horas enfrascados en lo que se denomina "juego dramático maduro", en el que se crean situaciones imaginarias, extensas y complejas que los diseñadores de Tools of the Mind consideran útiles para aprender, de manera natural, cómo seguir reglas y controlar sus impulsos.

Mientras observaba a los niños del salón 140, me descubrí pensando inevitablemente en mi hijo Ellington, esa diminuta vida que hacía ruiditos, eructaba y lloraba a unos cincuenta kilómetros al norte, en mi departamento de Manhattan. Sabía que quería para él una vida feliz y exitosa, pero en realidad no comprendía exactamente qué eso significaba, o qué se supone que debíamos estar haciendo mi esposa y yo para ayudar a guiarlo hacia ese punto. No estaba solo en mi confusión de padre. Ellington nació en un momento particularmente agobiante de la historia de la educación en Estados Unidos. Y ese agobio ha ido en aumento, particularmente en ciudades como Nueva York, donde la competencia por los lugares en las escuelas preescolares selectas es casi épica. Recientemente, un par de economistas de la Universidad de California llamaron a este concurso nacional por alcanzar logros académicos precoces la Rug Rat Race[2]. Cada año, la carrera parece empezar antes y volverse más intensa. Dos años antes de que naciera Ellington, la cadena Kumon de centros de asesorías abrió su primera franquicia de Junior Kumon en la ciudad de Nueva York. Ahí, los niños a partir de los dos años de edad pueden pasar las mañanas llenando hojas de trabajo y completando ejercicios de reconocimiento de letras y números. "La edad ideal es los 3 años…[3]" comentó el director financiero de Kumon a un reportero del *New York Times*. "…Pero si ya dejaron el pañal y pueden estarse quietos con el instructor de Kumon durante 15 minutos, los aceptamos".

Ellington crecerá en una cultura impregnada de esta noción que podría denominarse "la hipótesis cognitiva"; que en otras palabras es la creencia, no siempre expresada, pero comúnmente aceptada, de que hoy en día el éxito depende principalmente de las habilidades cognitivas. Es el tipo de inteligencia que se mide en las pruebas de coeficiente intelectual (CI) e incluye las habilidades para reconocer letras y palabras, realizar cálculos e identificar patrones. Por otra parte, la hipótesis cognitiva sostiene también que la mejor forma de desarrollar estas habilidades es practicarlas tanto como se pueda y empezando lo antes posible. Estas premisas son tan aceptadas de forma universal que se suele olvidar lo relativamente reciente de su invención. De hecho, es posible rastrear su origen contemporáneo a 1994, cuando la Carnegie Corporation publicó *Starting Points: Meeting the Needs of Our Youngest Children* (*Puntos de partida: satisfacer las necesidades de nuestros niños más pequeños*[4]), un informe que sonó la alarma sobre el desarrollo cognitivo de los niños en Estados Unidos. El problema, según el informe, era que los niños ya no recibían suficiente estímulo cognitivo en los primeros tres años de vida, en parte debido al creciente número de familias monoparentales y a las madres que trabajan, por lo cual llegaban al kínder sin estar listos para aprender. El informe generó una industria entera de productos para niños "de cero a tres años" que tenían el propósito de optimizar cerebros y tranquilizar a los padres preocupados. Se vendieron miles de millones de dólares de libros, gimnasios para bebés y DVD de *Baby Einstein*.

Los hallazgos del estudio Carnegie, y los que le siguieron, tuvieron un efecto poderoso en las políticas públicas: legisladores y filántropos concluyeron que los niños en desventaja se estaban rezagando debido a su entrenamiento cognitivo insuficiente. Los psicólogos y sociólogos encontraron pruebas que vinculaban el bajo rendimiento académico de los niños de pocos recursos con una falta de estimulación verbal y matemática en casa y en la escuela. Uno de los estudios más famosos sobre este tema, sobre el cual escribí en mi primer libro, *Whatever it takes (Lo que sea necesario)*, lo realizaron Betty Hart y Todd R. Risley[5], dos psicólogos infantiles que, a principios de la década de 1980, estudiaron intensivamente a un grupo de cuarenta y dos niños de Kansas City, pertenecientes a tres tipos de familias: profesionistas, de clase trabajadora o que recibían ingresos del sistema de asistencia social. Hart y Risley encontraron que la diferencia crucial en la educación de los niños, y la causa de la divergencia en sus resultados posteriores, se reducía a una cosa: el número de palabras que los niños escuchaban de sus padres al inicio de la vida. Hart y Risley determinaron que, a los tres años, los niños criados por padres profesionistas habían escuchado unos treinta millones de palabras, mientras que los niños con padres que recibían asistencia social solo habían escuchado diez millones. Esa desventaja, concluyeron, era en la raíz de los fracasos posteriores de los niños más pobres, ya sea en la escuela como en la vida.

La hipótesis cognitiva tiene algo innegablemente atrayente. El mundo que describe está muy bien definido, es reconfortantemente lineal y es un caso claro en el que poner algo aquí produce resultados acá. Menos libros en casa significaba menor capacidad de lectura; menos palabras pronunciadas por los padres indicaba un vocabulario más reducido para los hijos; más hojas de trabajo en Junior Kumon significaban mejores calificaciones en matemáticas. Estas correlaciones a veces parecían cómicamente precisas: Hart y Risley consideraron que un niño que creciera en una familia que viviera de la asistencia social necesitaría cuarenta y un horas a la semana de trabajo intensivo con el lenguaje para cerrar la brecha con el vocabulario de un niño proveniente de una familia de clase trabajadora.

Pero, en la década pasada, y en particular en los últimos años, un grupo heterogéneo de economistas, educadores, psicólogos y neurocientíficos empezó a generar evidencias que cuestionan los supuestos de la hipótesis cognitiva. Lo que importa más en el desarrollo del niño, señalan, no es cuánta información le podamos meter en el cerebro en sus primeros años. Lo que importa, más bien, es si somos capaces de ayudarle a desarrollar un conjunto muy distinto de cualidades, que incluye persistencia, autocontrol, curiosidad, meticulosidad, determinación y confianza.

Los economistas se refieren a esto como habilidades no cognitivas, los psicólogos las llaman rasgos de personalidad y el resto de nosotros solemos pensar en ellas como el carácter.

En ciertos casos, esta frías consideración sobre de la hipótesis cognitiva es enteramente válida, como aquella que indica que para desarrollar una habilidad lo importante es empezar antes y practicar más. Por ejemplo, si se quiere perfeccionar un tiro en el basquetbol, será más beneficioso tirar doscientos tiros libres cada tarde que solamente veinte. Claramente algunas habilidades son bastante mecánicas.

Para un niño de cuarto grado, leer cinco libros en el verano mejorará más su capacidad de lectura que leer un solo libro. Pero en lo que respecta a desarrollar los elementos más sutiles de la personalidad humana, el asunto no es tan sencillo. No se puede mejorar la capacidad de sobreponerse a la decepción trabajando más en ello durante más horas. Y los niños no se retrasan en curiosidad simplemente porque no empezaron a curiosear desde muy pequeños. Es indudable que los caminos a través de los cuales adquirimos y perdemos estas habilidades no son aleatorios (los psicólogos y neurocientíficos han aprendido mucho en las últimas décadas sobre de dónde vienen estas habilidades y cómo se desarrollan) pero son complejos, extraños y a veces hasta misteriosos.

Este libro trata sobre una idea que está volviéndose cada vez más clara y que está ganando ímpetu en las escuelas, clínicas, laboratorios y salas de conferencias de todo el mundo. Según esta nueva manera de pensar, el conocimiento convencional sobre el desarrollo infantil a lo largo de las últimas décadas ha estado mal enfocado. Nos hemos estado concentrando en las habilidades y talentos equivocados y hemos utilizado las estrategias erróneas para ayudar a fomentar y enseñar estas habilidades a nuestros hijos. Tal vez sea prematuro llamar a esto una nueva escuela de pensamiento. En muchos casos los investigadores que están incrementando este acervo de conocimiento trabajan de manera aislada. Pero, cada vez con mayor frecuencia, estos científicos y educadores se encuentran y se conectan, traspasando las fronteras de sus disciplinas académicas. El argumento que están construyendo tiene el potencial de cambiar la manera de educar a nuestros hijos, de administrar las escuelas y de construir una red de seguridad social.

Si pudiéramos colocar a una sola persona al centro de esta nueva red interdisciplinaria, sería James Heckman, economista de la Universidad de Chicago. Tal vez Heckman parezca una figura poco representativa de un líder contrario a la supremacía de la habilidad cognitiva. Es un intelectual académico clásico: con gruesos anteojos, un CI estratosférico y la bolsa de la camisa llena de lapiceros. Creció en Chicago en las décadas de 1940 y 1950, fue hijo del administrador de una empacadora de carne. Ninguno de sus padres tuvo educación universitaria, pero ambos reconocieron pronto que su hijo poseía una mente precoz. A los ocho años, Heckman leyó el popular libro de autoayuda *30 days to a more powerful vocabulary* (*30 días para conseguir un vocabulario más poderoso*) y, a los nueve, ahorró y ordenó *Mathematics for the practical man (Matemáticas para el hombre práctico)* porque lo había visto anunciado en unas historietas. Heckman resultó tener un talento natural para las matemáticas, sintiéndose más a gusto entre ecuaciones que entre cosas o personas. De adolescente, para divertirse, se habituó a elegir números largos y dividirlos mentalmente en los números primos que constituían sus factores más pequeños: lo que los matemáticos llaman factorización en primos. Además, según me contó a los dieciséis años, cuando recibió su número de seguridad social, lo primero que hizo fue factorizarlo en primos.

Heckman se convirtió en profesor de Economía, primero en la Universidad de Columbia y después en la Universidad de Chicago. En 2000 ganó el Premio Nobel de Economía por un método estadístico complejo que inventó en la década de 1970. Entre economistas, Heckman se conoce por su habilidad en la econometría, una especie de análisis estadístico particularmente enigmático que, por lo general, resulta incomprensible para cualquiera, salvo otros econometristas. Asistí a varias de las clases de posgrado de Heckman y, aunque hice mi mejor esfuerzo por entender, la mayor parte de las conferencias eran imposibles de seguir; estaban llenas de ecuaciones misteriosas y frases como "las funciones generalizadas de Leontief" y "la elasticidad de sustitución de Hicks-Slutsky" que me hacían sentir deseos de recargar la cabeza en el escritorio y cerrar los ojos.

Aunque las técnicas de Heckman parecen impenetrables, sus objetos de estudio son lo contrario. En los años posteriores a su premio Nobel, Heckman, en vez de usar la influencia y el prestigio que adquirió para solidificar su reputación como economista, se valió de su estatus para expandir sus objetivos e influencia hacia nuevas áreas de estudio que antes desconocía, incluyendo la psicología de la personalidad, la medicina y la genética.

Desde 2008, Heckman ha estado convocando a conferencias a las cuales asisten tanto economistas como psicólogos, todos involucrados de una u otra manera con las mismas cuestiones: ¿qué habilidades y características conducen al triunfo?, ¿cómo se desarrollan durante la niñez? y ¿qué herramientas o técnicas podrían ayudar a los niños a que les vaya mejor?

Heckman supervisa a un grupo de estudiantes de posgrado, principalmente extranjeros, e investigadores del campus de Chicago. Trabajan juntos constantemente en diversos proyectos simultáneos, y cuando Heckman habla sobre este proyecto, salta de un tema al otro, refiriéndose con igual entusiasmo al estudio de monos en Maryland, al de gemelos en China o a su colaboración con un filósofo sobre la verdadera naturaleza de la virtud.

La transformación de la carrera de Heckman tiene sus raíces en un estudio que inició a finales de la década de 1990 en el programa GED General Education Development (Desarrollo educativo general)[6] que, en aquel entonces, era una manera popular de obtener el diploma de bachillerato para quienes habían desertado de la escuela. A este programa se le consideraba una herramienta para subsanar vacíos académicos, así como una ruta alterna para llegar a la universidad que brindaría oportunidades a estudiantes de bajos ingresos o a minorías, que son quienes tienen más probabilidades de salirse del bachillerato.

El crecimiento del programa GED se basa en una versión de la hipótesis cognitiva: la noción de que lo que se desarrolla en las escuelas, y lo que certifica un diploma de bachillerato, es la habilidad cognitiva. Si un adolescente ya tiene el conocimiento y la capacidad para graduarse de bachillerato, no tiene por qué perder su tiempo terminándolo. Puede hacer un examen que mida ese conocimiento y habilidades y el estado lo certificará legalmente como graduado de bachillerato, tan preparado para ingresar a la universidad (o para cualquier otra finalidad posterior a estos estudios) como cualquier otro egresado. Es una idea atractiva, en especial para los jóvenes que no soportan la escuela, y el programa se expandió rápidamente a partir de su introducción en la década de 1950. En su auge, en 2001, más de un millón de jóvenes hicieron el examen y casi uno de cada cinco nuevos graduados de bachillerato tenía un título de GED (la cifra actual es de uno de cada siete).

Heckman quiso examinar si los jóvenes con GED estaban tan bien preparados para las actividades académicas futuras como quienes habían cursado por completo el bachillerato.

Analizó unas cuantas bases de datos nacionales y se dio cuenta de que, de muchas maneras, la premisa era enteramente válida: según su valoración de los resultados, quienes tienen un GED son igual de inteligentes que los graduados del bachillerato. Pero cuando Heckman examinó su trayectoria en la educación superior, descubrió que los que tenían un GED no se parecían en nada a los graduados del bachillerato. Heckman descubrió que solo 3 por ciento de los receptores de un GED estaban inscritos en un programa universitario de cuatro años o habían completado algún tipo de grado posterior, comparado con 46 por ciento de los graduados de bachillerato.

También analizó toda clase de derivaciones futuras importantes: ingreso anual, tasa de desempleo, tasa de divorcio o uso de drogas ilegales, y los resultados demostraron resultados idénticos entre los receptores de un GED y los desertores del bachillerato, a pesar del hecho de haber obtenido este título supuestamente valioso y a pesar del hecho de ser, en promedio, bastante más inteligentes que los desertores.

Esta información es útil aunque deprimente: parece ser que a largo plazo el GED es esencialmente inútil como herramienta para mejorar la vida. Incluso puede tener un efecto negativo al promover que los jóvenes se salgan de la escuela.

Para Heckman, los resultados presentaban un confuso rompecabezas intelectual. Al igual que la mayoría de los economistas, creía que la habilidad cognitiva era el determinante más confiable para definir cómo se desarrollaría la vida de una persona. Sin embargo, acababa de descubrir un grupo, los receptores de un GED, cuyas buenas calificaciones no parecían tener ningún efecto positivo en sus vidas.

Lo que faltaba en la ecuación, concluyó Heckman, eran los rasgos psicológicos que les habían permitido a los graduados del bachillerato terminar la escuela. Estas características (una propensión a persistir en tareas aburridas y con frecuencia poco satisfactorias; la capacidad de posponer la gratificación; la tendencia a seguir un plan) también resultaban útiles en la universidad, en el trabajo y en la vida en general. Heckman lo explicó así en un artículo: "Sin querer, el GED se convirtió en una prueba que separa a los desertores inteligentes, aunque inconstantes e indisciplinados, de otros desertores[7]". Los receptores de un GED son "tipos avispados" que carecen de la habilidad de pensar a futuro, persistir en las tareas o adaptarse a sus entornos.

Sin embargo, el estudio del GED no le dio a Heckman una indicación de cómo ayudar a los niños a desarrollar esas habilidades no cognitivas. En búsqueda de una respuesta, llegó, hace casi una década, a Ypsilanti, Michigan, una vieja población industrial al oeste de Detroit.

A mediados de la década de 1960, en los primeros días del programa de Guerra contra la Pobreza, un grupo de psicólogos infantiles e investigadores de la educación realizó un experimento en este lugar. Buscaron a padres de familia de bajos recursos y bajo CI en un barrio negro para que inscribieran a sus hijos de tres y cuatro años en el Preescolar Perry. Dividieron al azar a los niños reclutados en dos grupos: grupo de tratamiento y grupo de control. Los niños del grupo de tratamiento ingresaron a Perry, un programa preescolar de alta calidad de dos años de duración, mientras que los niños del grupo de control tuvieron que valérselas por ellos mismos. Dieron seguimiento a estos niños por décadas, en un estudio que continúa vigente y que pretende seguirlos por el resto de sus vidas. Los sujetos de estudio ahora tienen cuarenta y tantos años, lo cual significa que los investigadores han dado seguimiento a los efectos de la intervención Perry hasta bien entrada la edad adulta.

Los niños del tratamiento mejoraron significativamente en las pruebas cognitivas mientras asistieron a esta escuela y un par de años después, pero las ventajas no duraron y, para cuando llegaron a tercero de primaria, sus CI no eran mejores que los del grupo de control. Sin embargo, cuando Heckman y otros investigadores se fijaron en los resultados a largo plazo de Perry, los datos fueron más prometedores. Es verdad que los niños Perry no tenían mayor avance en CI. Pero algo importante les había sucedido en preescolar y, lo que hubiese sido, sus efectos positivos resonaron por décadas. Comparados con el grupo de control, los estudiantes de Perry tuvieron más probabilidades de graduarse del bachillerato[8], más probabilidades de estar empleados a los 27 años de edad y más probabilidades de estar ganando más de veinticinco mil dólares anuales a los cuarenta años, además de que tenían menos probabilidades de haber sido arrestados o de haber recibido asistencia de parte del estado.

Además Heckman encontró que, en las décadas de 1960 y 1970, los investigadores habían recabado otros datos sobre los niños del grupo de control así como a los niños Perry que nunca se habían analizado: los reportes de los maestros en la escuela primaria que evaluaban "comportamiento personal y desarrollo social[9]". Un aspecto determinaba la frecuencia con la que el estudiante decía palabras altisonantes, mentía, robaba, faltaba a clases o llegaba tarde. Otro medía el nivel de curiosidad de cada estudiante así como sus relaciones con sus compañeros y maestros. Heckman denominó a estas características como habilidades no cognitivas porque eran totalmente distintas al CI. Después de tres años de análisis meticuloso, Heckman y sus investigadores pudieron afirmar que esos factores no cognitivos, como la curiosidad, el autocontrol y la fluidez social, eran responsables de hasta dos terceras partes de los beneficios que Perry les proporcionó a sus estudiantes.

El Proyecto Preescolar Perry, en otras palabras, funcionó de una manera completamente distinta a lo que todos creían. Los educadores de buen corazón que lo establecieron en la década de 1960 pensaron que estaban creando un programa que elevaría la inteligencia de niños de bajos recursos. Pensaban que de esta forma ayudaban a los niños pobres a triunfar, sin embargo, la primera sorpresa fue que crearon un programa que no logró mucho a largo plazo en términos del CI, pero sí mejoró el comportamiento y las habilidades sociales. La segunda sorpresa fue que de todas maneras sirvió: para los niños de Ypsilanti, esas habilidades y los rasgos subyacentes que conllevaron resultaron ser muy valiosos.

En el transcurso de la elaboración de este libro, pasé mucho tiempo indagando sobre el triunfo y las habilidades entre varios economistas, psicólogos y neurocientíficos, muchos ligados con James Heckman. Incluso investigué en escuelas públicas, clínicas pediátricas y restaurantes de comida rápida, donde hablaba con jóvenes cuyas vidas representaban e ilustraban de muchas maneras la pregunta compleja de qué niños triunfaban y cómo. Pero en mi opinión, el factor que aterrizó la investigación de James Heckman y la hizo vital y significativa fue un tipo de investigación distinta, enfrascada en la influencia que tienen los padres en el futuro de sus hijos.

Conocí a Kewauna Lerma en el invierno de 2010, vivía en su natal South Side en Chicago, tenía entonces diecisiete años y vivía en la pobreza. Su madre tuvo a su primer bebé, la hermana mayor de Kewauna, cuando todavía era adolescente. La infancia de Kewauna fue desarraigada y sin apegos. Cuando era bebé, la familia se fue a Mississippi, luego a Minnesota y después regresaron a Chicago, mudándose según la relación sentimental en la que estuviera involucrada la madre y los problemas en que se hubiera metido. Cuando las cosas iban mal, la familia pasaba periodos en refugios o iba de la casa de un amigo a la de otro. A veces, la bisabuela de Kewauna se llevaba a los niños un tiempo y dejaba que la madre de intentara poner en orden su vida.

"En realidad, no tuve una familia" me dijo Kewauna la primera vez que hablamos. Estábamos en una cafetería en el barrio de Kenwood, era pleno invierno en Chicago y las ventanas estaban empañadas. Kewauna tiene piel oscura, grandes ojos compasivos y cabello lacio y negro. Se inclinó hacia adelante para calentarse las manos en la taza de chocolate caliente. "Estuve regada por todas partes, sin padre, a veces con mi abuela. Todo estaba en desorden".

De niña, Kewauna odiaba la escuela. Jamás aprendió a leer bien, y en la primaria se fue rezagando cada año, se metía en problemas, no iba a clases y era grosera con los maestros. En sexto grado, cuando vivía en las afueras de Minneapolis, acumuló setenta y dos reportes por mal comportamiento para mediados del año y la metieron al grupo de bajo rendimiento. Unas cuantas semanas antes de terminar el año, la expulsaron de la escuela por pelearse.

Yo ya tenía varios años de experiencia elaborando reportes sobre niños que crecen en la pobreza y ya había escuchado varias historias como la suya. En donde las familias que se quedan atrapadas en la pobreza por generaciones, se desenvuelven en un ciclo interminable de padres ausentes o descuidados, escuelas disfuncionales y malas decisiones. Por lo general, ya sabía cómo terminaban las historias como la de Kewauna. Las niñas con su historial, independientemente de sus buenas intenciones, suelen desertar del bachillerato, se embarazan en la adolescencia y luego luchan por criar a sus propias familias pero, poco después, sus propios hijos van descendiendo por la misma pendiente hacia el fracaso.

Sin embargo, en algún momento de la historia, la vida de Kewauna dio un giro. Justo antes de su segundo año de bachillerato, unas cuantas semanas después de que la arrestaran por primera vez por pelearse con un policía, la madre de Kewauna le dijo que tenían que hablar. Kewauna sabía que sería algo serio porque su bisabuela también estaba ahí: el único miembro de su familia que siempre había respetado. Las dos mujeres le pidieron que se sentara y su madre le dijo una de las cosas más duras que se le puede decir a una hija: "No quiero que termines como yo". Las tres hablaron durante horas, discutiendo el pasado y el futuro, sacando a la luz secretos que llevaban mucho tiempo ocultos. La madre de Kewauna le confesó que reconocía el camino por el que iba: a ella también la habían expulsado del bachillerato y la habían arrestado por tener un altercado con un policía. Pero el siguiente capítulo en la historia de Kewauna podía ser distinto. A diferencia de su madre, ella podía asistir a la universidad y tener una carrera, podía evitar los embarazos no deseados, etcétera.

La madre de Kewauna lloró prácticamente durante toda la conversación, pero Kewauna no derramó ni una lágrima.

Simplemente escuchó. No estaba segura de qué pensar. No sabía si podía cambiar ni tampoco si quería. Sin embargo, cuando regresó a la escuela, empezó a prestar más atención en clase. En el primer año, se juntaba con un grupo de jóvenes en pandillas y en drogas que, además, no asistían a la escuela. Se alejó de esos amigos y pasó más tiempo a solas, haciendo tareas y pensando sobre su futuro. A finales de su primer año, su promedio de calificaciones o GPA (*grade point average*, por sus siglas en inglés) era de un triste 1.8

Para mediados de su segundo año, había subido a 3.4. Posteriormente, su maestra de inglés la animó a que solicitara el ingreso a un programa intensivo de preparación para la universidad de tres años de duración que se había establecido recientemente en la escuela. Kewauna hizo la solicitud y la aceptaron. El programa de apoyo la puso a trabajar más duro. Cuando la conocí, iba a la mitad de su tercer año. Su GPA era ahora de 4.2 y estaba enfrascada con la decisión de a cuál universidad solicitaría ingreso.

¿Qué sucedió? Si alguien hubiera conocido a Kewauna el primer día de su segundo año, hubiera pensado que no tenía prácticamente ninguna oportunidad de triunfar. Su destino parecía sellado. Pero algo la cambió, ¿fue esa plática seria con su madre?, ¿hubo otro motivo?, ¿fue la influencia positiva de su bisabuela?, ¿tuvo algo que ver la intervención de la maestra de inglés?, ¿o había algo más profundo dentro de su propio carácter que la impulsó hacia el trabajo duro y el éxito, a pesar de todos los obstáculos que enfrentó y los errores que cometió?

¿Cómo intervienen las experiencias de la niñez en la vida adulta? Es una de las grandes preguntas humanas, la trama de incontables novelas, biografías y memorias, el tema de tratados filosóficos y psicológicos durante varios siglos. Este proceso, la experiencia de crecer, puede parecer a veces predecible o incluso mecánico y, en otros momentos, arbitrario y caprichoso. Todos conocemos adultos que parecen estar atrapados en un destino preestablecido, pero también conocemos personas que parecen haber trascendido milagrosamente sus difíciles comienzos.

Sin embargo, hasta hace poco tiempo no se había realizado un intento serio por utilizar las herramientas de la ciencia para estudiar los misterios de la niñez, para rastrear, a través de la experimentación y el análisis, cómo las experiencias de nuestros primeros años se conectan con los resultados de la vida adulta. Esto está cambiando, con los esfuerzos de una nueva generación de investigadores. La premisa detrás de su trabajo es simple, aunque radical: no se han logrado resolver estos problemas porque se han estado buscando las soluciones en los sitios equivocados. Si queremos mejorar las probabilidades para los niños en general, y para los menores en situación de pobreza en particular, se requiere de un enfoque fresco sobre la niñez, empezar de cero formulando algunas preguntas fundamentales sobre cómo afectan los padres a sus hijos, cómo se desarrollan las habilidades humanas, cómo se forma el carácter.

Este libro habla principalmente sobre una campaña ambiciosa y de largo alcance para resolver algunos de los misterios prevalentes de la vida: ¿quién tiene éxito y quién fracasa?, ¿por qué algunos niños florecen mientras que otros se pierden en el camino?, ¿qué podemos hacer por un niño en particular, o por una generación completa de niños, para alejarlos del fracaso y acercarlos al triunfo?

1. Cómo fracasar (y cómo no)

1. Bachillerato Fenger

Nadine Burke Harris creció rodeada de privilegios en Palo Alto, California. Es hija de inmigrantes jamaiquinos, profesionistas que se mudaron de Kingston a Silicon Valley cuando Nadine tenía cuatro años. De niña, con frecuencia se sentía marginada por ser una de las únicas estudiantes negras en su bachillerato de Palo Alto. En su escuela la mayoría de los niños eran blancos y adinerados, y las niñas lloraban en la cafetería si no recibían el auto que querían de regalo en su cumpleaños número dieciséis.

Elizabeth Dozier creció en las afueras de Chicago en circunstancias mucho más modestas. Fue el producto del romance ilícito entre su padre, un preso de la cárcel estatal de Joliet, Illinois, y su madre, una monja que estaba asignada a visitar presos como parte de sus tareas religiosas y que terminó enamorándose. Después de que nació Dozier, su madre la crió sola, trabajando como maestra en la escuela católica local y, durante los veranos, como empleada en un motel para completar sus escasos ingresos.

Burke Harris y Dozier emergieron de una niñez distinta pero con una misma meta: ayudar a los jóvenes con problemas a triunfar. Burke Harris estudió medicina, se graduó como pediatra y abrió una clínica en el área más empobrecida de San Francisco. Dozier estudió para maestra y después fue directora de escuelas en algunas de las partes más pobres de

Chicago. Cuando las conocí a ambas, lo que me atrajo no fue solo lo similar de su sentido de compromiso, sino la frustración profunda que parecían compartir. Ambas mujeres habían llegado recientemente a la conclusión de que las mejores herramientas disponibles en sus profesiones simplemente no daban el ancho para los retos que enfrentaban. Y, por tanto, ambas estaban en un momento decisivo de sus carreras y de sus vidas. Estaban en busca de nuevas estrategias.

En agosto de 2009, cuando Dozier fue nombrada directora del Bachillerato Christian Fenger, la escuela atravesaba una crisis, que había estado pasando a lo largo de los últimos veinte años. La escuela se había fundado hace más de ochenta años en el corazón de Roseland, en South Side de Chicago. Esta área fue próspera, pero ahora es uno de los barrios más pobres de la ciudad en todas las dimensiones posibles: pobreza, desempleo, delincuencia...

Incluso sus calles se han vuelto estériles y vacías. Donde antes había negocios pujantes y hogares, ahora sólo quedaban lotes baldíos llenos de hierba. Roseland está geográficamente aislado (cerca de la frontera sur de Chicago) y racialmente segregado (en una ciudad donde la población total está dividida equitativamente entre blancos, afroamericanos y latinos, Roseland es 98 por ciento negro). Al igual que la mayoría de los grandes bachilleratos en áreas de alta pobreza, Fenger siempre tuvo un historial deprimente de malos resultados en las evaluaciones, baja asistencia, problemas crónicos de disciplina y una alta tasa de deserción.

Las historias de las escuelas como Fenger con frecuencia indican descuido: una escuela marginada, con estudiantes que han sido olvidados e ignorados por los burócratas de la ciudad y de todo el país. Pero lo extraño es que esta escuela distaba mucho de ser ignorada. De ninguna manera. Por el contrario, a lo largo de las últimas dos décadas, fue el sitio donde se centraron ambiciosas reformas, bien financiadas por parte de algunos de los funcionarios en educación y filántropos más respetados del país. Casi todas las estrategias que a alguien se le hubieran ocurrido para mejorar las fallas en los bachilleratos públicos se habían puesto en práctica, de una u otra forma, en Fenger.

La historia contemporánea de Fenger empieza en 1995, cuando el alcalde de Chicago, Richard M. Daley, obtuvo el control de las escuelas de la ciudad por parte de la legislatura del estado de Illinois. Para reflejar el enfoque empresarial que prefería, Daley decidió que el funcionario principal del sistema de escuelas ya no se llamaría superintendente sino gerente general. Como primer gerente, Daley seleccionó a su director de presupuesto, Paul Vallas, un hombre enérgico que centró su atención de inmediato en mejorar Fenger y otros bachilleratos de bajo desempeño en la ciudad. Vallas creó un sistema de evaluación para toda la ciudad que calificaba a las escuelas según cuánta ayuda necesitaban y colocó a Fenger en la categoría más baja:[10] periodo de prueba. Vallas fue estudiante de Fenger durante dos años en su adolescencia, y quizás por eso enfocó sus esfuerzos tan deliberadamente en la escuela. Introdujo un plan de reestructuración que incluía contratar un consultor externo[11] para entrenar a los maestros en instrucción de lectura y escritura. Creó una academia de primer ingreso en la escuela[12], un piso independiente dedicado a los estudiantes de nuevo ingreso que recibirían atención especial durante todo el primer año. En 1999, creó una academia de matemáticas[13] y ciencias en la escuela, con todo y un laboratorio de ciencias patrocinado por la NASA con un valor de 525,000 dólares. Dos años después, convirtió a Fenger en una escuela especializada, con enfoque en la tecnología[14]. Cada una de las iniciativas de Vallas entró y salió de Fenger, pero las cosas nunca parecieron mejorar mucho para los estudiantes.

Lo mismo sucedió con el sucesor de Vallas, Arne Duncan. En 2006, Duncan eligió a Fenger como una de las escuelas subvencionadas[15] que participaría en una colaboración, a gran escala, entre el sistema educativo de Chicago y la Fundación

Bill y Melinda Gates, una misión llamada High School Transformation. La fundación inicialmente financió el proyecto con
veintiún millones de dólares (después de tres años, la cuenta
para el proyecto en toda la ciudad creció a ochenta millones[16]).
Cuando la iniciativa se anunció, Duncan dijo que era "un día
verdaderamente histórico, no solo para las escuelas públicas
de Chicago y para la ciudad, sino para el país[17]". Pero dos años
después, se puso en evidencia que el High School Transformation no estaba produciendo resultados.

Es importante señalar que Vallas y Duncan son dos de los
más celebrados líderes educativos en el país. Después de que
Vallas salió de Chicago, administró las escuelas en Filadelfia y
después se hizo de fama a nivel nacional como el responsable
de reconstruir y transformar el sistema educativo de Nueva
Orleans tras la destrucción provocada por el Huracán Katrina.

La carrera posterior a Chicago de Duncan es más ilustre:
el presidente Obama lo eligió como Secretario de Educación
en 2009.

Pero a lo largo de todas las reformas bien intencionadas y
generalmente costosas de estos hombres en Chicago, las tristes
estadísticas de Fenger permanecieron más o menos iguales a
las de 1995: entre el 50 y el 60 por ciento de cada generación
desertaba antes de su último año. Los estudiantes que llegaban
a la graduación rara vez tenían éxito académico.

En 2008, menos del 4 por ciento de los estudiantes de
Fenger cumplían o sobrepasaban los estándares estatales de
preparación para la universidad que se aplican a estudiantes
de segundo y tercer año. Durante el periodo de Duncan, la
escuela nunca logró el "progreso anual adecuado" requerido
por la ley federal No Child Left Behind (Que ningún niño se
quede atrás). Y la categoría de "periodo de prueba" establecida
por Vallas, que indicaba un estado temporal de emergencia, se
convirtió en un hecho cotidiano en Fenger.

Luego, el bachillerato Christian Fenger participó de la
última iniciativa propuesta por Duncan: High School Turna-

round[18]. Bajo esta reforma el director de la escuela y al menos la mitad de los profesores fueron despedidos, con lo cual ingresó un equipo completamente nuevo. En 2009 la nueva directora fue Elizabeth Dozier.

Cuando Dozier llegó a Fenger era una mujer ambiciosa y decidida de 31 años de edad. Creía que poseía las herramientas básicas del reformista educativo moderno, todo lo que necesitaba para cambiar la situación de sus estudiantes. Pasó un año en un programa de capacitación muy competitivo para directivos llamado New Leaders for New Schools (Nuevos líderes para nuevas escuelas), en el cual los asistentes aprendían que un líder dinámico podía elevar los logros de los estudiantes y llevarlos a niveles muy altos, independientemente de sus circunstancias socioeconómicas, siempre y cuando contara con personal comprometido. Dozier limpió las cosas en Fenger y reemplazó a varios administradores y a la mayoría de los maestros. Cuando me senté con ella por primera vez en su oficina en Fenger, a poco más de un año de que iniciara en el puesto, su personal, compuesto por setenta miembros, tenía solamente tres maestros anteriores. La mayoría de los maestros eran jóvenes, ambiciosos y sin planta, lo cual significaba que sería relativamente sencillo que Dozier los reemplazara si no se ajustaban a sus estándares.

Sin embargo Dozier mencionó que sus nociones sobre las escuelas habían cambiado tras este periodo en Fenger. "Solía pensar que si una escuela no se desempeñaba bien, se debía estrictamente a que tenía un mal director o malos maestros, pero la realidad es que en Fenger somos un reflejo de la comunidad. Y no se puede esperar resolver los problemas de una escuela sin tomar en cuenta lo que está sucediendo en la comunidad", comentó.

Conforme Dozier se fue familiarizando con los estudiantes de Fenger, en varias ocasiones le sorprendió la gravedad de las dificultades que enfrentaban en casa. "La mayoría de nuestros estudiantes viven en la pobreza. Muchos viven en zonas con problemas de pandillas. No puedo pensar en un solo niño de esta escuela que no esté enfrentando algún tipo de adversidad seria".

Una cuarta parte de las estudiantes estaban embarazadas o ya eran madres.

Y cuando le pedí que calculara cuántos de sus estudiantes vivían con ambos padres biológicos, la extrañeza la invadió por un instante. "No puedo pensar en uno, pero seguramente lo hay".

La amenaza de violencia siempre parecía estar cerniéndose sobre los estudiantes de Fenger. La tasa de homicidio en Chicago es del doble de la de Los Ángeles y Nueva York. Las pandillas tienen una presencia mayor y más letal en Chicago que en cualquier otra ciudad grande de Estados Unidos. Cuando Dozier llegó a Fenger, había aumentado recientemente la violencia con armas de fuego entre los jóvenes: en 2008 ochenta y tres estudiantes adolescentes fueron asesinados en la ciudad y más de seiscientos recibieron un impacto de arma de fuego, pero sobrevivieron[19].

Aunque Dozier anticipaba que cambiar a Fenger sería un reto, no estaba preparada para lo que sucedió en su decimosexto día en el trabajo. A unas cuadras de la escuela se desató una gran pelea que involucró aproximadamente a cincuenta adolescentes, la mayoría estudiantes de Fenger. No hubo pistolas ni navajas, pero algunos jóvenes quitaron los durmientes de las vías del tren y los empezaron a usar como mazos. Un estudiante de Fenger de dieciséis años llamado Derrion Albert, que se había metido en la pelea, recibió un golpe en la cabeza con un durmiente y después lo golpearon en la cara y lo dejaron inconsciente. Mientras estaba en el piso, otros jóvenes le patearon la cabeza y la fuerza combinada de todos estos golpes lo mató.

En sus aspectos más básicos, la muerte de Derrion Albert en septiembre de 2009 no fue tan diferente a cualquiera de las docenas de otras muertes violentas en los bachilleratos de

Chicago ese año. Pero la pelea y su muerte fueron capturadas en video por un testigo y ese año el video se difundió y popularizó en YouTube, y después apareció constantemente en los noticiarios. Los medios locales y nacionales se enfocaron en Fenger. Durante semanas, las calles alrededor de la escuela se llenaron de camiones de televisoras con señal satelital, vigilias y protestas frente a la escuela. El Fiscal General de Estados Unidos, Eric Holder, se reunió con los estudiantes. Después, en octubre, Fenger reapareció en las noticias cuando se desataron simultáneamente tres peleas violentas entre pandillas en tres pisos diferentes de la escuela. Llegaron docenas de patrullas y cinco estudiantes fueron arrestados. El edificio se cerró durante tres horas.

Tras aquella pelea Dozier instituyó una política de "cero tolerancia" contra el comportamiento violento o comportamiento que pudiera conducir a la violencia: si los estudiantes intercambiaban saludos de pandilla en el pasillo, Dozier les daba automáticamente una suspensión de diez días. Si peleaban, llamaba a la policía para que los arrestaran y después hacía lo posible por expulsarlos permanentemente de Fenger. Después de un año de la muerte de Albert, los pasillos estaban bastante ordenados, aunque ciertamente no parecían normales. Siempre había guardias de seguridad patrullando los pasillos. Los estudiantes no podían ir a ninguna parte sin sus identificaciones de Fenger colgadas al cuello y, si un estudiante tenía que ir al baño a media clase, debía portar un enorme permiso de sesenta centímetros de largo, color amarillo brillante. Entre clases, se escuchaba una canción en las bocinas del pasillo; los estudiantes sabían que debían estar en la siguiente clase antes de que sonara la última nota. A pesar de las reglas rígidas, las dificultades continuaron.

A la mitad de su segundo año como directora, Dozier me dijo que empezaba a sentir que las herramientas más importantes a su disposición eran las que no tenían mucho que ver con la instrucción en el salón de clases.

Como consecuencia del asesinato de Derrion Albert, la escuela recibió 500,000 dólares de fondos federales para implementar programas de apoyo para el control de ira y de terapia de trauma. Además, Fenger empezó a enviar a terapia no solamente a los estudiantes sino también a sus familias. Dozier consiguió que veinticinco de sus estudiantes con más problemas ingresaran a un programa de asesoramiento intensivo. Estaba en busca de cualquier tipo de intervención que pudiera atender lo que parecía ser la crisis más importante de Fenger: no se trataba de los déficits académicos de sus estudiantes, a pesar de que esos seguían siendo agudos y abrumadores, sino un conjunto de problemas más profundos que nacían de las problemáticas y traumáticas vidas familiares de sus estudiantes.

"Cuando entré a este trabajo, no valoré a qué tipo de familia pertenecen estos jóvenes y qué efecto tiene la pobreza en ellos. Pero desde que empecé a trabajar aquí, mi pensamiento evolucionó".

2. Nadine Burke Harris

¿Qué efecto tiene la pobreza en los jóvenes? Esta era la pregunta que Nadine Burke Harris se estaba haciendo del otro lado del país. Pero ella era médico y se formuló esta pregunta desde el punto de vista de la salud física de sus pacientes. A partir de 2007, Burke Harris fue la pediatra en jefe del Centro de Salud Infantil Bayview, ubicado en Bayview-Hunters Point en San Francisco, una zona industrial deprimente, escondida en la esquina sureste de la ciudad, donde se concentran los conjuntos habitacionales más grandes y violentos de la ciudad. Cuando Burke Harris fundó la clínica, acababa de graduarse de la Escuela de Salud Pública de Harvard. Era una joven idealista que contrató el California Pacific Medical Center (una cadena de hospitales privados con muchos recursos), para que se hiciera cargo de una misión poco concreta pero de apariencia noble: identificar y atender las disparidades en salud en la ciudad de San Francisco. Estas disparidades no eran difíciles de encontrar, en especial en Bayview-Hunters Point: antes de que la clínica de abriera, solamente había un pediatra privado en una comunidad en la que viven más de diez mil niños.

Burke Harris sabía que la norma para salud pública establecía que se debía mejorar el acceso a la salud para las familias de escasos ingresos, en especial en cuidados primarios. Cuando la clínica abrió sus puertas, Burke Harris se enfocó en los casos pediátricos más comunes, aquellas cuestiones de salud donde las disparidades entre los niños ricos y los pobres eran más obvias: asma, nutrición o completar los planes de vacunación para la difteria, tosferina y tétanos.

En unos cuantos meses avanzó bastante. "Resultó sorprendentemente sencillo elevar la tasa de inmunización y conseguir que disminuyeran los índices de hospitalización por asma. Pero creo que en realidad esto no atiende las verdaderas raíces de la disparidad. Porque ningún niño de la comunidad ha muerto de tétanos en mucho, mucho tiempo".

Burke Harris se encontraba en una situación similar a la de Dozier. Tenía el empleo de sus sueños, contaba con los recursos y la capacitación necesarios y trabajaba arduamente. Pero, de todas maneras, no parecía estar logrando influir en las vidas de los jóvenes que pretendía ayudar. Seguían rodeados por violencia y caos, tanto en casa como en las calles, y eso claramente los estaba perjudicando, tanto física como emocionalmente. Muchos de los niños que veía en la clínica parecían deprimidos o ansiosos, y algunos estaban francamente traumatizados. La tensión de sus vidas cotidianas se expresaba en una variedad de síntomas, desde ataques de pánico hasta desórdenes alimenticios y comportamiento suicida. A veces se sentía, no tanto como pediatra de atención primaria, sino como cirujana de guerra que ponía vendas a sus pacientes y los enviaba de regreso al campo de batalla.

En busca de respuestas ante su misión, Burke Harris se acercó a una nueva y poco conocida investigación sobre la pobreza y la adversidad, que no se estaba discutiendo en las revistas de políticas públicas ni en los simposios de ciencias políticas, sino en las publicaciones médicas y las conferencias de neurociencias.

Gradualmente, Burke Harris se convenció de algo que inicialmente parecía una idea radical: que en los vecindarios marginados muchos de los problemas que generalmente se consideran asuntos sociales u objeto de estudio de economistas y sociólogos, se pueden analizar y atender mejor profundizando en el reino de la biología humana.

3. El estudio ACE

Burke Harris inició su búsqueda en 2008, tras leer un artículo médico que Whitney Clarke, psicóloga de la clínica, le dejó sobre su escritorio. El título era: "La relación entre las experiencias adversas de la niñez y la salud del adulto: convirtiendo el oro en plomo.[20]" El autor era Vincent Felitti, jefe del departamento de medicina preventiva en Kaiser Permanente, una organización de cuidado de la salud con sede en California. El artículo describía un estudio sobre las "experiencias adversas en la niñez", (comúnmente llamadas ACE por sus siglas en inglés), que Felitti realizó en la década de 1990 con Robert Anda, epidemiólogo de los Centros de Control de Enfermedades en Atlanta.

En 1995, los pacientes inscritos en el seguro médico de Kaiser que se realizaban exámenes médicos completos recibieron cuestionarios por correo. En ellos se les pedía que relataran sus vivencias de experiencias adversas de la niñez, en diez categorías distintas incluyendo abuso físico y sexual, abandono físico y emocional, y otros tipos de disfunción familiar, como tener padres divorciados o separados, miembros de la familia en la cárcel, con enfermedades mentales, o adictos. Después de algunos años, más de diecisiete mil pacientes completaron y devolvieron los cuestionarios: una respuesta de casi 70 por ciento[21]. El grupo representaba un sector de clase media a media alta, 75 por ciento era de raza blanca, 75 por ciento había ido a la universidad y la edad promedio era de 57 años.

Cuando Anda y Felitti tabularon las respuestas, les sorprendió, en primer lugar, la prevalencia del trauma infantil entre esta población generalmente solvente. Más de una cuarta parte de los pacientes dijeron que habían crecido en una casa con un usuario de alcohol o drogas, más o menos la misma fracción que había sido golpeada de niño. Cuando los doctores usaron estos datos para asignar a cada paciente una puntuación ACE, dándoles un punto por cada categoría de trauma que habían experimentado, encontraron que dos terceras partes de los pacientes habían tenido al menos un punto ACE y uno de cada ocho tenía una puntuación de 4 o más[22].

Pero el resultado más significativo surgió cuando Anda y Felitti compararon las puntuaciones ACE con el historial médico que Kaiser conservaba de todos sus pacientes. Las correlaciones entre las experiencias adversas de la niñez y los resultados negativos en los adultos fueron tan poderosas que los impactaron[23]. Es más, estas correlaciones parecían seguir un modelo sorprendentemente lineal: entre más alto era su nivel de puntuación ACE, peor resultado obtenía el paciente en casi todas las medidas, desde comportamiento adictivo hasta enfermedad crónica.

Anda y Felitti produjeron muchas gráficas de barras con estos datos y todas tenían más o menos la misma forma. En el eje X, los doctores pusieron los números de ACE que habían experimentado los pacientes. En el eje Y, indicaron la existencia de algún padecimiento: obesidad, depresión, actividad sexual precoz, historial de tabaquismo, etcétera. En cada gráfica, las barras ascendían constantemente de la izquierda (0 ACE) a la derecha (más de 7 ACE).

Comparados con las personas sin historial de ACE[24], quienes tenían una puntuación de 4 o más tenían el doble de probabilidades de fumar[25], de recibir un diagnóstico de cáncer de tener enfermedades cardiacas[26] o hepáticas[27], tenían cuatro veces más probabilidades de sufrir de enfisema o de bronquitis crónica. Siete veces más probabilidades de ser alcohólicos y de haber tenido relaciones sexuales antes de los quince años.

Los adultos con una puntuación ACE por arriba de 6 tenían treinta veces más probabilidades de haber intentado suicidarse[28] comparados con aquellos con una puntuación de cero. Y los hombres con una puntuación por arriba de 5 tenían cuarenta y seis veces más probabilidades de haberse inyectado drogas[29] que los hombres sin historial de ACE.

Los resultados en comportamiento, a pesar de ser sorprendentes en su intensidad, tenían sentido. Desde hace mucho, los psicólogos creen que las situaciones traumáticas en la niñez pueden producir sentimientos de baja autoestima o de falta de valor y es razonable asumir que esos sentimientos podrían llevar a la adicción, la depresión o incluso al suicidio. Adicionalmente, algunos de los efectos en la salud que aparecieron en el estudio ACE, como enfermedad hepática, diabetes y cáncer pulmonar, eran el resultado, al menos parcialmente, de los comportamientos destructivos como beber o comer en exceso o fumar.

Pero Felitti y Anda encontraron que las ACE tenían un profundo efecto negativo en la salud adulta incluso cuando esos comportamientos no estaban presentes. Cuando estudiaron a los pacientes con puntuaciones ACE altas (de 7 o más) que no fumaban, no bebían en exceso y no tenían sobrepeso, encontraron que su riesgo de cardiopatía isquémica[30] (la causa más común de muerte en Estados Unidos) seguía siendo 360 por ciento más alta que quienes tenían una puntuación ACE de 0. La adversidad que estos pacientes experimentaron en la niñez los estaba haciendo enfermarse a través de una ruta que no tenía nada que ver con su comportamiento o hábitos de salud.

4. El efecto de la estación de bomberos

Ese estudio inicial de ACE hizo que Burke Harris buscara otros artículos de investigación y en poco tiempo el tema la

absorbió; se quedaba hasta tarde todas las noches leyendo artículos de publicaciones médicas y buscando en las fuentes que
se citaban en los pies de página y las referencias de PubMed,
la base de datos médica en línea. Los artículos abarcan varias
disciplinas científicas, pero la mayoría están basados en dos
campos de la medicina un tanto recónditos: la neuroendocri-
nología (el estudio de cómo interactúan las hormonas con el
cerebro) y la fisiología del estrés (el estudio de cómo afecta el
estrés a nuestro cuerpo). Aunque Anda y Felitti inicialmente no entendieron los mecanismos biológicos que estaban en
juego en sus datos ACE, en la década anterior, la comunidad
científica ya había llegado a un consenso con respecto al estrés como un canal clave a través del cual la adversidad causa
daño a los cuerpos y cerebros en desarrollo.

Nuestros cuerpos regulan el estrés usando un sistema que
se conoce como el eje HPA "hipotalámico-pituitario-adrenal"
en que las señales químicas provocan un torrente hormonal
en el cerebro y el cuerpo como reacción ante situaciones intensas. Cuando surge un peligro potencial[31], la primera línea
de defensa es el hipotálamo, la región del cerebro que controla procesos biológicos inconscientes como la temperatura
corporal, el hambre y la sed. El hipotálamo emite un químico
que activa receptores en la glándula pituitaria, ésta, a su vez,
produce las hormonas que estimulan las glándulas adrenales y
éstas secretan las hormonas de estrés, llamadas glucocorticoi-
des, que echan a andar varias respuestas específicas de defensa.
Algunas de estas respuestas las podemos reconocer cuando
nos suceden: las emociones como el miedo o la ansiedad y las
reacciones físicas como el ritmo cardiaco acelerado, la piel
sudorosa y fría o la boca seca. Pero muchos de los efectos del
eje HPA son menos aparentes para nosotros, aunque los estemos experimentando: los neurotransmisores se activan, los
niveles de glucosa se elevan, el sistema cardiovascular envía
sangre a los músculos y las proteínas inflamatorias se elevan
en la sangre.

En su entretenido e introspectivo libro *¿Por qué las cebras no tienen úlcera?*, el neurocientífico Robert Sapolsky explica que nuestro sistema de respuesta al estrés, como el de todos los mamíferos, evolucionó para reaccionar ante emergencias breves y agudas. Eso funcionaba muy bien cuando los humanos huían de los depredadores. Pero los humanos modernos rara vez tienen que enfrentarse al ataque de un león. En vez de esto, la mayor parte de nuestro estrés actual proviene de procesos mentales, en otras palabras, de preocuparnos por las cosas.

Y el eje HPA no está diseñado para soportar este tipo de estrés. "Activamos un sistema fisiológico que evolucionó para responder a emergencias físicas agudas pero lo mantenemos encendido durante meses preocupándonos por la hipoteca, las relaciones o los ascensos en el trabajo". En las investigaciones de los últimos cincuenta años, los científicos concluyeron que este fenómeno es altamente destructivo. Sobrecargar el eje HPA, en especial en bebés y niños, produce toda clase de efectos negativos físicos, psicológicos y neurológicos serios y persistentes.

Sin embargo, no es el estrés en sí lo que nos afecta sino la reacción del cuerpo. A principios de la década de 1990, Bruce McEwen, neuroendocrinólogo de la Universidad Rockefeller[32], propuso una teoría sobre el funcionamiento de este proceso, que ahora es ampliamente aceptada. Según McEwen, el proceso de manejo del estrés, que llamó alostasis, es lo que provoca el desgaste del cuerpo. Si los sistemas de manejo del estrés en el cuerpo están sobrecargados, eventualmente colapsan. McEwen llamó a este proceso gradual "carga alostática" y planteó que sus efectos destructivos se pueden observar en todo el cuerpo. Por ejemplo, el estrés agudo eleva la presión sanguínea para proporcionar un buen flujo de sangre a los músculos y órganos que necesitan responder a situaciones peligrosas. Pero una presión sanguínea crónicamente elevada provoca placas arterioescleróticas, lo cual causa infartos.

Dependiendo del tipo de estrés que se esté experimentando, la respuesta ideal puede provenir de uno de varios mecanismos de defensa. Si, por ejemplo, se está a punto de recibir una herida en la piel, sería buena idea que el sistema inmune empezara a producir grandes cantidades de anticuerpos. Si lo que se tiene que hacer es huir de un atacante, lo que se necesita es que el ritmo cardiaco y la presión sanguínea se eleven. Pero el eje HPA no puede distinguir entre distintos tipos de amenazas, así que activa todas las defensas, al mismo tiempo, en respuesta a cualquier amenaza. Desafortunadamente, esto significa que es posible experimentar respuestas de estrés que no son útiles, como cuando se va a hablar en público, el eje HPA detecta peligro y conserva fluidos en preparación para un ataque, por los que se siente la garganta seca.

Pensemos en el eje HPA como una estación de bomberos de lujo con una flotilla de camiones con tecnología de punta, cada uno con sus herramientas altamente especializadas y su propio equipo de bomberos expertos. Cuando suena la alarma, los bomberos no se toman el tiempo de analizar exactamente cuál es el problema ni de pensar cuál camión será el más apropiado. Lo que sucede es que todos los camiones salen a apagar el incendio a toda velocidad con las sirenas aullando. Al igual que el eje HPA, simplemente responden rápido con todas las herramientas que pudieran ser necesarias. Esto tal vez sea una buena estrategia para salvar vidas en los incendios, pero también puede resultar en una docena de camiones respondiendo a un bote de basura que humea o, peor aún, a una falsa alarma.

5. Susto de muerte

Nadine Burke Harris observaba constantemente los resultados de este efecto en sus pacientes. Un día, en la clínica de Bayview, me presentó a una paciente, llamada Monisha Sullivan, una adolescente que había ingresado originalmente a la clínica como madre primeriza a los dieciséis años. La niñez de Monisha fue lo más tensa posible: su madre era consumidora de crack y otras drogas y la abandonó unos días después de que naciera. De niña, Monisha vivió con su padre y su hermano mayor en una sección de Hunters Point, rodeada de la violencia de varias pandillas, pero su padre también se involucró en el consumo de drogas. Cuando Monisha tenía diez años, la agencia de protección infantil de la ciudad separó a ella y a su hermano de la casa y los colocó con familias temporales. Desde entonces, ella había estado pasando de un sitio a otro. Se quedaba una semana o un mes o un año en cada casa, con una familia o con un grupo, hasta que, inevitablemente, las tensiones escalaban por cuestiones de comida, tareas, televisión, etcétera. Entonces Monisha huía o sus cuidadores se daban por vencidos. Y después la colocaban en otra casa. Ya había pasado por nueve hogares distintos.

Conocí a Monisha en otoño de 2010, cuando acababa de cumplir dieciocho años y se había emancipado del sistema de hogares temporales en el cual pasó casi la mitad de su vida. Su experiencia más dolorosa, según me contó, fue el día en que la colocaron en el primer hogar temporal. Sin advertencia previa, una trabajadora social la sacó del salón de clases y la llevó a un nuevo hogar. Pasaron meses sin que tuviera contacto con su padre. "Me acuerdo del primer día como si fuera ayer, de cada detalle. Todavía tengo pesadillas al respecto. Me siento como si estuviera dañada de por vida", me dijo.

Mientras estábamos sentados en la sala de terapia de la clínica, le pedí a Monisha que me describiera cómo sentía ese daño. Logró articular excepcionalmente bien su estado emocional (cuando se siente triste o deprimida escribe poemas) y enumeró sus síntomas con precisión: sufría de insomnio y pesadillas y, en ocasiones, le dolía el cuerpo sin explicación, a veces las manos le temblaban incontrolablemente, el pelo se le estaba cayendo y usaba una mascada color verde pálido para cubrir el área con poco cabello. Más que nada, se sentía ansiosa: por la escuela, por su hija pequeña, por los terremotos. "Pienso en las cosas más extrañas: en que el mundo se va a acabar... Si pasa un avión volando por arriba de mí, pienso que va a tirar una bomba. Pienso que mi papá va a morir y si lo pierdo, no sé qué voy a hacer. Cuando me asusto, empiezo a temblar, mi corazón empieza a palpitar, sudo. Así como la gente que dice que se va a 'morir del susto', eso siento que me va a suceder de verdad algún día".

La metáfora de la estación de bomberos podría ayudarnos a comprender lo que sucede con Monisha Sullivan. Cuando era niña, su sistema de alarmas se disparaba constantemente: "Mi madre y mi padre se están peleando a golpes; nunca volveré a ver a mi padre; no hay nadie en casa para que me haga de comer; mi familia temporal no me va a cuidar". Cada vez que la alarma se encendía, su sistema de respuesta al estrés enviaba camiones con el estruendo de las sirenas. Los bomberos rompían algunas ventanas y empapaban las alfombras y, para cuando Monisha cumplió dieciocho años, su mayor problema no eran las amenazas que había en el mundo que la rodeaba, era el daño que habían provocado los bomberos.

Cuando McEwen propuso la noción de la carga alostática en la década de 1990, no la concibió como un índice numérico real. Pero recientemente, junto con otros investigadores, liderados por Teresa Seeman[33], gerontóloga de UCLA, han estado intentando "hacer operativa" la carga alostática para llegar a un número para cada individuo que indique el daño que le ha impuesto una vida de manejo del estrés. Actualmente, es muy común que los doctores utilicen indicadores de riesgo biológico comparables, principalmente las mediciones de presión sanguínea. Estas cifras obviamente son útiles y predictivas de ciertas condiciones médicas (por eso el doctor toma la presión arterial en cada visita sin importar la causa de la consulta). El problema es que las lecturas de la presión arterial, por sí solas, no son una medida precisa de futuros riesgos a la salud.

Un índice de carga alostática más preciso incluiría no solamente la medición de la presión sanguínea y del ritmo cardiaco, sino otras medidas sensibles al estrés: como los niveles de colesterol y de proteína C–reactiva de alta sensibilidad (un marcador importante de enfermedad cardiovascular), lecturas de cortisol y otras hormonas de estrés en la orina, así como glucosa e insulina y lípidos en sangre. Seeman y McEwen demostraron que un índice complejo que incluya todas estas variables podría ser un indicador mucho más confiable de futuro riesgo médico que la presión sanguínea o cualquier otro factor independiente que se mida en la actualidad.

Es una noción atractiva y fascinante aunque, al mismo tiempo, es un poco terrorífica: un único número que el doctor podría producir, digamos, cuando el paciente tiene veintitantos años y que reflejaría tanto el estrés experimentado en la vida hasta ese momento como el riesgo médico que se enfrenta como resultado de ese estrés.

De cierta manera, sería una versión más refinada de la puntuación ACE. Pero a diferencia de esta, que se basa en los recuerdos personales de la niñez, el número de la carga alostática sería un reflejo de datos médicos puros y duros: los efectos físicos reales de la adversidad en la infancia, escritos en el cuerpo mismo, debajo de la piel.

6. Funciones ejecutivas

Como doctora, Burke Harris se interesó en los efectos fisiológicos provocados por el trauma temprano y el manejo deficiente del estrés en sus pacientes, como las manos temblorosas de Monisha, su pérdida de pelo y sus dolores inexplicables y no tardó en darse cuenta de que estas fuerzas tenían un impacto serio en otros aspectos de las vidas de sus pacientes. Cuando utilizó una versión modificada del cuestionario ACE de Felitti-Anda con más de setecientos pacientes de su clínica, encontró una inquietante y poderosa correlación entre la puntuación de ACE y los problemas escolares. Entre sus pacientes con un ACE de cero[34], solamente tres por ciento estaban identificados como individuos con problemas de aprendizaje o de comportamiento. Entre los pacientes con una puntuación ACE de 4 o más, la cifra ascendía a 51 por ciento.

Los fisiólogos del estrés han encontrado una explicación biológica para este fenómeno. La parte del cerebro que está más afectada por el estrés temprano es la corteza prefrontal, zona crítica para las actividades de autorregulación de todo tipo, tanto emocionales como cognitivas. Como resultado, los niños que crecen en entornos de estrés, por lo general, tienen más dificultades para concentrarse, les es más difícil permanecer quietos, les cuesta más trabajo recuperarse de las decepciones y es más difícil que sigan instrucciones. Y eso tiene un efecto directo en su desempeño escolar. Cuando se está abrumado por impulsos incontrolables y distraído por sentimientos negativos, es complicado aprenderse el alfabeto. De hecho, al entrevistar a maestros de kínder respecto a sus estudiantes, es común que respondan que el mayor problema que enfrentan no es que los niños no se sepan las letras y los números, sino que no saben cómo manejar sus estados de ánimo o cómo tranquilizarse tras una provocación. En una encuesta nacional[35], 46 por ciento de los maestros de kínder dijo que, al menos, la mitad de sus alumnos tenía dificultades para seguir instrucciones. En otro estudio, los maestros de una escuela privada[36] informaron que más de una cuarta parte de sus estudiantes tenían serios comportamientos negativos como patear o amenazar a otros estudiantes, al menos una vez a la semana.

Algunos de los efectos del estrés en la corteza prefrontal pueden categorizarse como emocionales o psicológicos: ansiedad y depresión de todo tipo. Me mantuve en contacto con Monisha en los meses que siguieron a nuestra primera reunión y vi muchos de estos síntomas emocionales en ella. La plagaban las dudas, sobre su peso, sus habilidades como madre, sus prospectos de vida en general. Una noche la atacó un exnovio, un personaje de dudosa reputación, que ella misma, a pesar de saber que no era buena idea, había invitado a su casa para contrarrestar su soledad. Y luchaba constantemente para poder lidiar con la oleada de emociones que siempre estaba a punto de hacerla naufragar.

"A veces el estrés es demasiado para mí y no lo soporto, no sé cómo hace la gente para lidiar con esto".

Para Monisha, el efecto principal de la sobrecarga de estrés era que le costaba trabajo regular sus emociones. Para muchos otros jóvenes, sin embargo, el efecto principal del estrés es que compromete su capacidad de regular sus pensamientos. Esto tiene que ver con un conjunto particular de habilidades cognitivas localizadas en la corteza prefrontal conocidas como funciones ejecutivas. En los distritos escolares con más dinero, la "función ejecutiva" se ha convertido en la moda de la educación, el elemento más reciente a evaluar y diagnosticar.

Sin embargo, entre los científicos que estudian a los niños en situación de pobreza, las funciones ejecutivas son un área nueva y atractiva por otro motivo: mejorar la función ejecutiva parece tener el potencial para cerrar la brecha de logros entre los niños pobres y los de clase media.

Las funciones ejecutivas, como las entendemos ahora, son una colección de habilidades mentales superiores. Jack Shonkoff, el director del Centro para el Niño en Desarrollo de la Universidad de Harvard, las ha comparado con los controladores de tráfico aéreo[37] que supervisan las funciones del cerebro. Más ampliamente, estas funciones se refieren a la capacidad de lidiar con situaciones e información confusas o impredecibles. Una prueba famosa de la capacidad de función ejecutiva se conoce como la prueba de Stroop. Se muestra la palabra rojo escrita en letras verdes y se pregunta de qué color es la palabra. Requiere de un poco de esfuerzo no decir rojo. Las habilidades que se están utilizando al resistir este impulso son las funciones ejecutivas. Y esas capacidades son especialmente valiosas en la escuela. Constantemente se les pide a los niños que trabajen con información contradictoria. La letra C se pronuncia como K, a menos que se pronuncie como S. En inglés, las palabras tale y tail suenan igual pero significan cosas distintas. Un cero significa una cosa si está solo y otra totalmente diferente si tiene un número a su izquierda. Tener presente toda esta información sobre los diversos trucos y excepciones requiere de cierta medida de control de impulsos cognitivos y esta es una habilidad que está neurológicamente relacionada con el control de los impulsos emocionales: la capacidad para evitar golpear al niño que acaba de quitarte tu cochecito de juguete favorito. Tanto en la prueba de Stroop como en el incidente del carrito, se está utilizando la corteza prefrontal para sobreponerse a la reacción instintiva e inmediata. Y ya sea que se esté utilizando el autocontrol en el ámbito emocional o en el cognitivo, esta capacidad tiene una importancia crucial para lograr sobrevivir a un día de escuela, ya sea en el kínder o en el último año del bachillerato.

7. Simon

Desde hace un tiempo, se sabe que las capacidades de función ejecutiva están cercanamente relacionadas con el ingreso familiar, pero hasta hace poco no se sabía por qué. En 2009, Gary Evans y Michelle Schamberg, dos investigadores de la Universidad de Cornell[38], diseñaron un experimento que proporcionó una mirada clara sobre cómo afecta la pobreza a la función ejecutiva durante la niñez.

La habilidad particular de la función ejecutiva que analizaron fue la memoria funcional, que se refiere a la capacidad de mantener una serie de datos en la mente al mismo tiempo. Es muy distinta a la memoria a largo plazo. Para entenderla podemos utilizar la analogía de que la memoria funcional no pretende recordar el nombre de nuestra primer maestra, sino que ésta trata de recordar todo lo que se debe conseguir en el supermercado.

La herramienta que Evans y Schamberg seleccionaron para medir la memoria funcional fue un poco kitsch: el juguete electrónico Simon. Para quienes crecieron en la década de 1970 será fácil recordar este juguete: era un disco parecido a un OVNI más o menos del tamaño de un disco de acetato pero más grueso, con cuatro paneles que se encendían y hacían sonidos distintivos. Los paneles se iluminaban en varios patrones de secuencias y había que recordar el orden de los sonidos y las luces.

Evans y Schamberg usaron esta prueba para evaluar la memoria funcional de 195 jóvenes de diecisiete años de edad, en una zona rural al norte de Nueva York. Todos habían sido parte del grupo que Evans llevaba estudiando desde su nacimiento. Aproximadamente la mitad de los niños crecieron por debajo de la línea de pobreza y la otra mitad en familias de clase media trabajadora.

El primer descubrimiento de Evans y Schamberg fue que la cantidad de tiempo que los niños pasaban en la pobreza durante su crecimiento predecía, en promedio, qué tan bien les iría en su prueba con el juguete Simon. Los niños que pasaron diez años en la pobreza, en otras palabras, tuvieron peores resultados que los niños que pasaron solamente cinco años en la pobreza. Esto, por sí mismo, no resulta demasiado sorprendente, pues ya antes se habían encontrado correlaciones entre la pobreza y la memoria funcional.

Sin embargo, Evans y Schamberg hicieron algo nuevo: introdujeron medidas biológicas de estrés. Cuando los niños del estudio tenían nueve años, y de nuevo cuanto tenían trece, los investigadores tomaron varias lecturas fisiológicas de cada uno incluyendo presión sanguínea, índice de masa corporal y niveles de ciertas hormonas de estrés como el cortisol. Evans y Schamberg combinaron estos datos biológicos para crear su propia medición de carga alostática: los efectos físicos de tener un sistema de respuesta al estrés demasiado desgastado.

Cuando reunieron todos los datos, la historia de pobreza y la lectura de la carga alostática y los compararon con los resultados de la prueba con Simon, encontraron que las tres medidas estaban correlacionadas: a mayor tiempo en la pobreza mayor cifra de carga alostática y menores logros en el Simon. Pero entonces vino la sorpresa: cuando usaban técnicas estadísticas para incluir el efecto de la carga alostática, el efecto de la pobreza desaparecía por completo. No era la pobreza en sí lo que estaba comprometiendo las capacidades de función ejecutiva de los niños pobres. Era el estrés que conllevaba.

Este fue, al menos potencialmente, un dato importante en términos de nuestra comprensión de la pobreza. Imaginemos a dos niños jugando Simon por primera vez. Uno pertenece a una familia de clase media alta y uno de un hogar de bajos recursos. El niño de clase media alta es mucho más hábil para memorizar los patrones. Podríamos asumir que la razón de este efecto es la genética, o tal vez tenga que ver con las ventajas materiales de los hogares de clase media alta: más libros, más juegos, más aparatos electrónicos. Probablemente su escuela es un sitio mejor preparado para aprender habilidades de memoria a corto plazo. Quizá una combinación de los tres.

Pero lo que Evans y Schamberg descubrieron es que la desventaja más significativa del niño de bajos recursos es su elevada carga alostática. Si llegara otro niño de escasos recursos con bajos niveles de carga alostática porque tuvo una niñez menos estresante a pesar de la pobreza, muy probablemente le iría igual de bien en la competencia de Simon que al niño rico. ¿Y por qué importa lo que logren en la prueba de Simon? Porque en el bachillerato, en la universidad y en el trabajo, la vida está llena de tareas donde la memoria funcional es crucial para tener éxito.

La razón por la cual los investigadores preocupados con la diferencia entre ricos y pobres están tan emocionados con las funciones ejecutivas es porque estas habilidades no solo predicen el éxito, sino que también son bastante maleables, mucho más que otras habilidades cognitivas. La corteza prefrontal es más receptiva a la intervención que otras partes del cerebro y se mantiene flexible en la adolescencia y en los adultos jóvenes. Así que si queremos mejorar el entorno de un niño de manera específica para obtener un mejor funcionamiento ejecutivo, es posible mejorar sus prospectos de triunfo de una manera particularmente eficiente.

8. Mush

En la infancia temprana, nuestros cerebros y cuerpos son más sensibles a los efectos del estrés y los traumas. Pero en su adolescencia el daño que provoca le estrés puede llevar a problemas más serios y duraderos. Cuando se tienen problemas de control de impulsos en la escuela primaria, las consecuencias son relativamente limitadas: tal vez una visita a la oficina del director o distanciarse de un amigo. Pero el tipo de decisiones impulsivas que se pueden tomar en la adolescencia (manejar en estado de ebriedad, tener relaciones sexuales sin protección, salirse de la escuela, robar una cartera) pueden tener consecuencias graves para toda la vida.

Es más, los investigadores han encontrado que hay algo especialmente fuera de balance en el cerebro adolescente[39] que lo hace particularmente susceptible a las decisiones equivocadas e impulsivas. Laurence Steinberg, psicólogo de la Universidad de Temple, analizó dos sistemas neurológicos independientes[40] que, en conjunto, tienen un profundo efecto en las vidas de los adolescentes. El problema es que estos dos sistemas no están bien alineados. El primero, llamado el sistema de procesamiento de incentivos, hace que el individuo busque más sensaciones, lo vuelve más sensible emocionalmente y más atento a los aspectos sociales. (Si alguna vez se ha sido adolescente, esto debe sonar familiar.) El segundo, llamado el sistema de control cognitivo, permite regular todos esos impulsos.

La razón por la cual los años de adolescencia siempre han sido una época peligrosa, dice Steinberg, es que el sistema de procesamiento de incentivos alcanza toda su potencia en los primeros años de la adolescencia, mientras que el sistema de control cognitivo no termina de madurar hasta los veintitantos. Así que durante unos cuantos años salvajes, estamos procesando incentivos con locura sin un sistema correspondiente de control que regule nuestro comportamiento. Y si se combina esa neuroquímica normal pero descontrolada con un eje HPA sobrecargado, entonces se obtiene una mezcla especialmente peligrosa.

Elizabeth Dozier se sentía incapaz de manejar esta combinación de fuerzas en muchos de sus estudiantes de Fenger. Después de de los disturbios de octubre de 2009, decidió que había ciertos estudiantes que simplemente tenía que eliminar de la escuela, de manera definitiva. Encabezaba su lista un joven de dieciséis años llamado Thomas Gaston, conocido por todos como Mush. Según el punto de vista de Dozier, Mush era un líder, con un alto rango en su pandilla, que podía provocar grandes peleas con solo lanzar una mirada a alguno de sus amigos. "Era el infierno motorizado, entraba al edificio y todo se alborotaba. Provocó problemas en la escuela por un montón de tonterías" me dijo Dozier.

Conocí a Mush porque estaba inscrito en un programa intensivo de asesorías administrado por *Youth Advocate Programs* o YAP (Programa de Defensores de la Juventud). Entre el otoño de 2010 y la primavera de 2011, pasé tiempo en Roseland con varios consejeros de YAP y los estudiantes que estaban asesorando, incluido Mush. Mi guía principal fue Steve Gates, el subdirector de YAP en Chicago. Al igual que Mush, Gates vivía en Roseland, a unas cuantas cuadras de Fenger. De hecho, creció ahí en circunstancias similares y había incurrido en muchos de los mismos errores que Mush cometía ahora: juntarse con una pandilla, portar una pistola, arriesgar su vida y su futuro todos los días. El pasado transgresor de Gates le permitía comprender de forma especial las presiones a las cuales se enfrentaba Mush y, al mismo tiempo, lo apremiaba para lograr que Mush y otros adolescentes de Roseland se inscribieran en YAP y buscaran un mejor futuro.

El proyecto YAP llegó a Chicago por invitación de Ron Huberman, quien reemplazó a Arne Duncan como el gerente general del sistema de educación pública de Chicago en 2009. Cuando el Alcalde Daley nombró a Huberman para el puesto, le preocupaba el aumento en la tasa de violencia con arma de fuego entre los jóvenes de la ciudad. Le encomendó al nuevo gerente general una misión un tanto peculiar para un funcionario escolar: evitar que los estudiantes se mataran entre ellos. Huberman era un firme creyente de los datos. Su primer empleo al salir de la universidad fue en el departamento de policía de Chicago, donde se capacitó en CompStat, un sistema de análisis de datos de alta tecnología que se constituyó como el factor decisivo en el declive del delito en Nueva York en la década de 1990.

Su primer paso como gerente general de las escuelas fue contratar a un equipo de consultores que hicieran un análisis estilo CompStat sobre los homicidios y tiroteos ocurridos entre los estudiantes en Chicago. Los consultores crearon un modelo estadístico que les permitía identificar a los estudiantes con mayores probabilidades de convertirse en víctimas de la violencia por arma de fuego en los siguientes dos años. Encontraron mil doscientos estudiantes en los bachilleratos de Chicago que, según su modelo, tenían una probabilidad de recibir un disparo antes del verano de 2011. Dentro de ese grupo se identificaron doscientos estudiantes de "riesgo ultra alto", de convertirse en víctima de la violencia por arma de fuego en los siguientes dos años. Esos fueron los estudiantes que se entregaron a YAP y a quienes se les asignó un consejero para recibir hasta veinte horas a la semana de apoyo y asesoría.

Mush estaba en esa lista, lo cual significaba que en el otoño de 2009, Steve Gates lo buscaría para inscribirlo en YAP y le asignaría un consejero. Sin embargo, al mismo tiempo, Elizabeth Dozier estaba intentando expulsarlo de Fenger. Poco después de que se inscribiera en YAP, logró sacarlo de la escuela temporalmente y lo exilió por un semestre al Bachillerato Alternativo Vivian E. Summers: una institución pequeña y sombría, no muy distinta a una prisión, localizada a ocho cuadras de Fenger. Aunque a Mush no le gustó mucho esa nueva escuela, ese periodo pareció florecer bajo la atenta mirada de los consejeros de YAP. El primer consejero de Mush le consiguió un empleo en un taller mecánico local donde pudo desarrollar su lado artístico pintando autos y, durante un tiempo, pareció que Mush le había dado la espalda a su pasado difícil y empezaba a orientarse hacia una vida más productiva.

Entonces, en junio de 2010, el asesor de Mush lo dejó una noche en casa y asumió que se quedaría ahí. Pero Mush decidió salir de nuevo a las calles y unas horas después estaba en la cárcel del condado de Cook con su amigo Bookie, ambos acusados de robo vehicular agravado, lo cual quería decir que habían robado un auto con violencia, usando un arma de fuego. Bookie y él podían haber recibido una condena de veintiún años, pero el abogado de YAP logró persuadir al juez de que en vez de la prisión los sentenciara a ocho meses en un campo de entrenamiento. El campo de entrenamiento fue difícil para Mush; era un régimen estilo militar, debía hacer lagartijas y correr 16 km en la madrugada, pero adquirió un poco de la disciplina interior que parecía faltarle en Fenger y logró terminar su sentencia.

Cuando empecé a pasar tiempo con los asesores de YAP y sus estudiantes, Mush seguía encerrado y tiempo antes de conocerlo en persona ya había escuchado mucho de él: de Gates, de Dozier, de sus amigos en YAP, e incluso de su madre, a quien Gates y yo visitamos una noche mientras Mush estaba en el campo de entrenamiento.

Dozier hablaba sobre Mush admirada, como si fuera una especie de delincuente. Gates me dijo que incluso había hombres adultos que le tenían terror. Su madre, por supuesto, no estaba tan impresionada con su reputación entre los pandilleros. Me comentó complacida que le solía comprar bóxers con imágenes de algún personaje animado, para que le diera pena y conservara sus pantalones a la altura correcta. De cualquier manera, cuando llegó el momento de que lo conociera, me sentía algo nervioso, como si fuera a conocer a una celebridad. Sin embargo, Mush se veía como un adolescente típico de South Side pero más pequeño, apenas pasaba del metro y medio y era delgado, incluso después de ocho meses de lagartijas. Caminaba tieso, con los pies abiertos, con un andar del tipo de Chaplin. Usaba un rosario en el cuello, una gorra de los Yankees cubriendo su frente y una chamarra grande que fácilmente podría contener dos o tres chicos como él.

Fuimos a un merendero en Western Avenue para comer huevos, tomar café y hablar. Al igual que todos sus amigos, Mush creció con una madre soltera. Gates me la describió como "una bella persona, pero no necesariamente con las mejores capacidades para la maternidad". Su familia extendida tenía un historial de violencia y problemas legales. Mush me enumeró una larga lista de hermanos, primos y varios parientes que estaban muertos o en la cárcel. Cuando él tenía nueve años, su tío recibió un tiro y murió en la casa de Mush. "Fue muy loco, todo pasó justo frente a mí", me indicó. Conforme avanzaba nuestra conversación, fui sumando en silencio la puntuación ACE de Mush y cada trauma infantil subía otro escaño del contador.

La historia personal de Mush difería de la de Monisha Sullivan en aspectos particulares: fue testigo de mucha más violencia que ella al crecer, pero las disrupciones familiares que ella experimentó fueron más profundas: abandonada por su madre, separada de su padre, toda su adolescencia en hogares temporales.

Ambos tuvieron una niñez muy estresante y cada uno de ellos estaba dañado por ese estrés de una manera profunda y persistente. Aunque ninguno tuvo la oportunidad (o la intención) de someterse al tipo de mediciones de carga alostática, se puede asumir que si lo hubieran hecho, sus resultados serían altísimos. Y, no obstante, a pesar del daño hecho a sus cuerpos y cerebros por el trauma de la infancia, había una gran diferencia en la forma en que este daño se expresaba en sus vidas. Monisha tomó su estrés y lo volcó hacia el interior, donde se manifestaba como miedo, ansiedad, tristeza, inseguridad y tendencias autodestructivas. Mush, en contraste, lo volcó al exterior: peleas, violencia y, eventualmente, quebrantar la ley de diversas maneras.

Mush empezó a meterse en problemas desde muy pequeño: lo expulsaron de la primaria por pelear con el director. Pero su comportamiento empeoró notablemente cuando tenía catorce años y su hermano, que se había enlistado al ejército para escapar de la violencia en South Side, murió en un robo a mano armada cerca de su base en Colorado Springs. "Eso fue lo que me perturbó, me dejaron de importar muchas cosas después de eso". En palabras de Mush, la única manera en la cual podía escaparse del dolor de la muerte de su hermano era a través de las pandillas. "Tenía tanto dolor guardado que era como una bomba de tiempo. Y para despejar mi mente tenía que estar en la calle, actuando indebidamente, jugando con pistolas y todo eso".

Un grupo de investigadores de la Universidad de Northwestern[41] recientemente realizó evaluaciones psiquiátricas a más de mil jóvenes recluidos en el Centro Juvenil de Detención Temporal del condado de Cook en Chicago, una institución donde la mayoría de los estudiantes de YAP había pasado al menos un periodo breve, y encontraron que 84 por ciento de los detenidos habían experimentado dos o más traumas graves en la niñez y que la mayoría había experimentado seis o más. Tres cuartas partes de ellos habían sido testigos de la muerte o lesión seria de alguien. Más de cuarenta por ciento de las mujeres había sido víctimas de abuso sexual durante su niñez. Más de la mitad de los varones dijo que, al menos una vez, había estado en situaciones tan peligrosas que pensaban que ellos o gente cercana, estaban a punto de morir o ser seriamente lesionados.

Entonces, no es sorprendente, que estos traumas repetidos tuvieran un efecto devastador en la salud mental de los detenidos: dos terceras partes de los hombres tenían uno o más desórdenes psiquiátricos diagnosticables. Académicamente, estaban muy por debajo del nivel promedio. Sus calificaciones en las pruebas estandarizadas de vocabulario estaban en el nivel 5, lo cual significa que estaban por debajo del 95 por ciento del promedio de otros jóvenes a nivel nacional.

Con frecuencia pensaba sobre la investigación en neurociencias y fisiología del estrés que había cambiado tanto la perspectiva de Nadine Burke Harris. Una tarde, mientras recorría los conjuntos habitacionales de Bayview-Hunters Point con ella, intercambiando miradas con los jóvenes en las esquinas, Burke Harris hablaba como si pudiera ver el cortisol, la oxitocina y la noreprinefrina que subía y bajaba en sus cuerpos y cerebros. "Cuando vemos a estos chicos, su comportamiento nos puede parecer de lo más misterioso, pero de cierta forma, lo que estamos viendo es tan solo una compleja serie de reacciones químicas. Es la reacción de una proteína o la activación de una neurona. Y lo emocionante de esto es que todas esas cosas se pueden tratar a nivel molecular. Ahí es donde se descubrirá una solución".

Burke Harris me contó la historia de un paciente en particular, un adolescente quien, como tantos otros, vivía en un hogar lleno de estrés. Cuando llegó por primera vez a la clínica tenía diez años, era un niño infeliz en una familia infeliz, pero seguía siendo un niño, alguien que había soportado algunos golpes pero que todavía parecía tener la oportunidad de escapar a un destino desalentador. Pero ahora, a los catorce, ya era un agresivo adolescente, en camino a medir dos metros de altura. Se juntaba con otros jóvenes en la calle, se metía en problemas, era un pandillero en entrenamiento, si no es que ya un delincuente consumado.

La mayoría de nosotros nos inclinamos por sentir compasión o intentar comprender al niño de diez años, es un pequeño y claramente es una víctima. Pero, el de catorce años o el de dieciocho, por lo general, nos hace sentir algo más oscuro: rabia y miedo o, por lo menos, desesperanza. Lo que Burke Harris podía ver, por supuesto, con la ventaja de su experiencia y su perspectiva clínica, era que ese niño de diez y el joven catorce eran la misma persona, que reaccionaba a las mismas influencias ambientales pero ahora estaba siendo afectado por procesos neuroquímicos poderosos.

Al pasar tiempo con los jóvenes en YAP, con frecuencia me cuestionaba con remordimiento y recriminación: ¿cuándo se convierte el niño inocente en el hombre culpable? No niego que el robo de auto agravado es algo genuinamente malo, y que la gente que lo hace, incluso los individuos sensibles y considerados, deben sufrir las consecuencias.

Pero también podía comprender el punto de vista de Steve Gates: estos jóvenes estaban atrapados en un sistema social y económico terrible, que limitaba sus decisiones de una manera que para ellos era casi imposible eludir.

Burke Harris lo veía neuroquímicamente. Y mientras más tiempo pasaba en Roseland, más me parecía que estas dos perspectivas convergían.

9. LG

Gran parte de la información reciente que han descubierto psicólogos y neurocientíficos sobre la niñez y la pobreza puede parecer intimidante para quien está intentando eliminar o atenuar sus secuelas entre los niños en desventaja. Ahora se sabe que el estrés temprano y la adversidad pueden provocar daños persistentes en un niño. Pero también hay algunas noticias positivas en esta investigación: existe un antídoto particularmente efectivo contra los males del estrés temprano y no proviene de las compañías farmacéuticas ni de educadores de niñez temprana, sino de los padres de familia.

Los padres y otros cuidadores primarios, pueden fomentar en ellos la resiliencia que los protegerá contra varios de los efectos más graves de un entorno difícil. Este mensaje puede sonar un tanto rosa y cursi, pero está fundamentado en ciencias duras y frías. El efecto de unos buenos padres no es solo emocional o psicológico, dicen los neurocientíficos, es bioquímico.

El investigador que más ha expandido nuestra comprensión de la relación entre la crianza de los hijos y el estrés es un neurocientífico de la Universidad de McGill llamado Michael

Meaney. Al igual que otros investigadores de su área, Meaney realiza experimentos con ratas, ya que estos animales y los humanos tienen una arquitectura cerebral similar. En cada jaula de acrílico colocó una madre rata y su pequeña camada de crías. Los científicos con frecuencia levantan a las crías para examinarlas o pesarlas. Pero un día, hace unos diez años, los investigadores de los laboratorios de Meaney notaron algo curioso[43]: cuando metían a las crías de vuelta a sus jaulas después de manipularlas, algunas madres pasaban varios minutos acicalando y limpiando a sus bebés, otras simplemente no les hacían caso. Ese acto aparentemente insignificante tenía un efecto fisiológico notorio en ellas. Cuando el laboratorista manipulaba a la cría, esto le producía ansiedad y desencadenaba una corriente de hormonas de estrés. El acicalamiento de la madre contrarrestaba esta ansiedad y calmaba el incremento de hormonas.

Meaney y sus investigadores se sintieron intrigados y quisieron aprender más sobre el acicalamiento así como el efecto que tenía en las crías. Continuaron observando a las ratas y pasaron largos días y noches con el rostro pegado a las jaulas. Tras muchas semanas de cuidadosa observación, hicieron otro descubrimiento: las madres tenían diferentes patrones de acicalamiento, incluso cuando no se manipulaba a las crías. Así que el equipo de Meaney se propuso un nuevo experimento para intentar cuantificar estos patrones. En esta ocasión, no manipularon a ninguna de las crías. Simplemente observaron de cerca cada jaula, durante una hora, ocho veces al día, los diez primeros días de vida de las crías. Los investigadores contaron cada acicalamiento por parte de la madre. Y después de diez días dividieron a las madres en dos categorías: las que acicalaban mucho, denominadas de alto LG por *licking and grooming* (lamer y asear), y las que acicalaban poco, que llamaron de bajo LG.

Los investigadores querían saber cuál era el efecto a largo plazo de estas variaciones en el comportamiento materno.

Así que cuando las crías tenían veintidós días de nacidas, las destetaron y las separaron de sus madres. Las colocaron con sus hermanos del mismo sexo. Cuando maduraron por completo, como a los cien días de edad, el equipo de Meaney les hizo una serie de pruebas para comparar a las crías de alto LG con las de bajo LG.

La evaluación principal que utilizaron fue una prueba de campo abierto, un procedimiento común en los estudios de comportamiento animal: en una caja grande, redonda y abierta se coloca a la rata durante cinco minutos y se le permite que explore a voluntad. Las ratas nerviosas tienden a quedarse cerca de la pared, circulando alrededor del perímetro una y otra vez; las ratas más valientes se alejan de la pared y exploran toda el área.

En una segunda prueba, diseñada para medir el temor, colocaron a la cría hambrienta en una nueva jaula durante diez minutos y le ofrecieron comida. Las ratas ansiosas, como los comensales nerviosos en una cena elegante, tienden a tardarse más en animarse a probar cualquier alimento y comen menos que las ratas más tranquilas y seguras.

En ambas pruebas, la diferencia entre los dos grupos fue sorprendente. En promedio, las ratas de bajo LG se atrevieron a explorar la parte interna del campo abierto durante menos de cinco segundos, mientras que las ratas de alto LG, es decir las más acicaladas, duraron treinta y cinco segundos en promedio, es decir siete veces más tiempo.

En la prueba con la comida, en promedio, las ratas de alto LG empezaron a comer después de solo cuatro minutos de titubeo y comieron por más de dos minutos en total. En cambio, las ratas de bajo LG se tardaron más de nueve minutos para empezar a comer y, cuando lo hicieron, comieron solo unos cuantos segundos.

Los investigadores hicieron prueba tras prueba y en cada una sobresalieron las crías de alto LG: eran mejores en los laberintos, eran más sanas, más sociales, más curiosas, menos agresivas, tenían más autocontrol, vivían más tiempo. Meaney y su equipo estaban sorprendidos. Lo que inicialmente pareció ser una minúscula variación en el comportamiento materno, tan pequeña que durante décadas muchos investigadores nunca la habían notado, provocaba enormes diferencias en el comportamiento de las ratas maduras, meses después de que ocurriera todo ese acicalamiento.

Y el efecto también era biológico. Cuando Meaney y su equipo examinaron los cerebros de las ratas adultas, encontraron importantes diferencias en los sistemas de respuesta al estrés entre las ratas de alto LG y bajo LG, incluyendo variaciones en el tamaño, forma y complejidad de las partes del cerebro que regulaban el estrés.

Meaney se preguntó si la frecuencia de acicalado de la madre era solamente la expresión de algún rasgo genético que se transmite de madre a hijo. Tal vez las madres nerviosas producían crías de temperamento nervioso y estas madres coincidentemente también fueran menos propensas a acicalar a sus crías. Para poner a prueba esa hipótesis, Meaney y sus investigadores realizaron una serie de experimentos de crianza cruzada, en los cuales le quitaban las crías a una madre de alto LG al momento de nacer y ponían la camada a una madre de bajo LG y viceversa. Sin importar el tipo de cambios que eligieran o cómo realizaran el experimento, el resultado fue el mismo: lo importante no eran el temperamento de la madre biológica, lo importante era que las acicalara la madre que las estaba criando. Cuando la joven cría vivía la experiencia tranquilizante del acicalamiento, crecía más valiente, más audaz y mejor adaptada que una cría que no lo recibiera, independientemente de si era su madre biológica o no la que acicalara.

10. Apego
Meaney y otros neurocientíficos encontraron elementos que sugieren la existencia de un efecto similar entre los seres humanos. En la última década, Meaney en colaboración con genetistas, ha

podido demostrar que el acicalamiento de la madre no solo interfiere al nivel de las hormonas y química cerebral de las crías. Va mucho más allá que eso[46]; influye a nivel genético. El acicalamiento de una cría de rata en los primeros días de su vida incide en la manera en que ciertos químicos se fijarán a ciertas secuencias de su ADN, un proceso conocido como metilación. Usando tecnología de secuenciación de genes, el equipo de Meaney fue capaz de establecer qué parte del genoma de la cría se "activaba" con el acicalamiento y resultó ser precisamente el segmento que controla la forma en que el hipocampo procesa las hormonas del estrés.

Este descubrimiento, por sí solo, causó sensación en el mundo de las neurociencias. Mostró que, al menos en las ratas, sutiles cambios en el comportamiento de los padres tenían efectos predecibles y a largo plazo relacionados con el ADN que se podían rastrear y observar.

Lo que le dio relevancia al descubrimiento, más allá del mundo de los roedores, fue un experimento que realizó el equipo de Meaney con tejido cerebral de suicidas humanos[47]. Algunas muestras provenían de suicidas que fueron maltratados y abusados en la niñez y otras de suicidas que no habían enfrentado ese tipo de situaciones.

Los investigadores examinaron en el tejido cerebral los sitios en el ADN que están relacionados con la respuesta al estrés en el hipocampo. Descubrieron que los suicidas que fueron maltratados y abusados de niños experimentaron efectos de metilación en ese exacto segmento de su ADN. Este maltrato tuvo el efecto contrario del acicalamiento en las ratas: apagó la función de respuesta sana al estrés.

El estudio de los suicidas es definitivamente interesante, pero en sí mismo no reúne pruebas concluyentes sobre el efecto que tienen los padres en el funcionamiento del estrés en los humanos. Pero están empezando a surgir evidencias más sólidas, gracias a varios estudios innovadores basados en la investigación de Meaney.

Clancy Blair, investigador de psicología de la Universidad de Nueva York[48], está realizando un experimento a gran escala en el cual le ha dado seguimiento a un grupo de más de mil doscientos niños, casi desde su nacimiento, comenzando a los siete meses de edad. Cada año, Blair midió los aumentos en sus niveles de cortisol en reacción a situaciones estresantes: una manera sencilla de evaluar cómo maneja el niño el estrés, algo así como un índice de carga alostática. Blair encontró que los riesgos ambientales, como problemas familiares, caos o hacinamiento, tenían un gran efecto en los niveles de cortisol de los niños, pero solamente si sus madres no les prestaban atención o no respondían a ellos. Cuando las madres tenían un alto nivel de sensibilidad y de respuesta, el impacto de esos factores ambientales en sus hijos parecía desaparecer. En otras palabras, una maternidad de alta calidad, puede actuar como un atenuante poderoso en contra del daño que inflige la adversidad en el sistema de respuesta al estrés de un niño, muy similar a la manera en que el acicalamiento de la rata parecía proteger a sus crías.

Gary Evans[50] (el científico de Cornell que hizo la prueba con el juguete Simon, que mencionamos anteriormente) realizó un experimento similar al de Blair, aunque sus sujetos ya estaban en la secundaria. Recolectó tres distintos tipos de datos sobre cada niño:

(i)   una calificación de riesgo acumulativo que tomaba en cuenta desde el sonido ambiental en la casa hasta los resultados de un cuestionario sobre fricción familiar.

(ii)   una medida de carga alostática que incorporaba la presión sanguínea, el nivel de hormonas de estrés en la orina e índice de masa corporal.

(iii) una evaluación de la sensibilidad de respuesta materna que combinaba las respuestas del niño a una serie de preguntas sobre su madre, así como el informe de un investigador que observó a madre e hijo jugando Jenga juntos.

Evans encontró lo que era de esperarse: con una calificación de riesgo ambiental más alta, la puntuación de carga alostática era más elevada, a menos que la madre respondiera de manera particularmente sensible a su hijo. En ese caso, el efecto de todos estos estresantes ambientales, desde el hacinamiento hasta la pobreza, o los problemas familiares, quedaban completamente eliminados. En otras palabras, si la madre es particularmente sensitiva al estado emocional de su hijo durante un juego de Jenga, los problemas de la vida tendrán poco o ningún efecto en la carga alostática del niño.

Cuando consideramos el impacto de los padres en los hijos, tendemos a pensar en resultados dramáticos ubicados en diferentes extremos, por ejemplo, asumimos que un hijo que sufre de abuso físico va a tener resultados mucho peores, que uno que simplemente sea ignorado o desanimado. Y llegamos a creer que el hijo de una súper mamá que tenga muchas horas extra de clases y apoyo tendrá mucho más éxito que un niño amado promedio. Pero lo que la investigación de Blair y Evans sugiere es que un buen comportamiento parental cotidiano puede marcar una profunda diferencia en las posibilidades futuras del niño.

Algunos psicólogos creen que, para los humanos, el paralelo más cercano al acicalamiento de las ratas aparece en un fenómeno conocido como apego. John Bowlby, psicoanalista británico, y Mary Ainsworth, investigadora de la Universidad de Toronto, desarrollaron la teoría del apego entre las décadas de 1950 y 1960[51]. En aquel entonces, el área de desarrollo infantil estaba dominada por conductistas, que creían que los niños se desarrollaban de manera mecánica, adaptando su comportamiento según el refuerzo positivo o negativo que experimentaran. A decir de los conductistas, las vidas emocionales de los niños no eran demasiado trascendentes. La aparente añoranza de un bebé por su madre no era más que una señal de sus necesidades biológicas de nutrición y bienestar físico. El consejo prevalente para los padres en la década de 1950, con base en la teoría conductista, era que evitaran "echar a perder" a sus hijos cargándolos o consolándolos, si lloraban.

En una serie de estudios de las décadas de 1960 y principios de 1970, Ainsworth demostró que el efecto de la atención temprana era exactamente el opuesto al que esperaban los conductistas: los bebés cuyos padres respondían rápidamente y por completo a su llanto, en los primeros meses de vida, eran, al cumplir año más independientes e intrépidos que los hijos de padres que no hacían caso a su llanto. En preescolar, el patrón continuaba: los hijos de los padres que habían respondido con mayor sensibilidad a sus necesidades emocionales eran los más independientes. Los cuidados parentales cálidos y atentos, sostenían Ainsworth y Bowlby, creaban una "base segura" desde la cual el niño podía explorar el mundo.

Aunque los psicólogos en la década de 1960 tenían a su disposición muchas pruebas para evaluar las habilidades cognitivas de los bebés y los niños, no tenían una manera confiable de medir sus capacidades emocionales. Así que Ainsworth inventó un método para hacerlo: un procedimiento inusual llamado "la situación extraña". En la Universidad Johns Hopkins en Baltimore, donde Ainsworth era profesora, las madres llevaban a sus bebés de doce meses a un laboratorio que dispusieron como cuarto de juegos. La madre, después de jugar con el bebé un rato, salía de la habitación, a veces dejaba al pequeño con un extraño y a veces lo dejaba solo. Tras un breve intervalo, regresaba. Ainsworth y sus investigadores observaban todo el proceso a través de un espejo de doble vista y categorizaban las reacciones de los niños.

La mayoría de los niños saludaban a su madre felices, corrían hacia ella y se reconectaban, unas veces con lágrimas, otras con alegría. Ainsworth denominó a este comportamiento de "apego seguro". Experimentos subsecuentes, a lo largo de varias décadas, han llevado a los psicólogos a pensar que los niños con apego seguro constituyen un sesenta por ciento de los niños estadounidenses. Los niños que no tenían una reunión cálida, que no hacían caso a la madre cuando regresaba, que la atacaban o que se dejaban caer de pronto al piso, se denominaron con "apego ansioso". Ainsworth descubrió que la reacción de un niño estaba directamente relacionada con el grado de sensibilidad de respuesta de sus padres en ese primer año de vida. Los padres que estaban atentos al estado de ánimo del niño y que respondían a sus señales producían niños con apego seguro; los que eran fríos, tenían conflictos o eran hostiles producían niños con apego ansioso. Un apego seguro, sostuvo Ainsworth, creaba efectos psicológicos que duraban toda la vida.

11. Minnesota

Pero la postura de Ainsworth sobre las consecuencias a largo plazo del apego era, en aquel momento, solo una teoría. Nadie había diseñado una manera confiable de ponerla a prueba. Entonces, en 1972, uno de los asistentes de Ainsworth, Everett Waters, graduado de Johns Hopkins, entró al programa de doctorado en desarrollo infantil de la Universidad de Minnesota. Ahí conoció a Alan Sroufe, una joven estrella en ascenso del Instituto de Desarrollo Infantil de la universidad. Sroufe se sentía intrigado con lo que Waters le había dicho sobre el trabajo de Ainsworth y rápidamente se familiarizó con sus ideas y métodos. Estableció un laboratorio con Waters donde podían realizar la prueba de la situación extraña con madres e hijos. Poco después, el instituto se convirtió en un centro líder de investigación sobre el apego.

Sroufe unió fuerzas con Byron Egeland, un psicólogo de la universidad, subvencionado por el gobierno federal para realizar un estudio a largo plazo sobre las madres de bajos recursos y sus hijos. Desde una clínica de salud pública en Minneapolis, reclutaron a 267 mujeres embarazadas de su primer hijo con ingresos por debajo de la línea de pobreza. Ochenta por ciento de las madres eran blancas, dos terceras partes eran solteras y la mitad eran adolescentes. Al nacer este grupo de niños, Egeland y Sroufe empezaron a darles seguimiento[52] y los han estado estudiando desde entonces (los sujetos ahora tienen casi cuarenta años). La evidencia que arrojó el estudio se resume de manera muy completa en el libro *The Development of the Person (El desarrollo de la persona)*, de 2005. Este trabajo se reconoce actualmente como la evaluación más completa sobre los efectos duraderos de las relaciones parentales en el desarrollo temprano de los niños.

Los investigadores de Minnesota encontraron que el apego no determinaba un destino absoluto: a veces las relaciones apegadas cambiaban durante la niñez y algunos niños con apegos ansiosos lograban florecer. Pero, para la mayoría de los niños, el estado de apego al año de edad, según fue medido por la prueba de la situación extraña, resultó ser buen predictor de una amplia gama de resultados posteriores. Los niños con un apego seguro temprano eran socialmente más competentes a lo largo de sus vidas, tenían mejor capacidad de entablar relaciones con sus compañeros en preescolar o de formar amistades cercanas durante la secundaria, mayor capacidad de interactuar en las complejas dinámicas sociales adolescentes.

Con el apoyo de sus maestros de preescolar (sin que éstos conocieran los resultados de la prueba de la situación extraña), se determinó que dos terceras partes de los niños[53] que presentaron apego seguro fueron clasificados como "efectivos" en términos de su comportamiento, lo cual significa que eran atentos, estaban interesados y rara vez tenían problemas en clase. Entre los niños que presentaron un apego ansioso, solamente uno de cada ocho quedó en la categoría efectiva. Los investigadores encontraron que la gran mayoría de estos niños tenía uno o más problemas de conducta.

Los niños con padres clasificados como desapegados o emocionalmente distantes tuvieron los peores resultados en preescolar y, para dos terceras partes de los casos, los maestros recomendaron inscribir a los niños en un programa de educación especial o retrasarlos un año. Cuando los maestros clasificaron a los estudiantes según sus indicadores de dependencia[54], noventa por ciento de los niños con un historial de apego ansioso resultaron ser muy dependientes, contra doce por ciento de los niños con apego seguro.

Además, los niños con apego ansioso recibieron con mayor frecuencia la clasificación de maliciosos, antisociales e inmaduros.

Cuando los niños del estudio tenían diez años, los investigadores invitaron a un grupo de cuarenta y ocho estudiantes, elegidos al azar, a un campamento de verano de cuatro semanas donde los observaron de cerca y los estudiaron discretamente. Los consejeros (sin saber cuáles habían sido las clasificaciones de apego) evaluaron a los campistas y clasificaron a los del apego seguro como niños con mayor autoconfianza, más curiosos y mejor equipados para enfrentar problemas[55]. Los que tenían historias de apego ansioso pasaban más tiempo solos que con sus compañeros o más tiempo con los consejeros.

Por último, los investigadores siguieron a los niños a lo largo del bachillerato y ahí se dieron cuenta de que, en contraste con las evaluaciones sobre CI, el estudio sobre el apego predecía con mayor certidumbre qué estudiantes se graduarían[56]. Sin hacer caso de las características propias de cada estudiante y sus habilidades, los investigadores encontraron que, con esta información podían haber predicho con 77 por ciento de certeza quiénes desertarían del bachillerato cuando los niños tenían menos de cuatro años.

Resulta sencillo ver las coincidencias entre lo que encontraron los investigadores de Michael Meaney en las crías de rata en Montreal y lo que Alan Sroufe y Byron Egeland encontraron en los niños del estudio de Minnesota. En ambos casos, ciertas madres realizaron algunos comportamientos idiosincráticos específicos en los primeros días de vida de sus hijos. Y esos comportamientos parecían desencadenar en ambos casos un similar efecto poderoso y duradero que se reflejaba en sus evaluaciones posteriores: quienes recibieron una dosis adicional de cuidados tempranos fueron, en el futuro, más curiosos, más independientes, más tranquilos y tuvieron mayor capacidad de afrontar dificultades. La atención cariñosa temprana de las madres les brinda una resiliencia que actúa como medio protector contra el estrés.

Cuando surgen los retos normales de la vida, incluso años después (como puede ser un intenso desacuerdo o conflicto), los niños con apego fueron capaces de defender su posición, valerse de sus reservas de confianza y seguir adelante.

12. Intervenciones parentales

El vínculo entre la investigación de Mary Ainsworth sobre el apego y la clínica de Nadine Burke Harris en Bayview-Hunters Point es la psicóloga Alicia Lieberman quien, a mediados de la década de 1970, estudió en la Universidad de Johns Hopkins en Baltimore. En esa época, Ainsworth estaba realizando su primer gran estudio sobre la crianza y el apego. Lieberman, que entonces era estudiante de posgrado, pasó largas horas viendo y codificando las cintas de video de madres interactuando con sus bebés, buscando ejemplos pequeños y específicos de un comportamiento materno sensible y receptivo que promoviera un apego seguro en los niños. Hoy en día, Lieberman dirige el Programa de Investigación sobre Trauma Infantil de la Universidad de California en San Francisco, donde recientemente se convirtió en colaboradora cercana de Nadine Burke Harris.

Aunque Lieberman admira el estudio que realizaron Sroufe y Egeland en Minnesota, considera que faltan dos ideas importantes en su análisis. La primera es un reconocimiento explícito sobre lo difícil que es formar apegos seguros para muchos padres de zonas marginales o conflictivas como Bayview-Hunters Point.

"Con frecuencia, las circunstancias de la vida de una madre superan su capacidad natural para afrontarlas. Si estás bombardeado por la pobreza, la incertidumbre y el miedo, se requiere de una cualidad superior para proporcionar las condiciones necesarias para generar un apego seguro", me explicó Lieberman cuando visité una de las clínicas donde trabaja en San Francisco.

Adicionalmente, la historia de apego propia de la madre puede convertir en un reto su proceso de crianza: las investigaciones Sroufe y Egeland en Minnesota, entre otros estudios, demuestran que si una madre tuvo un apego inseguro con sus padres (sin importar la clase social), entonces le será exponencialmente más difícil proporcionar un entorno seguro y cariñoso para sus propios hijos.

El otro factor que, según Lieberman, no se enfatiza lo suficiente en el estudio de Sroufe y Egeland es el hecho de que los padres pueden superar sus historias de trauma y apego limitado; que pueden cambiar el trato a sus hijos, dejar de generar un apego ansioso y promover un apego seguro y un funcionamiento sano. Algunos padres pueden lograr esta transformación por sí solos pero la mayoría necesita ayuda, asegura Lieberman, quien lleva la mayor parte de su carrera descifrando cuál es la mejor forma de proporcionar esa ayuda.

En los años después de salir de Johns Hopkins, desarrolló un tratamiento, llamado "Psicoterapia padres-hijo", que combina las teorías de Ainsworth sobre el apego con investigaciones más recientes sobre estrés traumático. En esta psicoterapia, los terapeutas trabajan conjuntamente con padres en riesgo y sus hijos para mejorar las relaciones de apego y proteger a ambas partes de los efectos de un trauma. Dos de los terapeutas del programa de Lieberman trabajan actualmente en la clínica de Burke Harris proporcionando tratamiento a docenas de pacientes.

El tratamiento de Lieberman es relativamente intensivo, se administra en sesiones semanales y puede durar hasta un año. Su objetivo es mejorar los resultados de los niños mientras se promueve el fortalecimiento de la relación con sus padres. Se aplica cada vez más en todo el país en una amplia variedad de intervenciones, cuyos resultados son con frecuencia poderosos.

En un estudio, Dante Cicchetti[57], psicólogo de la Universidad de Minnesota, dio seguimiento a un grupo de 137 familias, cada una con un niño de un año de edad que era el enfoque de la intervención. Esas familias tenían niños con riesgo muy alto puesto que contaban con un historial documentado de maltrato infantil previo. Al principio del estudio, se evaluó a todos los bebés por medio de la situación extraña y los resultados fueron predeciblemente horribles: tan solo uno de los 137 bebés demostró tener apego seguro y el resto presentó apego ansioso. Entonces, las familias se dividieron al azar en grupo de tratamiento y grupo de control. El grupo de tratamiento recibió un año de la psicoterapia padres-hijo de Lieberman y el grupo de control recibió los servicios comunitarios estándar que se proporcionan a las familias que reportan maltrato. Cuando los niños tenían dos años, sesenta y uno por ciento de los del grupo de tratamiento había obtenido un apego seguro con sus madres, mientras que en el grupo de control, solo dos por ciento de los niños lograron un apego seguro. Cicchetti demostró que la crianza que promueve el apego seguro puede fomentarse, incluso en los casos de padres con más problemas, y el beneficio para ellos y para sus hijos puede ser profundo.

En otros estudios se demostró que, además del cambio de apego, también hubo cambios en la salud y en los sistemas de respuesta al estrés. Los investigadores comprobaron este efecto a través de una intervención menos intensiva que el tratamiento de Lieberman, llamada Multidimensional Treatment Foster Care for Preschoolers (Tratamiento multidimensional de cuidado para niños en edad preescolar)[58], a cargo del psicólogo Philip Fisher, de Eugene, Oregon. Este tratamiento, dirigido a padres temporales, consiste en seis meses de capacitación y consultoría en técnicas para manejar la confrontación y situaciones difíciles en casa.

Los niños en el régimen de cuidado temporal con frecuencia tienen problemas para regular sus sistemas de respuesta al estrés (como Monisha Sullivan), pero después de seis meses de tratamiento, los niños del programa de Fisher no solo mostraron mayor apego seguro, sino que sus patrones de cortisol pasaron de ser disfuncionales a completamente normales.

Mary Dozier, psicóloga de la Universidad de Delaware, desarrolló otra intervención para los padres de niños pequeños en hogares temporales, llamada Attachment and Biobehavioral Catch-up[59] o ABC (puesta en marcha del apego bioconductual). En ella se promueve que los padres temporales respondan a las llamadas de sus bebés con más atención, calidez y calma. Después de solo diez visitas a sus casas[60], los niños de ABC tenían mayores niveles de apego seguro y sus niveles de cortisol eran iguales a los de los niños típicos, funcionales y fuera del sistema de hogares temporales. Lo más notable de la intervención de Dozier es que los únicos que reciben el tratamiento son los padres, no los niños bajo su cuidado y, de todas formas, provoca un efecto profundo en el funcionamiento del eje HPA de los niños.

13. Visita a Makayla

Pude ver en acción el enfoque de promoción del apego durante una tarde de primavera en South Side de Chicago, cuando visité a Jacqui, una joven madre de dieciséis años y a su bebé de ocho meses, Makayla. Yo no era el único visitante, estaba también Anita Stewart-Montgomery, empleada de Catholic Charities, quien regularmente visita a padres en riesgo (por lo general, madres solteras) y a sus hijos como parte de un programa administrado por el Fondo Ounce of Prevention (Un poco de prevención), una asociación filantrópica con base en Chicago.

Después de la visita, hablé con Nick Wechsler, especialista en bebés que ha supervisado los programas de visitas domiciliarias de Ounce durante más de dos décadas. Me explicó que aunque él y su personal están preocupados por los temas tradicionales que los visitantes domiciliarios discuten con los padres (nutrición, dejar de fumar y aumento de vocabulario), la investigación los ha convencido de que reparar el apego es el recurso más poderoso que tienen para mejorar los resultados de los niños y, por tanto, enfatizan él.

Wechsler comenta que, con frecuencia, debe recordar a los visitadores del programa que no es su labor intentar resolver los muchos problemas que observan en las vidas de los jóvenes padres que visitan, sino solamente uno. "Es un gran reto para algunos visitadores porque, por instinto, quieren hacer más. Pero aunque no puedan eliminar una situación desfavorable de vivienda o un problema escolar, pueden ayudar a construir fortaleza interior y resiliencia en los padres para que sean los mejores que puedan ser" me dijo Wechsler.

Es cierto que había mucho por corregir en el mundo de Makayla. Cuando la vi, jugando y hablando en la alfombra de la sala, deseé que la casa fuera más silenciosa, que los muebles tuvieran menos esquinas peligrosas, que ella y su madre no vivieran junto a un terreno baldío en una calle de aspecto dudoso, que no alcanzáramos a oler el humo de cigarro del vecino…

Pero Anita Stewart-Montgomery puede enfocarse en Jacqui, observándola jugar con Makayla, haciendo comentarios alentadores, y expresándole exactamente el tipo de apoyo cálido y cariñoso que esperaba que la joven le transmitiera a su hija.

Hace una generación, las intervenciones de niñez temprana se desarrollaron bajo la influencia de las investigaciones de Hart y Risley sobre la importancia de las habilidades tempranas del lenguaje, y se concentraban principalmente en alentar a los padres a expandir el vocabulario de sus hijos. Sin embargo, la frustrante realidad sobre estas intervenciones, es que si los padres tienen un vocabulario limitado, lo cual sucede en muchos de los casos de familias de bajos ingresos, es muy difícil promover un vocabulario rico en sus hijos. Leerles más ciertamente ayuda, pero los bebés absorben el lenguaje de sus padres en todo momento, no solamente durante los momentos dedicados a la creación de vocabulario. Por eso con frecuencia los déficits de vocabulario se heredan de una generación a la siguiente, en un ciclo que puede romper una buena escuela ya sea el preescolar o kínder, pero se dificulta si solo se trabaja con los padres.

Pero lo que Fisher, Dozier, Cicchetti y Lieberman demostraron es que el potencial de crecimiento y mejora es mucho mayor cuando se habla de apego. Con una intervención relativamente menor, el ciclo de apego insuficiente se puede romper para siempre. Si una madre de bajos ingresos con problemas de apego recibe la intervención adecuada, se puede convertir en una madre que otorga un apego seguro a sus hijos. Y eso marcará una diferencia potencial en la vida del niño. Si Anita Stewart-Montgomery puede ayudar a Jacqui y a Makayla a formar un vínculo de apego seguro, entonces Makayla no solo tendrá más probabilidades de ser una niña feliz, también aumentarán sus probabilidades de graduarse del bachillerato, de mantenerse fuera de la cárcel, de retrasar un embarazo y de tener una relación más positiva con sus propios hijos.

14. Steve Gates

Poco después de que Ron Huberman, el gerente general de las escuelas de Chicago, anunciara su plan de contratar asesores de YAP para guiar a los adolescentes con riesgo ultra alto, Heather Mac Donald, becaria en el Manhattan Institute[61], escribió un artículo en la publicación trimestral *City Journal*, sobre la violencia juvenil en la ciudad. Fue crítica de Huberman, de YAP y de Barack Obama, por no atender a lo que ella llamaba la causa primaria de la disfunción en Roseland: "la desaparición de la familia negra con dos padres". Asociaba a YAP con la labor de Saul Alinsky, el organizador político de izquierda, y se quejaba de las intervenciones "constantemente carentes de juicios" que estaban realizando los empleados de YAP. Propuso "una intervención alternativa en la cual los asesores actuaran como líderes de grupo y proporcionaran a sus asesorados la oportunidad de aprender autodisciplina y perseverancia, que activaran su imaginación, actuaran con virtud y hablaran sobre la honestidad, la cortesía y el bien y el mal". Esas pláticas, escribió Mac Donald "podrían algún día ayudar a revertir la ruptura social de South Side".

A pesar de toda la crítica de Mac Donald sobre lo que ella imaginaba se estaba haciendo en YAP, la realidad que yo escuché y observé se parecía mucho a lo que ella proponía. Los asesores como Steve Gates no evitaban hablar sobre la ruptura familiar sino todo lo contrario, parecían estar concentrados en ella y eran bastante explícitos en sus comentarios respecto a que no tendrían que estar realizando su trabajo si las familias de Roseland funcionaran como debían.

"Si prestas atención a las estructuras familiares de nuestros niños adquieres una visión perfectamente clara de por qué son así, hay una correlación muy directa entre los asuntos familiares y lo que los niños presentan en la escuela. Las fallas en la crianza, la disfunción, todo repercute en los niños y éstos lo llevan a la escuela, a las calles y a todas partes", me dijo Gates una mañana.

Gates no se ha cegado ante los otros problemas que los jóvenes enfrentan en Roseland. Está perfectamente consciente de las fuerzas sociales, económicas y políticas que han devastado la zona. De hecho, las interpreta personalmente, por ejemplo, a principios de la década de 1970, cuando, de recién nacido, Gates llegó a Roseland con sus padres, eran una de las únicas familias negras en la cuadra. Pero eso no duró mucho. "Para cuando empecé a caminar todos los niños caucásicos se habían ido".

Y esto no solamente sucedió en su cuadra. En 1960, había más de 45,000 habitantes blancos en Roseland; en 1990, sólo quedaban 493. Mientras tanto, el sector de manufactura de South Side, que empleaba al abuelo de Gates, a su padre y a sus tíos, se evaporó. Las fábricas, una tras otra, cerraron sus puertas o se mudaron. Lo que quedó en Roseland fue una maraña de patologías sociales que parecían empeorar todos los años: cada problema reforzaba y alimentaba a los demás, desde la dependencia de la asistencia social hasta la drogadicción y la violencia entre pandillas.

Aunque Gates pone cuidado en no culpar a los padres de familia de Roseland por la crisis de la zona, considera que el vehículo más efectivo para mejorar los resultados de los niños no es la escuela, la iglesia o el empleo: es la familia o, si es necesario, la creación de estructuras familiares sustitutas o complementarias para los niños que no las tienen.

Durante los meses que pasé observando la labor de Gates experimentó incontables problemas y tragedias: algunos adolescentes que ayudaba fueron arrestados, encarcelados, heridos o incluso perdieron la vida. Sin embargo, las transformaciones que los asesores de YAP pueden inspirar son con frecuencia asombrosas.

15. Keitha Jones

La estudiante de YAP cuyo futuro parecía más prometedor tenía una de las historias de vida más dolorosas: cuando la conocí en la oficina de Elizabeth Dozier en Fenger en otoño de 2010, Keitha Jones era una joven de diecisiete años con un aspecto rudo, tatuajes en los brazos, un piercing de metal en el labio inferior y un corte de cabello disparejo adornado por una franja de color rojo intenso al frente. Vivía en casa de su madre a un par de cuadras al sur de Fenger, en la sección de Roseland conocida como Hundreds. La casa era un pequeño búngalo descuidado y Keitha creció en un hogar invariablemente ruidoso, hacinado y conflictivo, habitado por un grupo rotatorio de inquilinos: hermanos, medios hermanos, tíos, primos. En raras ocasiones vivía con ellos el padre de Keitha, un mecánico local muy mujeriego, que tenía una esposa e hijos que vivían a unas cuantas cuadras. Sus novias (incluida la madre de Keitha) estaban dispersas por todo el vecindario y tenía un total de diecinueve hijos. De niña, Keitha ocasionalmente se encontraba alguna niña que se veía sospechosamente similar a ella y pensaba: "ahí va otra hermana".

La madre de Keitha fue estudiante en Fenger en los ochenta hasta que la expulsaron en su último año por llegar borracha a la escuela. Ahora era adicta al crack, al igual que otros miembros de su familia extendida. Algunos de ellos también traficaban con cocaína y cuando Keitha era más joven, la policía hacía redadas frecuentes en su casa, en busca de drogas o armas. Volcaban los vestidores, tiraban las ollas por todas partes y, por lo general, se llevaban a un pariente arrastrando y a otro esposado.

Cuando Keitha estaba en sexto grado, un pariente abusó de ella sexualmente. Se trataba de un hombre mayor, el primo Angelo, un adicto al crack que vivió con su familia a lo largo de la infancia de Keitha.

"Era muy joven y tenía miedo, así que pensaba, haz lo que vayas a hacer, y termina", recuerda ella.

El abuso, que duró años, la carcomía. Aunque esperaba que su madre de alguna manera se diera cuenta e interviniera, Keitha nunca dijo nada. Tenía miedo de decirle a porque no podría soportar que no le creyera. Así que se mantuvo en silencio, acumulando cada vez más ira. Discutía todo el tiempo con su madre, pero nunca llegaron a los golpes. Keitha pensaba que estaba mal pegarle a un adulto.

"Así que iba a la escuela sólo para pelear. De esa forma aliviaba la tensión. No hablaba con la gente sobre mis problemas. Simplemente dejaba que se acumularan dentro de mí hasta que estaba a punto de explotar. Así que en la escuela, en cuanto alguien me decía algo que no me gustaba, descargaba mi enojo en ellos, porque sabía que no podía pegarle a mi mamá". En su primer año en Fenger, Keitha acumuló muchas infracciones disciplinarias, una suspensión de diez días, tras otra, hasta que se ganó la reputación de ser una de las estudiantes más violentas, en una escuela violenta.

"Eso es lo que todos pensaban de mí, que era una peleonera y a mí me gustaba presumirlo", comentó.

En junio de 2010, Dozier solicitó un asesor de YAP para Keitha. La primera asesora que le consiguió Steve Gates no fue una opción compatible; era demasiado "anticuada", en opinión de Keitha. Así que Gates intentó de nuevo y le asignó a una consejera de medio tiempo llamada Lanita Reed, una residente de Roseland de treinta y un años. Reed tenía empleo de tiempo completo en su salón de belleza, un sitio acogedor y agradable llamado Gifted Hanz. Keitha siempre pensó dedicarse a cortar el pelo, así que Reed la puso a trabajar en el salón lavando el cabello, barriendo y, ocasionalmente, ayudando con un peinado o trenzado, haciendo *twisties*: las rastas cortas y apretadas que usaban muchos de los niños de la zona.

Reed es una persona espiritual, es asistente asidua de la iglesia, pero también cree en la importancia del aspecto físico de una joven, así que empezó a hacerle una transformación a Keitha, tanto interna como externa. Cuando la conocí, Keitha no me pareció ser del tipo de jovencita que se hace manicura, pero Reed la convenció de que se arreglara las uñas, el cabello y le enseñó sobre maquillaje, pestañas postizas y ropa bonita. Ambas pasaron horas juntas en Gifted Hanz o paseando por el vecindario, en el boliche o simplemente platicando: una sesión extendida y permanente de terapia de salón. Keitha me contó que Reed, era como la hermana mayor perfecta. Organizaba cenas los domingos en el salón para Keitha y otras niñas del programa YAP donde podían intercambiar historias sobre sus madres negligentes, sus padres ausentes, chicos, drogas e ira. Keitha, que nunca había hablado de nada con nadie, se abrió. "Toda mi perspectiva sobre la vida cambió", me dijo.

Por sugerencia de Reed, Keitha empezó a rezar. "Le pedí a Dios que me sanara, que perdonara todas las cosas malas que hice". Dejó de discutir con su madre y de pelear en la escuela. Cuando un par de estudiantes de segundo año empezó a hablar mal de ella en los pasillos, conservó la calma y le preguntó a Reed qué podría hacer al respecto. Reed la ayudó a organizar una reunión con aquellas jóvenes y, para gran sorpresa de Keitha, lograron solucionar sus problemas hablando. "Cuando nos sentamos a hablar resultó que todo el problema había surgido por nada".

Entonces sucedió otra cosa lamentable: ese otoño, la hermana menor de Keitha, que apenas tenía seis años, le confesó que el primo Angelo había intentado tocarla. "Cuando me dijo eso, no podía parar de llorar. Me sentí tan culpable, porque si yo hubiera dicho algo cuando era pequeña, tal vez él ya se hubiera ido y esto nunca le hubiera pasado a mi hermana". Keitha le dijo a Reed, y éste notificó a Gates, quien le recordó que estaba obligada a informar al Departamento de Servicios Infantiles y Familiares, de Illinois (DCFS por sus siglas en inglés). Al igual que casi todos los trabajadores sociales y maestros, los asesores de YAP tienen la obligación legal de reportar el abuso físico o sexual con las autoridades correspondientes. Reed estaba muy angustiada. En Roseland, los trabajadores de DCFS son comúnmente vistos como los malos, son la gente que te quita a tus hijos...

A pesar de todos los problemas de la casa de Keitha, Reed creía que Keitha y sus hermanos debían estar con su madre, no en un hogar temporal.

Reed le dijo a Gates que no quería elaborar ese reporte. Amenazó con renunciar. No sabía qué hacer. "Mi instinto callejero era pedirle a alguien que fuera a golpear a Angelo. Pero algo dentro de mí me dijo que tenía que lidiar con esta situación de la mejor manera posible". Reed finalmente permitió que Gates hiciera la denuncia. Logró negociar con los trabajadores sociales del DCFS y, al final, Angelo fue retirado de la casa. Terminó en la cárcel, acusado de atacar sexualmente a una menor, mientras que Keitha y sus hermanos permanecieron con su madre.

Tal como temía Keitha, su madre no apoyó la decisión de denunciar a Angelo. Se quejó de perder los trescientos dólares al mes con los que él contribuía para la renta. A veces, Keitha sentía que su madre estaba más preocupada por cómo sobreviviría Angelo en prisión que por sus hijas, de las que él había abusado. Pero Keitha había decidido cambiar su vida y el incidente de Angelo reafirmó su determinación. "No permitiré que mi pasado afecte mi futuro. Voy a pensar en esto ocasionalmente, pero no permitiré que me afecte. Lo peor ya pasó. Estoy buscando lo positivo ahora. Estoy cansada de vivir como he vivido y voy a hacer todo lo que esté dentro de mi poder para cambiar las cosas".

Aunque iba retrasada en la escuela, Keitha tomó la decisión de graduarse con su generación en el verano de 2011 y el sistema escolar le ayudó. Actualmente, quienes asisten a un bachillerato urbano de bajo rendimiento tienen a su disposición varios mecanismos que les permiten acumular los créditos necesarios rápidamente: trabajos de reposición, escuela nocturna, cursos de recuperación de créditos en línea como los que ofrece Aventa Learning, un sistema que les permite a los estudiantes completar una materia de un semestre en un par de meses. Muchos promotores de la educación expresan su escepticismo sobre estas innovaciones, pues consideran que son una forma en la cual los sistemas escolares se deshacen de los estudiantes más difíciles y los arrojan al mundo con diplomas, pero sin una educación real. No obstante, para Keitha, quien estaba más que lista para alejarse de Fenger, los cursos fueron una bendición y, por primera vez en su carrera académica, empezó a trabajar arduamente en sus clases. Asistió a la escuela nocturna cinco días a la semana y con frecuencia permanecía en Fenger desde las ocho de la mañana hasta las siete de la noche. En junio de 2011, Keitha se graduó de Fenger y se inscribió en el Truman College, una universidad comunitaria del North Side de Chicago, donde empezó a estudiar cosmetología.

Algunos días después de su graduación, Keitha y yo nos sentamos en la cafetería de Fenger y ella me describió su plan para el futuro. Cuando consiguiera graduarse de Truman y obtuviera su licencia, Lanita Reed le había ofrecido empleo de tiempo completo en su salón.

"En cinco años, me imagino en mi propio departamento, con mi propio dinero. Y mis hermanas menores podrían venir a vivir conmigo".

Eso es algo que siempre me impresionó de Keitha: que su sueño consistía no solamente en encontrar una salida para ella sino también para su familia. "Quiero mostrarle a mis hermanitas que hay una vida mejor que la que vemos aquí todos los días. A ellas puede parecerles que esto es todo lo que hay, porque no conocen nada salvo Parnell y los Hundreds, pero la vida es más que todas las peleas y matanzas o cualquier cosa que está aquí afuera. Hay mucho más".

Es difícil oponerse a los logros de las intervenciones tempranas. Esos primeros años importan mucho en el desarrollo sano del cerebro de los niños: representan una oportunidad única de hacer una diferencia en su futuro. Pero una de las cosas más prometedoras de los programas que se enfocan en las rutas psicológicas y neurológicas es que pueden ser más efectivos que las intervenciones cognitivas aún después de la niñez. El CI no mejora mucho más después de los ocho años de edad. Pero las funciones ejecutivas y la capacidad de manejar el estrés y las emociones fuertes se pueden mejorar, a veces de manera dramática, ya bien entrada la adolescencia e incluso la edad adulta.

Los años de adolescencia son difíciles para casi todos, pero para los que crecen en la adversidad, pueden representar un punto de inflexión, un momento en el cual las heridas tempranas desembocan en malas decisiones y éstas, a su vez, tienen consecuencias devastadoras. Pero los adolescentes también tienen la capacidad, o por lo menos el potencial, de replantear y rehacer sus vidas. Y, como nos muestra la historia de Keitha (y como se verá en los siguientes capítulos), la adolescencia puede ser un momento de transformación más profunda: el momento en el cual una persona joven logra alejarse de su fracaso casi seguro y empieza a trazar una ruta hacia el éxito.

2. CÓMO CONSTRUIR EL CARÁCTER

1. La mejor generación de todos los tiempos

Los treinta y ocho adolescentes que se graduaron de KIPP: Knowledge Is Power Program (Programa conocimiento es poder), en el South Bronx en 1999, podrían catalogarse como la generación de octavo grado más famosa en la historia de la educación pública de Estados Unidos. David Levin, un joven de veinticinco años de edad, graduado de Yale, rebelde y desgarbado, reclutó a jóvenes negros o hispanos, que provenían de familias de escasos recursos. Los convenció, a ellos y a sus padres, de que se inscribieran en su nueva escuela secundaria, con la promesa de que transformaría a estos típicos estudiantes de bajo rendimiento de escuelas públicas del Bronx, en candidatos a ingresar a cualquier universidad[62]. Durante sus cuatro años en KIPP experimentaron un estilo de enseñanza nuevo y de inmersión, que combinaba instrucción de alta intensidad en el salón de clases y un elaborado programa de ajustes de actitud y modificación del comportamiento.

La fórmula de Levin parecía haber funcionado y, en 1999, los estudiantes de octavo grado de la KIPP Academy obtuvieron las calificaciones más altas de las escuelas del Bronx y el quinto lugar de todo Nueva York. Esas calificaciones, algo que hasta entonces nunca se había visto en las escuelas de admisión libre de zonas pobres, provocaron que se publicara una historia sobre KIPP en la portada del *New York Times*[64] y que Mike Wallace realizara un reportaje para el programa

60 Minutes, de la cadena CBS. Esto contribuyó a convencer a Doris y Donald Fisher, los fundadores de la cadena de tiendas de ropa Gap, a invertir millones de dólares en un esfuerzo filantrópico por convertir a KIPP en una cadena nacional. El proyecto ha llevado a la creación de más de cien nuevas escuelas KIPP en el país, a lo largo de la última década, lo que ha mantenido este proyecto en el centro del debate nacional sobre las escuelas subvencionadas, los maestros sindicalizados, las pruebas estandarizadas y el efecto de la pobreza en el aprendizaje.

Desde el primer día de clases en 1995, se les insistió a los estudiantes de la primera generación de KIPP sobre la importancia de la educación superior. Se les denominó como la "Generación 2003", por el año en el que ingresarían a la universidad. Los pasillos de la escuela estaban llenos de banderas de universidades y cada profesor decoraba su salón con parafernalia de su propia *alma mater*. Un letrero gigante en las escaleras le recordaba a los estudiantes su misión: "Sube la montaña hacia la Universidad". Y cuando se graduaron de KIPP, no solo salieron de la escuela con sorprendentes resultados académicos, sino que la mayoría fue admitido en bachilleratos privados altamente selectivos, frecuentemente con becas completas.

Pero, para muchos de los estudiantes de esa primera generación, las cosas no salieron como se planearon. Noventa por ciento de los alumnos ingresaron a escuelas privadas, casi todos los miembros de la Generación 2003 lograron terminar el bachillerato, y la mayoría se inscribió en la universidad, pero seis años después de su graduación de bachillerato, solamente 21 por ciento de los alumnos de esa generación, es decir, sólo ocho estudiantes se habían titulado de una carrera universitaria de cuatro años[65].

Tyrell Vance fue parte de esta primera generación de KIPP y, de muchas formas, su experiencia fue típica. Cuando llegó se sintió abrumado, perplejo por tanta formalidad, reglas y energía. "Fue un choque cultural, nunca había visto algo así". Vance consideraba la tarea como algo opcional, pero en KIPP era obligatoria y esa diferencia condujo a una serie de altercados entre Vance y el personal de la escuela. Cuando el grupo se fue de viaje a Vermont en el séptimo grado, Vance se quedó para terminar su tarea. De todas maneras, era claro que los maestros de KIPP estaban dedicados a él y a sus compañeros, por lo que él también se concentró en ellos. "Eran, en esencia, mi segunda familia. Esa era la vibra que todos acabamos sintiendo, que éramos como una hermandad".

Al igual que muchos otros estudiantes de su generación, Vance era una estrella de las matemáticas y sus resultados en la evaluación de la ciudad fueron excelentes. Aprobó el curso estatal del noveno grado de matemáticas cuando estaba en el octavo. Pero entonces entró al bachillerato y, alejado del ritmo de trabajo de KIPP y bajó su desempeño. "No tenía la misma motivación que cuando estaba en KIPP". Empezó a divagar y sus calificaciones pronto empezaron a llenarse de C en vez de las A y B que obtenía en la secundaria. Según la interpretación de Vance, KIPP lo preparó muy bien académicamente para el bachillerato, pero no lo preparó emocional o psicológicamente. "Pasamos, de tener una familia muy unida, al bachillerato, donde no hay alguien que se ocupe de ti. Nadie está revisando si hiciste la tarea. Entonces tuvimos que lidiar con lo que le sucede a todos, simplemente crecer. Y ninguno de nosotros estaba realmente preparado para eso".

Después del bachillerato, Vance se inscribió en una universidad pública con un programa de cuatro años en el norte del estado de Nueva York para estudiar sistemas informáticos, pero el tema le pareció aburrido, así que cambió su carrera a administrador de casinos y juegos. No se llevó bien con el jefe de ese departamento, así que se salió de la universidad, se tomó un tiempo y trabajó en una tienda de zapatos. Después se volvió a inscribir en otra escuela en el sistema estatal con el plan de titularse en historia. Poco después, sin embargo, el dinero de su colegiatura se terminó y en esta ocasión Vance desertó de manera definitiva. Ahora tiene veintitantos años y ha pasado los últimos años trabajando en telemercadeo y atención telefónica, dando servicio a los clientes. Le gusta el trabajo y está orgulloso de lo que ha logrado, pero cuando mira hacia el pasado, también se arrepiente. "Tenía mucho potencial y probablemente debería haber hecho más con eso".

2. Optimismo aprendido

Para David Levin, fue doloroso ver a estos estudiantes tener dificultades con sus experiencias universitarias, pues constantemente se enteraba de que algún estudiante de KIPP había decidido dejar la universidad. Levin tomó estos datos de manera personal: ¿qué podría haber hecho de manera distinta? El propósito de KIPP era dar a los estudiantes todo lo que necesitaban para tener éxito en la universidad, ¿qué les había faltado?

Cuando empezó a recibir los informes de los alumnos que habían desertado, no solo de la primera generación de KIPP, sino de la segunda y de la tercera, Levin se percató de algo extraño: los estudiantes que habían persistido en la universidad no eran siempre los que habían destacado académicamente en KIPP. Más bien parecían ser los que poseían otra serie de cualidades: habilidades como el optimismo, la resiliencia y sociabilidad. Eran los estudiantes que se sabían recuperar de las malas calificaciones y decidían tener mejores resultados en su siguiente intento; los lograban superar los rompimientos amorosos o las peleas con sus padres, los que podían persuadir a los profesores de que les ayudaran después de clase, que podían resistir la tentación de irse a ver una película para quedarse en casa a estudiar. Aunque estos rasgos no son suficientes para conseguir un título, para los jóvenes de pocos recursos económicos, sin ese tipo de red de seguridad que tenían sus contemporáneos de familias más solventes, estas características demostraron ser un factor indispensable para llegar al día de la graduación de la universidad.

Un alto porcentaje de las cualidades que Levin notaba en los graduados de la universidad coinciden con el conjunto de habilidades que James Heckman y otros economistas identificaron como habilidades no cognitivas. Pero a Levin le gustaba usar un término distinto: "fortalezas de carácter". Desde el inicio de KIPP, a principios de la década de 1990, Levin y Michael Feinberg (cofundador de KIPP) decidieron proporcionar a los estudiantes lecciones de carácter, al mismo tiempo que los cursos académicos. Llenaron las paredes con leyendas como "Trabaja duro" y "Sé amable" y "No hay atajos" y desarrollaron un sistema de premios y méritos, diseñado para instruir a sus estudiantes no solamente en álgebra, sino también en el trabajo en equipo, la empatía y la perseverancia. En KIPP, los niños usaban playeras con el eslogan "Una escuela. Una misión. Dos habilidades: academia y carácter".

Levin y Feinberg originalmente eran parte de un grupo de Teach for America. Eran maestros recién graduados de escuelas de prestigio y con poca experiencia, relativamente. En un principio, se inspiraron en trucos y tácticas académicas de educadores innovadores que habían conocido, en especial de una mujer llamada Harriett Ball, una maestra cuyas canciones y ejercicios hacían más fácil enseñar todas las materias académicas, desde las tablas de multiplicar hasta Shakespeare. Pero cuando llegó el momento de enseñar carácter, Levin y Feinberg no tenían un mentor equivalente. La ausencia de una estructura establecida para enseñar carácter, o siquiera hablar de él, significaba que, cada año, las discusiones en las escuelas KIPP empezaban de cero y los maestros y administradores debatían acerca de qué valores y comportamientos estaban intentando promover entre los estudiantes, por qué y cómo.

En el invierno de 2002, cuando los primeros graduados de KIPP estaban terminando el bachillerato, el hermano de Levin le regaló el libro *Learned Optimism (Aprenda optimismo)*, de Martin Seligman[66], profesor de psicología de la Universidad de Pennsylvania. Seligman es uno de los principales estudiosos detrás de la corriente de pensamiento conocida como psicología positiva. El libro, originalmente publicado en 1991, enseña que el optimismo es una habilidad que se puede aprender, no una característica innata. Es posible entrenar a adultos y niños pesimistas para que alberguen más esperanzas, dice Seligman. Y si lo hacen, probablemente se vuelvan más felices, sanos y exitosos. Seligman explica que, en la mayoría de las personas, la depresión no es una enfermedad, como pensaban casi todos los psicólogos, sino simplemente un "grave estado de ánimo[67]" que aparece cuando tenemos creencias pesimistas sobre las causas de nuestros problemas. Si se quiere evitar la depresión y mejorar la vida, aconsejaba Seligman, se tiene que reprogramar el "estilo explicativo" para crear una mejor historia personal sobre por qué suceden cosas buenas o malas.

Seligman asegura que los pesimistas, tienden a reaccionar ante las situaciones negativas explicándolas como algo permanente, personal y generalizado.

¿Reprobaste un examen? No fue por falta de estudio, ocurrió porque eres idiota.

¿Alguien rechazó tu propuesta de salir juntos? Entonces no tiene sentido pedírselo a nadie más, el motivo es simplemente que eres odioso.

Los optimistas, en contraste, buscan explicaciones específicas, limitadas y a corto plazo para los acontecimientos malos y, como consecuencia, al enfrentar un problema es más fácil que se levanten y lo intenten de nuevo.

Antes de leer el libro Levin era famoso entre los estudiantes y el personal por sus largos y escandalosos sermones dirigidos a quienes se portaban mal o que no estaban logrando el rendimiento esperado. Al leerlo, Levin reconoció muchos de los planteamientos de Seligman en sí mismo, en sus maestros y estudiantes.

Después de leerlo, Levin se preguntaba si sus comentarios críticos podrían afectar de manera personal, generalizada y permanente a sus estudiantes. "¿Por qué no hiciste tu tarea?"

se podía interpretar fácilmente como: "¿qué pasa contigo?, ¡no puedes hacer nada bien!"

Entonces Levin compró libro *Aprenda optimismo* para cada miembro del personal de KIPP y elaboró una lista de preguntas para reflexión, inspirada en el libro y la compartió con los maestros para que la discutieran. Incluía algunas preguntas incómodas para todos como:

¿Por qué algunos estudiantes sienten que no son apreciados/valorados o que no se cree en ellos?

¿Por qué algunos padres de familia se sienten menospreciados/que se les falta al respeto/que los hacemos sentir inferiores?

¿Cómo continuamos desarrollando el espíritu y carácter de los alumnos, sin quebrantarlos?

Para Levin, era el principio de un largo proceso de reevaluación. Pasó casi una década intentando desarrollar el carácter de sus estudiantes. ¿Qué sucedería si las técnicas que estaba utilizando no funcionaban?

3. Riverdale

Al igual que sus estudiantes, David Levin asistió a una escuela en el Bronx, en Riverdale. Es una zona verde y frondosa con inclinadas colinas y calles sinuosas que durante más de un siglo ha sido el hogar de algunas de las familias más adineradas de Nueva York. Entre las mansiones históricas de esta zona se encuentran tres de las escuelas privadas más prestigiadas de la ciudad: Horace Mann School, Ethical Culture Fieldston School y Riverdale Country School. Levin entró a Riverdale en el octavo grado, y tuvo mucho éxito ahí; fue un estudiante destacado en matemáticas y ciencias, además de ser capitán del equipo de basquetbol.

Al visitar la escuela hoy, lo más impresionante inicialmente es el campus: sus veintisiete acres de terreno con edificios de piedra y campos muy cuidados la hacen una de las escuelas más grandes de la ciudad. No hay uniformes. John y Robert

F. Kennedy asistieron temporalmente a Riverdale y el cuerpo estudiantil actual está compuesto en su mayoría por habitantes de Upper East Side, que es uno de los barrios más adinerados y de mayor prestigio de la ciudad de Nueva York. Es el tipo de colegio donde los miembros de la élite envían a sus hijos para que aprender a ser parte de la élite. La colegiatura tiene un costo de 38,500 dólares al año en preescolar.

De primera impresión, Dominic Randolph, el director de Riverdale, parece ser personaje poco común para dirigir una institución tan inmersa en el estatus y la tradición. Parece más bien un iconoclasta, un transgresor un tanto excéntrico. Se viste todos los días de traje negro y corbata angosta. Este atuendo, en conjunto con su estilo desenfadado y su cabello largo y canoso, lo hace parecer el saxofonista de una banda de ska de la década de los ochenta. Randolph es un gran pensador, siempre a la caza de nuevas ideas, y una conversación con él puede parecer como una conferencia del sitio web TED, pues está llena de referencias a las últimas teorías de psicología conductual, a gurús de la administración y teóricos del diseño. Cuando empezó como director, en 2007, cambió de oficina con su secretaria: ella se refugió en la zona recluida que estaba reservada para los previos directores y él remodeló la pequeña área exterior de recepción para convertirla en su espacio abierto de trabajo. Llenó las paredes con pizarrones blancos, donde escribe sus ideas y eslóganes.

Para ser el director de una escuela tan competitiva, Randolph se muestra sorprendentemente escéptico sobre muchos de los elementos básicos de la educación contemporánea y sobre los exámenes clasificatorios en Estados Unidos. Eliminó las clases de nivel avanzado poco después de llegar a Riverdale, promovió que los profesores limitaran la tarea y sostiene que las pruebas estandarizadas que Riverdale y otras escuelas privadas requieren para la admisión a preescolar y a la secundaria son "un sistema obviamente injusto" porque evalúan casi exclusivamente el CI de los estudiantes.

"Esta presión por realizar exámenes está provocando el descuido de unas de las partes más importantes que definen el éxito de un ser humano". La parte faltante más crítica, explicó Randolph, es el carácter. "Ya sea que hablemos de un pionero en una carreta o de alguien que migró desde el sur de Italia, siempre existió la idea de que en Estados Unidos, con trabajo arduo y verdadera determinación, se podía alcanzar el éxito. Es extraño que ahora hayamos olvidado eso. "La gente que tiene altas calificaciones en SAT (un examen estandarizado de aptitud académica), recibe retroalimentación de que todo lo que hace está bien, sin embargo, podría fracasar a largo plazo. Cuando tienen que enfrentar un momento difícil, entonces, caen al hoyo. En mi sincera opinión, no creo que hayan adquirido las habilidades para poder manejarlo".

Al igual que Levin, Randolph lleva toda su carrera como educador cuestionando si las escuelas deben promover un buen carácter y la manera en que lo podrían lograr. Esta misión ha sido solitaria. En el internado británico donde estudió Randolph de niño, los educadores enseñaban carácter, al igual que matemáticas e historia. Cuando Randolph se mudó a Estados Unidos, se dio cuenta de que los educadores estadounidenses eran más reacios a tratar este tema. Durante muchos años, le dio seguimiento al discurso nacional sobre el carácter, o lo que se hacía pasar por él, pero siempre le pareció que no estaba a tono con las necesidades de una escuela. En la década de 1980, William Bennett estableció los argumentos a favor de la enseñanza de virtudes, pero su esfuerzo se volvió demasiado político para el gusto de Randolph. En los noventa, le llamaron la atención los escritos de Daniel Goleman sobre inteligencia emocional, pero el concepto le parecía demasiado flojo y basado en sentimentalismos, como para servir de fundamento para un sistema práctico de instrucción. "Estaba buscando algo que fuera serio, que no se convirtiera en moda pasajera, que permitiera cambiar efectivamente la cultura escolar", me aseguró.

En el invierno de 2005, Randolph leyó *Aprenda optimismo*, y le intrigó el área de la psicología positiva. Empezó a leer sobre el trabajo de Seligman y de dos de sus frecuentes colaboradores: Christopher Peterson, de la Universidad de Michigan, y Angela Duckworth, de la Universidad de Pennsylvania. Randolph, que en aquel entonces, era el subdirector del internado y escuela privada Lawrenceville, organizó una reunión con Seligman en Filadelfia. A su vez, Seligman había organizado una junta con David Levin, así que decidió juntar ambas reuniones e invitó al psicólogo Peterson, quien estaba también en el campus ese día, para hablar sobre la psicología y la educación. Resultó ser el inicio de una larga y fructífera colaboración.

4. Fortalezas de carácter

Levin y Randolph llegaron a Filadelfia esperando hablar sobre el optimismo. Pero Seligman los sorprendió al hablar de un libro nuevo, que escribió en colaboración con Peterson: *Character strengths and virtues: a handbook and classification (Fortalezas y virtudes del carácter: manual y clasificación)*.

Hasta ahora los libros más vendidos de Seligman eran obras relativamente breves de psicología popular, muy accesibles, con subtítulos diseñados para llamar la atención en las librerías de aeropuerto. (*¡Cómo cambiar tu mente y tu vida!*). Sin embargo, *Character Strengths* era un tomo académico de ochocientas páginas, que pesaba unos dos kilogramos y costaba ochenta dólares. Su propósito, según los autores, era convertirse en un "manual de la cordura[68]", el espejo del DSM: *Diagnostic and Statistical Manual of Mental Disorders (Manual Diagnóstico y Estadístico de los Trastornos Mentales)*, la autoridad taxonómica de todos los males psiquiátricos que reposa en los libreros de cada terapeuta y psiquiatra.

El libro de Seligman y Peterson es un intento por inaugurar una "ciencia del buen carácter"[69]. En otras palabras, era exactamente lo que Randolph y Levin estaban buscando, aunque ninguno lo sabía bien.

"Carácter" es una de esas palabras que complican cualquier conversación, principalmente porque puede significar cosas distintas para diferentes personas. Con frecuencia se utiliza para representar un conjunto particular de valores, lo cual implica que irá cambiando necesariamente con el paso del tiempo. En la Inglaterra victoriana, una persona de buen carácter era la que acataba los valores de castidad, frugalidad, limpieza, piedad y propiedad social. Dentro de los límites de Estados Unidos, el buen carácter tenía más que ver con valentía, autosuficiencia, ingenio, diligencia y determinación. Pero Seligman y Peterson aspiraban a que su libro trascendiera esos caprichos de la historia, que identificara las cualidades que se valoran no solamente en la cultura norteamericana contemporánea sino en todas las sociedades y todas las eras. Consultaron a Aristóteles, Confucio, Upanishad, La Torá, manuales de los *scouts* hasta los perfiles de las criaturas de Pokémon y, finalmente, elaboraron una lista de veinticuatro fortalezas de carácter que consideraron universalmente respetadas. Esta lista incluye algunas cualidades que clasificamos como rasgos nobles tradicionales: valor, civismo, justicia, sabiduría e integridad; otros que se centran en el ámbito emocional como amor, humor, pasión y apreciación de la belleza, y algunos más que están enfocados en las interacciones cotidianas entre seres humanos, como inteligencia emocional (la capacidad de reconocer las dinámicas interpersonales y adaptarse rápidamente a distintas situaciones sociales), amabilidad y gratitud.

En la mayoría de las sociedades se consideraba que las fortalezas de carácter poseían un valor moral y, en muchos casos, coinciden con las reglas y restricciones religiosas. Pero los valores morales son limitantes porque reducen la conducta a una cuestión de simple obediencia a una autoridad superior. "Las virtudes son mucho más interesantes que las leyes"[70], escriben Seligman y Peterson. "El valor de estas veinticuatro fortalezas de carácter no proviene de su relación con ningún sistema de ética en particular sino de su beneficio práctico: lo que se podría ganar al poseerlas y expresarlas en la vida real. Cultivar estas fortalezas representaría un camino confiable hacia una 'buena vida', que no solo sea feliz sino también significativa y satisfactoria[71]".

Para muchos de nosotros, el carácter se refiere a algo innato e inmutable, un conjunto básico de atributos que definen nuestra propia esencia. Pero Seligman y Peterson lo definieron de una forma muy distinta: un conjunto de habilidades o fortalezas que son completamente maleables. Son habilidades que se pueden aprender, practicar y enseñar.

Sin embargo, cuando los educadores intentan enseñar carácter, con frecuencia se topan contra la pared de las leyes morales. En la década de 1990, hubo una gran presión nacional por incluir educación del carácter en Estados Unidos[72], inspirada por los comentarios alentadores de la Primera Dama, Hillary Clinton y del Presidente, quien declaró en su discurso anual de 1996: "Incito a todas nuestras escuelas a que eduquen en la formación del carácter, que enseñen buenos valores y civismo". Pero poco después, la campaña de Clinton se disolvió en señalamientos y sospechas entre los promotores de ambos lados del espectro político. La derecha sospechaba que estas iniciativas de formación de carácter eran una forma velada de instituir la corrección política y la izquierda sospechaba que las iniciativas tenían la intención oculta de impartir una doctrina cristiana. Cientos de escuelas públicas de Estados Unidos ahora tienen algún tipo de programa de educación de carácter, pero la mayoría son vagos y superficiales, o han resultado ineficientes. Una evaluación nacional de los programas de educación para el carácter[73] publicada en 2010 por el Centro Nacional de Investigación en Educación, del Departamento de Educación Federal, estudió siete programas populares en las escuelas primarias a lo largo de tres años consecutivos. No encontró ningún impacto significativo de los programas: ni en el comportamiento de los estudiantes ni en los logros académicos, ni en la cultura escolar.

Lo que intrigaba a Levin y Randolph sobre el enfoque de Seligman era que se enfocaba no en la moralidad, sino en el crecimiento y logros personales. Tanto los promotores como los críticos del proyecto KIPP con frecuencia lo consideran moralista. En su libro de 2008, *Sweating the Small Stuff (Explotación de las cosas pequeñas)*[74], el periodista David Whitman etiquetó positivamente de "nuevo paternalismo" a los métodos que la KIPP Academy y escuelas subvencionadas similares estaban empleando. Estas escuelas, escribió Whitman, les enseñaban a los estudiantes "no solamente cómo pensar, sino cómo actuar según lo que se conoce comúnmente como los valores tradicionales de la clase media". Pero a Levin le horrorizaba esta noción. Le desagradaba la idea de que la finalidad de KIPP fuera promover en sus estudiantes valores de clase media, como si los integrantes clase media, en general, tuvieran un carácter más profundo o elevado que quienes son de una clase social más baja. "Lo que vale la pena sobre el enfoque de fortalecimiento del carácter es que fundamentalmente carece de juicios de valor. El problema inevitable con ese enfoque es que se centra en los valores y la ética, pero ¿de quién?"

5. Autocontrol y fuerza de voluntad

Tras esa primera reunión en la oficina de Seligman, Levin y Randolph se mantuvieron en contacto, a través del teléfono y correos electrónicos, intercambiando artículos y ligas de la red, y pronto descubrieron que compartían muchas ideas e intereses, a pesar de los distintos entornos escolares en los cuales trabajaban. Decidieron unir fuerzas y enfrentar los misterios del carácter juntos. Con esa finalidad, se acercaron a Angela Duckworth para que los asesorara. En aquel entonces ella era estudiante de postdoctorado en el departamento de Seligman (actualmente es profesora adjunta). Duckworth llegó a Pennsylvania en 2002, a la edad de treinta y dos años, más tarde que el típico estudiante de posgrado. Es hija de inmigrantes chinos y durante su adolescencia se le podría haber clasificado como una perfeccionista que abarcaba muchas actividades. A mediados de los noventa, después de completar su licenciatura en Harvard, trabajó en una escuela de verano para niños de bajos recursos en Cambridge, hizo prácticas en la oficina de redacción de discursos en la Casa Blanca, fue becaria en Oxford (donde estudió neurociencias) y consultora de escuelas subvencionadas. Durante muchos años pensó que podría empezar su propia escuela subvencionada, pero eventualmente concluyó que eso no era el medio adecuado para cambiar las circunstancias de los niños pobres. Cuando solicitó ingreso al programa de doctorado de Pennsylvania, escribió en su ensayo de solicitud que sus experiencias trabajando en las escuelas le habían proporcionado "un punto de vista distintivo sobre la reforma educativa".

"El problema, creo, no está solo en las escuelas sino en los estudiantes mismos. He aquí por qué: aprender es difícil. Es cierto que el aprendizaje es divertido, emocionante y satisfactorio, pero muchas veces también es intimidante, agotador y en ocasiones desalentador... Para ayudar a los estudiantes de bajo rendimiento crónico, pero inteligentes, los educadores y los padres de familia primero deben reconocer que el carácter es, como mínimo, igual de importante que el intelecto[76]".

En Pennsylvania, Duckworth inicialmente estudió autodisciplina. Para su tesis de primer año[77], reunió 164 estudiantes de octavo grado de Masterman, una escuela secundaria especializada de Filadelfia, y les aplicó a todos pruebas tradicionales de CI y evaluaciones estándar de autodisciplina. Después, a lo largo del año escolar, evaluó su desempeño, valiéndose de varias mediciones académicas. Al terminar el año, para sorpresa de muchos, encontró que la evaluación previa de autodisciplina fue un mejor predictor del promedio de aprovechamiento final que sus puntuaciones de CI.

Duckworth empezó a colaborar con Walter Mischel, profesor de psicología de la Universidad de Columbia, que es famoso en los círculos de ciencias sociales por un estudio conocido informalmente como "el estudio del bombón". A finales de la década de 1960, Mischel, entonces profesor de la Universidad de Stanford, desarrolló un ingenioso experimento para poner a prueba la fuerza de voluntad de niños de cuatro años de edad[78]. En una guardería en el campus de Stanford, un investigador llevaba al niño a una pequeña habitación, lo sentaba frente a un escritorio y le ofrecía un bombón. Sobre el escritorio había una campana. El investigador anunciaba que saldría de la habitación y que el niño podría comerse el bombón cuando regresara. Entonces le daban a elegir: si quería comer el bombón lo único que necesitaba hacer era tocar la campana; el investigador regresaría y se lo daría. Pero si esperaba hasta que él regresara por su propia cuenta, podría comerse dos bombones.

La intención de Mischel en el experimento era estudiar las distintas técnicas que usaban los niños para resistirse a la tentación. Pero su estudio adquirió una nueva dimensión más de una década después, cuando Mischel les dio seguimiento a los niños del experimento para ver si su capacidad para retrasar la gratificación había predicho algún resultado académico o de otro tipo. A partir de 1981, rastreó a los estudiantes que pudo encontrar y después continuó observándolos por años. Las relaciones entre los tiempos de espera para comer el bombón y sus posteriores logros académicos resultaron sorprendentes. Los niños que habían sido capaces de esperar durante quince minutos[79] para comer su golosina tenían puntuaciones que, en promedio, superaban por 210 puntos las de los niños que habían tocado la campana después de treinta segundos.

Duckworth se sintió intrigada por los resultados de Mischel, pero en realidad estaba más interesada en la premisa original: ¿si se quiere maximizar el autocontrol, qué trucos y estrategias son más efectivos?, ¿se pueden enseñar esas técnicas? El experimento de Mischel sugería algunas respuestas interesantes. Por ejemplo, tanto la teoría psicoanalítica como la conductual sostenían que la mejor manera para motivar al niño a esperar para conseguir los dos bombones era mantener su atención centrada en la recompensa, y reforzar lo delicioso que serían esos dos bombones cuando finalmente los obtuviera. Pero de hecho, sucedía lo contrario: cuando los bombones no estaban a la vista, los niños eran capaces de retrasar mucho más su gratificación que cuando estaban frente a ellos. Los niños que tuvieron más éxito para aplazar la gratificación creaban sus propias distracciones. Algunos hablaban o cantaban mientras esperaban que el investigador regresara; algunos miraban en otra dirección para no ver la golosina o se tapaban los ojos. Un niño incluso logró quedarse dormido.

Mischel se dio cuenta de que los niños tenían mayor capacidad de aplazar efectivamente si les proporcionaban un par de ideas sencillas para que pensaran sobre los bombones de manera diferente. Mientras más abstracto el pensamiento sobre la golosina, más tiempo podían aplazar comerla. Cuando les propuso que pensaran en los bombones como una nube redonda y esponjosa en vez de un dulce, pudieron aplazar otros siete minutos[80]. A algunos niños se les animó a que vieran una fotografía de un bombón en vez de un bombón real. También pudieron esperar más. Otros veían el real pero les pedían que imaginaran un marco alrededor del dulce, igual que en una fotografía. Esos niños pudieron esperar casi dieciocho minutos.

Cuando Duckworth intentó adaptar los hallazgos de Mischel en un contexto escolar, le resultó más difícil de lo que esperaba. En 2003, junto con algunos colegas, realizó un experimento de seis semanas, con cuarenta estudiantes de quinto grado en una escuela de Filadelfia. Les enseñaron ejercicios de autocontrol y les dieron premios por terminar su tarea. Al final del experimento, los estudiantes informaron obedientemente que ahora poseían más control que al inicio del programa. Pero de hecho no fue así: los niños que habían pasado por la intervención tuvieron los mismos resultados en una serie de mediciones que otros alumnos de su misma escuela. "Analizamos las evaluaciones de los profesores sobre autocontrol,

les pedimos que completaran ciertas tareas, hicimos las evaluaciones estandarizadas, medimos el promedio GPA, inves-
tigamos si llegaban tarde a clase con más frecuencia, pero los
resultados fueron iguales en todas las categorías".

6. Motivación

El problema con las técnicas de autocontrol, al igual que las
que usaron los que resistieron más al bombón, es que funcionan solamente cuando el niño sabe lo que quiere. Las metas a
largo plazo que Duckworth esperaba que alcanzaran eran menos tangibles, inmediatas y atractivas que dos bombones tras
veinte minutos. Así que, ¿cómo se ayuda a los niños a adquirir
la concentración y persistencia que necesitarán para alcanzar
metas a largo plazo y más abstractas: como pasar un examen,
graduarse del bachillerato o tener éxito en la universidad?

Duckworth prefiere dividir la mecánica del logro en dos
dimensiones separadas: motivación y voluntad. Ambas son
necesarias para alcanzar metas a largo plazo, pero ninguna es
suficiente por sí sola. La mayoría de nosotros estamos fami-
liarizados con la experiencia de tener motivación pero falta de
voluntad. Por ejemplo, se puede estar muy motivado a bajar
de peso, pero a menos que se tenga la voluntad (el autocontrol) para no comerse el último pastelillo de cereza y ponerse a
levantar pesas, no se alcanzará el éxito. Si un niño está muy motivado, las técnicas y ejercicios de autocontrol que Duckworth
intentó enseñarles a esos estudiantes de quinto grado podrían
ser muy útiles, pero ¿qué sucede si los estudiantes no están
motivados a alcanzar las metas que sus maestros o padres quieren que alcancen? Entonces, todos los trucos de autocontrol
en el mundo no van a ayudar, reconoce Duckworth.

Pero eso no significa que sea imposible modificar la motivación de una persona. De hecho, puede ser sorprendentemente sencillo. Consideremos un par de experimentos que
se realizaron hace varias décadas relacionados con el CI y los
chocolates confitados, M&M'S. En la primera prueba, reali-

zada en el norte de California a finales de la década de 1960, un investigador llamado Calvin Edlund[81] seleccionó setenta y nueve niños entre las edades de cinco y siete años de "hogares de clase media y baja". Se dividieron al azar en un grupo experimental y uno de control. Aplicaron la versión estándar de la prueba de CI de Stanford-Binet a todos los sujetos. Siete semanas después, realizaron una prueba similar, pero en esta ocasión los niños del grupo experimental recibían un M&M'S por cada respuesta correcta. En la primera prueba, los dos grupos tuvieron un resultado similar, pero en la segunda, el CI del grupo que recibió M&M'S creció, en promedio, doce puntos, un enorme salto.

Unos años después, dos investigadores de la Universidad de South Florida[82], modificaron el experimento de Edlund. Esta vez, después de la prueba de CI sin dulces, dividieron a los niños en tres grupos según los resultados de la primera evaluación. El grupo de alto CI tenía un promedio de 119 en la primera prueba. El de CI mediano tenía un promedio de 101 y el de bajo CI tenía un promedio de 79. En la segunda prueba, los investigadores le ofrecieron a la mitad de los niños de cada categoría de CI un M&M'S por cada respuesta correcta, como lo había hecho Edlund; la otra mitad de cada grupo no recibía premio. Los grupos de CI alto y medio no mejoraron sus resultados en la segunda prueba, pero los de bajo CI elevaron sus resultados llegando a alrededor de 97, casi cerrando la brecha con el grupo de CI medio.

Los estudios de los M&M'S fueron un gran golpe al conocimiento convencional sobre la inteligencia, que sostenía que las pruebas de CI medían algo real y permanente, algo que no se podía cambiar drásticamente con unos cuantos chocolates. También surgieron preguntas importantes y fascinantes sobre los niños con CI supuestamente bajo: ¿Qué cifra era una medición real de su inteligencia: 79 o 97?, ¿en realidad era bajo o no?

Este es el tipo de problema frustrante, pero apasionante que los maestros enfrentan con regularidad, en especial en las escuelas con alto nivel de pobreza. Están convencidos de que los estudiantes son más inteligentes de lo que aparentan y que solo necesitarían dedicar un poco de tiempo para que les vaya mucho mejor, pero ¿cómo se logra esto?, ¿hay que darles premios después de cada respuesta correcta por el resto de sus vidas? Esa no parece ser una solución muy práctica. Y la realidad es que los niños de bajos ingresos en la secundaria, ya cuentan con grandes recompensas por tener buenos resultados en los exámenes, no son inmediatas ni las obtienen por cada respuesta individual correcta, pero sí existen a largo plazo. Si los resultados de los exámenes y el promedio de aprovechamiento de un estudiante en la secundaria o bachillerato reflejan un CI de 97 en vez de 79, el sujeto tendrá mucho mayores probabilidades de graduarse del bachillerato y después de asistir y concluir la universidad y, posteriormente de conseguir un buen empleo: entonces podrá comprar tantos M&M'S como desee.

Pero, como lo sabe cualquier maestro de secundaria, convencer a los estudiantes de esta lógica es mucho más difícil de lo que aparenta. La motivación, resulta compleja y las recompensas parecen tener el resultado opuesto. En su libro *Freakonomics*, Steven Levitt y Stephen Dubner relatan la historia del estudio que realizó un grupo de investigadores en la década de 1970 para averiguar si darle a los donadores sangre una pequeña recompensa económica aumentaba las donaciones de sangre[83]. El resultado fue que menos gente donó sangre.

Y mientras el estudio de los M&M'S sugiere que darles incentivos materiales a los niños para que tengan éxito podría resultar en una gran diferencia, en la práctica no suele funcionar de esa manera.

En años recientes, el economista de Harvard, Roland Fryer, intentó extender el experimento de M&M'S a la escala de un gran sistema escolar metropolitano. Puso a prueba distintos programas de incentivos en las escuelas públicas[84] y ofreció bonos a los maestros si mejoraban los resultados de sus clases, dio incentivos a los estudiantes si mejoraban sus propios resultados, como minutos de llamadas a teléfono celular; ofreció incentivos económicos a las familias, si sus hijos tenían mejores resultados. Los experimentos fueron muy minuciosos y se realizaron con gran cuidado, pero los resultados fueron decepcionantes. Hubo un par de excepciones entre los datos: en Dallas, un programa que le pagaba a los niños por cada libro que leyeran sí pareció haber contribuido a mejores resultados en lectura. Pero en su mayoría, los programas fueron un fracaso. El mayor experimento, que ofrecía incentivos a los maestros en Nueva York, costó setenta y cinco millones de dólares y tardó tres años en llevarse a cabo. Y en la primavera de 2011, Fryer informó que no había tenido ningún resultado positivo.

7. La prueba de velocidad de codificación

Este es el problema al intentar motivar a la gente: nadie sabe muy bien cómo hacerlo. Es la razón por la cual existe una industria tan pujante de carteles inspiradores, libros de autoayuda y motivadores personales: lo que nos motiva es con frecuencia difícil de explicar y de medir.

En parte, esta complejidad se deriva de los distintos tipos de personalidades que responden a diferentes motivaciones. Lo sabemos gracias a una serie de experimentos que realizó Carmit Segal en 2006, cuando era todavía estudiante de postdoctorado en el departamento de economía de Harvard (hoy es profesora de una universidad en Zúrich). Segal quería comprobar cómo interactuaban la personalidad y los incentivos[85], y eligió como su vehículo las pruebas más fáciles imaginables, una evaluación de las habilidades de organización más básicas, llamadas la prueba de velocidad de codificación. Es una prueba bastante directa. Primero, se les da a los participantes una hoja de respuestas en la cual se le asigna un número de cuatro dígitos a una variedad de palabras sencillas. La lista de claves es así:

juego	2715
barba	3231
casa	4232
sombrero	4568
cuarto	2864

Y luego, un poco más abajo en la página, hay una prueba de opción múltiple que ofrece números de cuatro dígitos como la potencial respuesta correcta para cada palabra.

Respuestas	*Preguntas*				
	A	B	C	D	E
1. sombrero	2715	4232	4568	3231	2864
2. casa	4232	2715	4568	3231	2864
3. barba	4232	2715	3231	4568	2864

Lo único que hay que hacer es encontrar el número correcto de la clave superior y señalar ese cuadro (1C, 2A, 3C, etcétera). Es muy sencillo aunque algo tedioso.

Segal localizó dos grandes grupos de datos que incluían las evaluaciones de miles de jóvenes tanto en la velocidad de codificación como pruebas cognitivas estándar. Una de las colecciones de datos estaba en el NLSY, National Longitudinal Survey of Youth (Encuesta Nacional Longitudinal de la Juventud), una gran encuesta que empezó a dar seguimiento a una generación de más de doce mil jóvenes en 1979. El otro conjunto de datos pertenecía a un grupo de reclutas militares que realizaron el examen de codificación como parte de una serie de pruebas que tenían que aprobar para que los aceptaran en las Fuerzas Armadas de los E.U. Los estudiantes de bachillerato y de la universidad que formaban parte del NLSY carecían de algún incentivo real para esforzarse en los exámenes, ya que sabían que solo tenían propósitos de investigación y ninguna relevancia en sus registros académicos. Para los reclutas, sin embargo, las pruebas eran muy importantes; una mala calificación los podía sacar del ejército.

Cuando Segal comparó los resultados de ambos grupos se dio cuenta de que, en promedio, los jóvenes bachilleres y universitarios tuvieron mejores resultados que los reclutas en las pruebas cognitivas. Pero en la prueba de velocidad de codificación los reclutas tuvieron mejores resultados. Eso se podía deber a que el tipo de joven que se enlista en las fuerzas armadas tiene un talento natural para asociar números con palabras, pero eso no parecía muy probable. Lo que medía realmente la prueba de velocidad de codificación, se percató Segal, era algo más fundamental que las habilidades de organización: la disposición de quien realizaba el examen y su capacidad de esforzarse por darle importancia a la prueba más aburrida del mundo. Los reclutas, que tenían mucho más en juego, hacían un mayor esfuerzo en esta prueba que los jóvenes de NLSY. En esta prueba tan simple, ese nivel adicional de esfuerzo fue suficiente para que tuvieran mejores resultados que sus compañeros con mejor educación.

Ahora bien, recordemos que el NLSY no fue un examen que se hiciera una sola vez: le dio seguimiento al progreso de los jóvenes durante muchos años. Así que Segal regresó a los datos de NLSY, se fijó en la evaluación de las habilidades cognitivas de cada estudiante y su puntuación de velocidad de codificación en 1979, y comparó estas dos pruebas con lo que ganaban estos estudiantes dos décadas después, cuando ya tenían cuarenta y tantos años. Como era de esperarse, los jóvenes que tuvieron mejores resultados en las pruebas de habilidades cognitivas estaban ganando más dinero. Pero lo mismo sucedía con los que tuvieron mejores resultados en los exámenes sencillos de codificación. De hecho, cuando Segal se fijó solamente en los participantes de NLSY que no se graduaron de la universidad, los resultados de velocidad de codificación eran igual de confiables como predictores de sus salarios de adultos como las pruebas cognitivas. Los que tenían evaluaciones más altas en las pruebas de codificación estaban ganando miles de dólares más al año que los que tenían bajas calificaciones.

¿Por qué ocurre esto?, ¿el mercado laboral estadounidense moderno valora realmente esas listas idiotas de palabras y números? Por supuesto que no. Y de hecho, Segal no creía que los estudiantes con mejores calificaciones en la prueba de codificación en realidad tuvieran habilidades superiores de codificación. Considera que tuvieron éxito por una razón muy simple: hicieron un mayor esfuerzo. Y lo que sí valora el mercado laboral es ese tipo de motivación interna requerida para esforzarse en un examen aunque no exista una recompensa externa por hacerlo bien. Sin que nadie se diera cuenta, la prueba de codificación medía una habilidad no cognitiva crítica que importaba mucho en el mundo adulto.

Los hallazgos de Segal nos proporcionaron una nueva forma de pensar sobre los niños de supuesto CI bajo que participaron en el experimento de los M&M'S de Florida. Recordemos que tuvieron un mal resultado en la primera prueba de CI y después un resultado mucho mejor con los M&M'S de incentivo. Entonces, la pregunta sobre cuál era el verdadero CI de un estudiante con resultados "bajos" puede responderse que el verdadero CI es 97. Se supone que, al realizar una prueba de CI, hay que esforzarse y, cuando los niños de bajo CI tenían motivación, hicieron un mayor esfuerzo. No es que los M&M'S mágicamente les hayan dado la inteligencia para conocer las respuestas, seguramente ya la tenían. Así que en realidad su CI no era bajo. Era promedio.

Pero lo que sugiere Segal, es que su resultado inicial, de 79, es el más relevante a futuro. Puesto que la prueba que no arriesga nada y que no tiene recompensa predice qué tan bien le irá a alguien en la vida. Tal vez no tengan un CI bajo, pero sí tienen una baja calificación en la cualidad que hace que una persona se esfuerce, sin un incentivo obvio. Y lo que muestra la investigación es que resulta muy valioso poseer esta cualidad.

8. Responsabilidad

Entonces, ¿cómo se llama la cualidad que exhibieron los estudiantes de Segal, los que se esforzaron aunque no hubiera recompensa potencial? El término técnico que le dan los psicólogos de la personalidad es: responsabilidad. A lo largo de las últimas dos décadas, los psicólogos de la personalidad han llegado a un consenso y piensan que una de las maneras más efectivas para analizar la personalidad humana es evaluarla a lo largo de cinco dimensiones conocidas: afabilidad, extroversión, neuroticismo, apertura a la experiencia y responsabilidad.

Cuando Segal realizó una evaluación estandarizada de personalidad a estudiantes varones encontró que los individuos que no respondieron a los incentivos materiales, los que tuvieron buenos resultados (con o sin M&M'S) obtuvieron calificaciones particularmente altas en responsabilidad.

Dentro del mundo de la psicología de la personalidad, el experto reinante en el tema de responsabilidad es Brent Roberts, profesor de la Universidad de Illinois en Urbana-Champaign, quien ha colaborado con James Heckman y Angela Duckworth. A finales de la década de 1990, cuando Roberts estaba terminando su posgrado e iba a decidir en qué área de la investigación se especializaría, nadie quería estudiar la responsabilidad. La mayoría de los psicólogos la consideraban la oveja negra del estudio de la personalidad. Muchos todavía piensan eso. Es una cuestión cultural, explicó Roberts. Al igual que la palabra carácter, la palabra responsabilidad tiene asociaciones fuertes y no siempre positivas fuera del mundo académico. "Los investigadores prefieren estudiar las cosas que valoran. Y los intelectuales, los académicos y los liberales de la sociedad no son quienes valoran más la responsabilidad. Tienden a ser los conservadores, de la derecha, religiosos que piensan que se debe controlar más a la gente" (Según Roberts, los psicólogos prefieren estudiar la apertura a la experiencia). "La apertura es mucho mejor vista… implica creatividad. Además, tiene una fuerte correlación con la ideología liberal".

A pesar de que la mayoría de los psicólogos académicos de la personalidad, con la excepción de Roberts, se mantuvo alejada hasta hace poco de esta característica, la responsabilidad se aceptó dentro de las dimensiones de la personalidad humana[86] en la década de 1990, dentro de una especialidad psicológica poco ilustre: la psicología industrial/organizativa o psicología I/O. Los investigadores de esta área rara vez trabajan en universidades de prestigio. Casi todos están contratados como consultores de las áreas de recursos humanos en grandes corporaciones, con alguna necesidad muy específica alejada de los debates académicos subjetivos: quieren contratar a los trabajadores más productivos, confiables y diligentes que puedan encontrar. Cuando la psicología I/O empezó a usar varias evaluaciones de la personalidad para ayudar a las corporaciones a identificar a estos trabajadores, encontraron consistentemente que la responsabilidad, de entre todas las dimensiones de la personalidad humana, era el rasgo que mejor predecía el éxito en el trabajo.

Lo que más intriga a Roberts sobre la responsabilidad es su capacidad de predecir muchos resultados que van mucho más allá del área laboral[87]. La gente con altos niveles de responsabilidad tiene mejores calificaciones en el bachillerato y en la universidad. Cometen menos delitos y permanecen casados más tiempo. Viven más, y no solamente porque fuman y beben menos. Tienen menos infartos, menor presión sanguínea y una menor incidencia de Alzheimer. "Sería interesante encontrar indicadores negativos asociados a la responsabilidad. Pero por el momento está surgiendo como una de las primeras dimensiones de funcionamiento exitoso a lo largo de la vida.

En verdad se extiende desde la cuna hasta la sepultura en términos de cómo le va a la gente".

9. El lado negativo del autocontrol

Por supuesto, esto no significa que todo el mundo esté de acuerdo en que la responsabilidad es un rasgo enteramente positivo. De hecho, algunos de los resultados empíricos que establecen las conexiones entre la responsabilidad y el éxito en la escuela y el trabajo provienen de gente que no valoraba mucho ni la escuela ni el trabajo. En su libro de 1976, *Schooling in Capitalist America (La instrucción escolar en la América capitalista*[88]*)*, los economistas marxistas Samuel Bowles y Herbert Gintis sostenían que las escuelas públicas en Estados Unidos se habían establecido para perpetuar la división entre clases sociales. Para que los capitalistas mantuvieran al proletariado dentro de su clase de origen, escribieron, "el sistema educativo debe intentar enseñar a la gente a subordinarse de manera adecuada[89]". Bowles y Gintis se basaron en una investigación contemporánea de Gene Smith, psicólogo que había descubierto que la prueba que predecía con mayor confiabilidad el futuro de un estudiante de bachillerato no consistía en medir el CI, sino cómo evaluaban sus compañeros un rasgo que llamó "fortaleza de carácter", que incluía ser "meticuloso, responsable, insistentemente ordenado, sin propensión a soñar despierto, decidido, perseverante[90]". Este indicador resultó ser tres veces más eficiente para predecir el éxito en la universidad que cualquier otra combinación de evaluaciones cognitivas, incluyendo las evaluaciones SAT y los promedios. Bowles y Gintis se sintieron intrigados por los resultados que presentó Smith y emprendieron un nuevo proyecto de investigación, en el cual realizaron varias pruebas de CI y de personalidad a 237 estudiantes de último año de bachillerato en Nueva York. Encontraron, como anticipaban, que las calificaciones cognitivas predecían muy bien el promedio general de aprovechamiento GPA; sin embargo, la combinación de dieciséis medidas de personalidad, incluyendo la responsabilidad, resultó tener un poder de predicción equivalente.

Para los psicólogos como Seligman, Peterson, Duckworth y Roberts, estos resultados son una rotunda demostración de la importancia del carácter para el éxito escolar. Para Bowles y Gintis, eran pruebas de que el sistema escolar estaba diseñado para generar un proletariado dócil. Se buscaba generar obreros reprimidos, según Bowles y Gintis, pues descubrieron que los estudiantes con los GPA más altos eran los que tenían las calificaciones más altas en puntualidad, postergación de la gratificación, previsibilidad y confiabilidad, pero también los que tenían las calificaciones más bajas en creatividad e independencia.

Bowles y Gintis entonces consultaron escalas similares para oficinistas y encontraron que los supervisores juzgaban a su fuerza laboral de la misma manera que los maestros a sus estudiantes. Les daban calificaciones bajas a los empleados con altos niveles de creatividad e independencia[91] y altas a los trabajadores con niveles elevados de tacto, puntualidad, confiabilidad y postergación de la gratificación. Para Bowles y Gintis, estos hallazgos confirmaron su tesis: la América Corporativa quería que el personal de sus oficinas estuviera compuesto por ovejas grises y confiables, así que crearon un sistema escolar que seleccionara esos rasgos.

De acuerdo con la investigación de Roberts, la gente con altos niveles de responsabilidad tendía a poseer otras características: eran ordenados, trabajadores, confiables y respetuosos de las normas sociales. Pero, tal vez, el ingrediente más importante de la responsabilidad es el autocontrol. Y cuando hablamos de autocontrol, los economistas marxistas no son los únicos que se sienten escépticos respecto a su valor.

En *Character Strengths and Virtues*, Peterson y Seligman sostienen que "no existe ninguna desventaja real por tener demasiado autocontrol[92]"; es una capacidad, como la fortaleza, la belleza o la inteligencia, que no tiene un lado malo inherente, mientras más se tenga, mejor. Pero una escuela opuesta de pensamiento, liderada por el fallecido Jack Block, investigador psicológico en la Universidad de Berkeley, California sostenía que tener demasiado autocontrol podría representar un problema tan importante como tener muy poco. La gente que se controla demasiado está "excesivamente restringida[93]", escribieron Block y dos colegas en un artículo. Tienen "dificultades para tomar decisiones y, tal vez, posterguen innecesariamente la gratificación o se nieguen placeres". Según estos investigadores, la gente responsable es la que clasificamos como el clásico aburrido: compulsivo, ansioso y reprimido.

Los hallazgos de Block ciertamente tienen validez. Es fácil entender que la responsabilidad puede degenerar y convertirse en compulsión. Pero al mismo tiempo, no se deben pasar por alto los datos que muestran la correlación entre autocontrol y resultados positivos. En 2011[94], de un estudio de tres décadas realizado a más de mil jóvenes en Nueva Zelanda donde se mostraban, con nuevos detalles, las relaciones claras entre el autocontrol durante la infancia y los resultados entre los adultos. Cuando los sujetos tenían entre tres y once años, un grupo de investigadores, liderados por los psicólogos Avshalom Caspi, Terrie Moffitt y Brent Roberts, usaron una serie de evaluaciones y cuestionarios para medir el autocontrol de los niños. Después combinaron estos resultados en una evaluación única de autocontrol para cada uno. Cuando examinaron a los sujetos a la edad de 32 años, encontraron que el autocontrol de la infancia predecía muy bien una amplia gama de resultados. Mientras más bajo era el autocontrol del sujeto en la niñez, más probable era que a la edad de treinta y dos años fumara o tuviera problemas de salud, tuviera un mal historial crediticio o problemas con la ley. En algunos casos, los efectos eran impactantes: los adultos que tuvieron menores calificaciones de autocontrol en la infancia eran tres veces más propensos a cometer un delito que los llevara a la cárcel, además tenían tres veces más probabilidades de tener múltiples adicciones y tenían el doble de probabilidades de estar criando a sus hijos en un hogar monoparental.

10. Determinación

Incluso Angela Duckworth está de acuerdo en que el autocontrol tiene sus limitaciones. Puede ser muy útil para predecir quién se graduará de la preparatoria, pero, en su opinión, no es tan relevante al identificar quién inventará una nueva tecnología o dirigirá una película premiada. Después de publicar su innovador estudio sobre autocontrol *versus* CI en la publicación *Psychological Science* en 2005, Duckworth sintió que el autocontrol no era precisamente la clave del éxito que estaba buscando. Consideró su propia carrera. Según toda medición objetiva, ella tenía una gran inteligencia y altos niveles de autodisciplina: se levantaba temprano, trabajaba duro, cumplía sus fechas de entrega y asistía regularmente al gimnasio. Sin embargo, aunque ciertamente era exitosa (muy pocos estudiantes doctorales publican sus tesis de primer año en una publicación prestigiada como *Psychological Science*), el inicio de su carrera fue mucho menos brillante que el de David Levin, quien encontró su vocación a los veintidós años y persistió en la misma meta desde entonces, sobreponiéndose a muchos obstáculos y creando, con Michael Feinberg, una red exitosa de escuelas subsidiadas que educaban a miles de estudiantes. Duckworth sentía que Levin, más o menos de su misma edad, poseía alguna característica que ella no: un compromiso apasionado con una única misión y una dedicación inamovible para alcanzarla. Decidió que tenía que darle nombre a esta cualidad y eligió la palabra determinación. En colaboración con Chris Peterson, Duckworth desarrolló una prueba para medirla que llamó "la escala de determinación[95]". Es una prueba de autoevaluación engañosamente simple, solamente doce declaraciones breves, en categorías que incluían: "Las nuevas ideas y proyectos a veces me distraen de los anteriores"; "Los problemas no me desalientan"; "Trabajo duro"; y "Termino lo que empiezo".

Para cada afirmación, los encuestados se califican con una escala de cinco puntos, en la cual cinco es "muy parecido a mí" y uno "nada parecido a mí". Esta prueba tarda unos tres minutos en completarse y se basa exclusivamente en la autoevaluación; sin embargo, cuando Duckworth y Peterson la aplicaron, los resultados indicaron que era altamente predictora del éxito. La determinación está relacionada solo tangencialmente con el CI (hay gente determinada y lista, o hay gente determinada y tonta) pero en Pennsylvania, una alta puntuación de determinación le permitía a los estudiantes que ingresaban a la universidad con evaluaciones relativamente bajas alcanzar GPA altos. En el National Spelling Bee (Concurso nacional de ortografía), Duckworth encontró que los niños con evaluaciones altas en determinación tenían mayores probabilidades de llegar a las etapas más altas.

Lo más notable fue que Duckworth y Peterson les aplicaron la prueba de determinación a más de mil doscientos cadetes de nuevo ingreso a la academia militar de West Point que habían entrado en verano al pesado curso de capacitación conocido como Beast Barracks (Cuartel de bestias). Los militares desarrollaron sus propias evaluaciones complejas, conocidas como evaluación global del candidato, para juzgar a los cadetes de nuevo ingreso y predecir quiénes sobrevivirían a las exigencias de West Point. Esta evaluación incluye calificaciones académicas, una medición de la condición física y una evaluación del potencial de liderazgo. Pero el indicador más eficiente de quién persistiría en Beast Barracks, resultó ser el sencillo cuestionario de determinación de Duckworth.

11. Cuantificación del carácter

Cuando consultaron a Angela Duckworth respecto al carácter, David Levin y Dominic Randolph inicialmente aceptaron de buen grado que el autocontrol y la determinación eran fortalezas esenciales de carácter para sus estudiantes. Sin embargo, estas no parecían ser las únicas fortalezas importantes. Pero la lista completa de Seligman y Peterson resultaba demasiado grande y compleja para convertirla en un sistema práctico de instrucción en sus escuelas. Así que Levin y Randolph le pidieron a Peterson que abreviara la lista para crear un grupo de características más manejable. Según su investigación, Peterson identificó un conjunto de fortalezas que eran especialmente indicadas para predecir la satisfacción en la vida y el alto rendimiento. Y después de unos cuantos ajustes menores, elaboró una lista final de siete elementos:

- Determinación
- Autocontrol
- Entusiasmo
- Inteligencia social
- Gratitud
- Optimismo
- Curiosidad

A lo largo del siguiente año y medio, Duckworth trabajó con Levin y Randolph para convertir la lista de siete fortalezas en una herramienta de evaluación de dos páginas, un cuestionario que podían completar los maestros, los padres de familia o los mismos estudiantes. Para cada fortaleza, los maestros sugerían una variedad de posibles indicadores, frases similares a los doce indicadores que Duckworth eligió para su cuestionario de determinación. Puso a prueba varios cuestionarios en Riverdale y KIPP, pidiéndoles a los maestros que evaluaran a los estudiantes, y a éstos que se autoevaluaran. Eventualmente obtuvo los veinticuatro indicadores estadísticamente más confiables, desde "El estudiante siente entusiasmo por explorar cosas nuevas" (un indicador de curiosidad) hasta "El estudiante cree que el esfuerzo mejorará su futuro" (optimismo).

Para Levin, el siguiente paso era claro. En 2007, en un congreso sobre psicología positiva, al cual solo se podía asistir por invitación de Randolph en Lawrenceville, se le ocurrió calificar a los estudiantes de KIPP según su carácter de la misma manera en que se les evaluaba en matemáticas, ciencias e historia. Sería genial si cada estudiante se graduara de la escuela obteniendo un GPA y un CPA: Character point average (Promedio general de carácter).

Como encargado de las admisiones de una universidad o administrador de recursos humanos que se dedica a la selección de empleados de nuevo ingreso, ¿no sería bueno saber quiénes tienen las calificaciones más altas en determinación, optimismo o entusiasmo?

Y, a un padre de familia de KIPP, ¿no le gustaría saber cómo responde su hijo, comparado con el resto de su grupo, en cuanto a su carácter? Para Levin, la respuesta de todas estas preguntas era un enfático sí, por esa razón, tomó la lista final de indicadores y la convirtió en una evaluación específica y concisa que podía entregar a los estudiantes y padres de familia en las escuelas KIPP de Nueva York: la primera boleta de calificaciones del carácter.

En Riverdale, sin embargo, la idea de una boleta de calificaciones del carácter ponía nervioso a Randolph. "Tengo una objeción filosófica con la cuantificación del carácter En cuanto se establece algo similar a una boleta de calificaciones, la población específica de mi escuela a prepararse para ella. No quiero proponer una evaluación del carácter que después se pueda manipular".

Sin embargo, estuvo de acuerdo en que el inventario que Duckworth y Peterson habían compilado podía ser una herramienta útil para comunicarse con los estudiantes sobre el carácter. Así que tomó lo que un maestro describió como el "enfoque viral" para difundir la idea de este nuevo método de evaluación del carácter entre toda la comunidad de Riverdale. Habló sobre el carácter en las reuniones con los padres de familia, realizó preguntas específicas en sus reuniones con el personal, puso en contacto a maestros con ideas similares y los alentó a que propusieran nuevos programas. En el invierno de 2011, los estudiantes de Riverdale en quinto y sexto grado realizaron la prueba de veinticuatro indicadores y los maestros también los evaluaron. El personal discutió los resultados pero no los compartieron con los estudiantes o los padres de familia y ciertamente no los llamaron boletas de calificaciones.

El proceder cuidadoso de Randolph se debe a su enfoque personal: prefiere lo que él llama "proceso dialógico", las divagaciones que poco a poco van cambiando la mentalidad de la gente. También está muy relacionado con la cultura de Riverdale, una escuela donde los maestros no se contratan por su interés particular en la pedagogía sino por el dominio que poseen del contenido de su materia. "Los maestros llegan aquí porque quieren tener un cierto nivel de independencia".

Conforme pasaba más tiempo en Riverdale, me resultó obvio que el debate sobre el carácter en la escuela no trataba solamente de evaluar y mejorar el carácter de los niños. Era algo más profundo, la pregunta que se planteaba era qué significaba realmente el carácter.

Cuando Randolph llegó a Riverdale, la escuela ya tenía una especie de programa de educación del carácter. Se llamaba CARE Children Aware of Riverdale Ethics (Niños conscientes de la ética de Riverdale). El programa se adoptó en 1988 en la escuela primaria. Es un una guía que propone el alcance de cierto grado de afabilidad y buenos modales, exigiendo que los estudiantes "traten a todos con respeto" y que "estén conscientes de los sentimientos de los demás para encontrar maneras de ayudar a quienes hayan sido lastimados". Los carteles en los pasillos les recordaban a los estudiantes que pusieran en práctica las virtudes del CARE (tener buenos modales; no intrigar; ayudar a otros). En la escuela primaria, muchos maestros lo describían con orgullo como parte esencial de Riverdale.

Cuando le pregunté a Randolph sobre CARE, hizo un gesto de desagrado, como un revolucionario que se ve obligado a quitarse el sombrero ante la tradición. "Considero que las fortalezas de carácter son como CARE 2.0. Básicamente me gustaría tomar todo este lenguaje del carácter y afirmar que estamos en la siguiente generación de CARE".

No obstante, el enfoque de fortaleza de carácter de Seligman y Peterson no es una expansión de los programas como CARE, por el contrario, repudian ese enfoque. En 2008, una organización nacional llamada Character Education Partnership (Asociación de educación del carácter[96]) publicó un artículo que dividía la educación de carácter en dos categorías: los programas que desarrollan "carácter moral" que incluye valores éticos como justicia, generosidad e integridad; y los que se enfocan en el "carácter de desempeño" que incluye valores como esfuerzo, diligencia y perseverancia. El programa de CARE cae en la zona de "carácter moral", pero las siete fortalezas que Randolph y Levin eligieron para sus escuelas se inclinan mucho más hacia el lado de carácter de desempeño: aunque sí tienen un componente moral. Sin embargo, las fortalezas como entusiasmo, optimismo, inteligencia social y curiosidad no son particularmente heroicas o éticas; nos llevan a pensar más en Steve Jobs o Bill Clinton que en Martin Luther King Jr. o Gandhi.

Los dos maestros que Randolph eligió para supervisar la iniciativa de carácter de la escuela fueron K.C. Cohen, la orientadora vocacional de la escuela secundaria y bachillerato, y Karen Fierst, una especialista del aprendizaje de la primaria. Cohen, graduada de Fieldston, una escuela privada a unos pasos de Riverdale, posee un intenso interés en el desarrollo del carácter, y al igual que Randolph, le interesa cómo se desarrolla éste en los estudiantes de Riverdale. Pero no estaba convencida de las siete fortalezas que había elegido Riverdale. "Cuando pienso en el carácter, pienso: ¿eres justo?, ¿eres honesto con otros?, ¿haces trampa? No pienso tanto en ¿eres tenaz?, ¿trabajas duro?, sino más bien en ¿eres una buena persona?"

La visión de Cohen sobre el carácter es mucho más cercana al carácter moral que al carácter de desempeño y, durante los meses que visité Riverdale, esa visión prevaleció. En el invierno de 2011, pasé un día en la escuela en varias clases y reuniones. Los mensajes sobre el comportamiento y los valores se escuchaban por todas partes, pero permanecían, casi en su totalidad, en la dimensión moral. Además hubo un asamblea cuyo tema fueron los héroes y algunos estudiantes hicieron una breve presentación de un personaje de su elección: Ruby Nell Bridges, la niña afroamericana que formó parte del primer grupo en integrarse a las escuelas de Nueva Orleans en la década de 1960; Mohamed Bouazizi, el vendedor de frutas de Túnez que se inmoló para ayudar a iniciar la reciente revuelta en ese país; el actor y activista Paul Robeson; el boxeador Manny Pacquiao.

En la asamblea, en las clases y en las conversaciones con distintos estudiantes, escuché hablar mucho sobre valores y ética, y los valores que se enfatizaban más tendían a ser sociales: inclusión, tolerancia, diversidad. (Escuché mucho más sobre historia negra en Riverdale que en cualquiera de las escuelas KIPP que visité.) En una exhibición fotográfica al fondo de la cafetería de la escuela había retratos de familias explícitamente diversas: parejas gay, familias de raza mixta, niños adoptados, personas con discapacidades. Le pregunté a una niña de octavo grado sobre el carácter y dijo que para ella y sus amigas, el aspecto más importante era la inclusión: quién estaba invitado a alguna fiesta o a quién no incluían en Facebook.

Desde mi punto de vista, el carácter se definía en Riverdale, en términos de ayudar a los demás o de no lastimar sus sentimientos. Escuché pocas conversaciones sobre cómo las fortalezas de carácter podrían contribuir a que alguien alcanzara mayor éxito en la vida.

Sin embargo, a Randolph le preocupaba que un programa de carácter no fuera más allá de los valores de ser buena persona. "El problema con el carácter es que si se remite a los términos generales (respeto, honestidad, tolerancia) se vuelve algo muy intangible. Si les digo a los niños que es muy importante que se respeten el uno al otro perderé su atención. Pero si les digo que en la vida real necesitan demostrar un poco de autocontrol o si les explico que el valor de la inteligencia social, les ayudará a colaborar de manera más eficiente, entonces parece más tangible".

Por otro lado, Karen Fierst, la maestra que supervisaba el proyecto de carácter para la primaria de Riverdale, me expresó su preocupación por convencer a los estudiantes y sus padres de que esas veinticuatro fortalezas de carácter poseían algo que realmente podría beneficiarlos. Para los niños de KIPP, la noción de que el carácter les podría ayudar a terminar la universidad era un atractivo poderoso, algo que los motivaba a tomarlas en serio. Pero los niños de Riverdale, sin embargo, no tenían dudas sobre su graduación de la universidad. "Simplemente va a suceder, porque ya ocurrió en cada generación de su familia antes de ellos. Para los estudiantes de KIPP, estas fortalezas pretenden desmitificar en qué consiste el éxito. Pero los estudiantes de Riverdale ya viven en una comunidad exitosa, no dependen de que sus maestros les den la información sobre cómo triunfar".

12. Riqueza

Dwight Vidale enseña inglés a estudiantes de secundaria y bachillerato en Riverdale. Es egresado de la escuela, generación 2001, y es afroamericano: una especie de rareza entre el personal de Riverdale. Cuando lo conocí, era el único maestro negro del bachillerato. Vidale creció en el Bronx, lo criaron su madre, que era secretaria, y su padrastro, un electricista. Llegó a estudiar becado a Riverdale, durante su bachillerato y, a pesar de que le encantaban los vastos recursos de la escuela y el reto académico que presentaban las clases, le costó trabajo acostumbrarse a la riqueza de sus compañeros. En el noveno grado tuvo que hacer equipo con una compañera para un proyecto escolar. Ella lo invitó a su casa en el Upper East

Side. "Nunca olvidaré el momento en que entré a su departamento. Me impresionó toda la opulencia". Esa experiencia, en sus palabras, lo hizo conservar la distancia entre él y sus compañeros. En todos sus años en Riverdale, Dwight nunca invitó a amigos blancos a su casa. Sentía que su vida era demasiado distinta a la de ellos.

Ahora es maestro de alumnos que están creciendo en un entorno de riqueza y tiene un punto de vista más matizado sobre la niñez que crece en la abundancia. Aunque él proviene de un origen muy humilde, se sintió fortalecido por el hecho de que su madre siempre lo apoyó y estuvo presente cuando necesitó hablar con ella. Actualmente, muchos de sus estudiantes tienen relaciones más distantes con sus padres. Ve muchos "padres helicóptero", como los llaman en Riverdale, siempre flotando arriba, aguardando el momento de entrar al rescate, pero eso no significa que establezcan una conexión emocional con los niños o que estén pasando tiempo con ellos.

Un día en Riverdale, Dominic Randolph puso a todo su personal a ver el documental *Race to Nowhere*, que trata sobre el estrés que sufren los estudiantes de los bachilleratos privilegiados en Estados Unidos y que se ha convertido en una exitosa película en muchos suburbios de clase alta. Cuando se proyecta en escuelas, iglesias o centros comunitarios, la película atrae a los padres de familia, pues muestra un retrato desalentador de la adolescencia contemporánea, culminando con el relato de una adolescente perfeccionista que terminó suicidándose, aparentemente por la creciente presión que sentía en la escuela y en su casa por tener éxito.

Race to Nowhere contribuyó a la consolidación del creciente movimiento entre psicólogos y educadores que piensan que los sistemas y métodos que se utilizan para educar a los niños de clase alta en Estados Unidos en realidad los están destrozando. Una de las figuras centrales en la película es Madeline Levine, psicóloga de Marin County y autora del libro *The Price of privilege: how parental pressure and material advantage are creating a generation of disconnected and un-happy kids* (*El precio del privilegio: cómo la presión de los padres y las ventajas materiales están creando una generación de jóvenes desvinculados e infelices*). En su libro, Levine cita una variedad de estudios y encuestas que respaldan su posición respecto a que los hijos de familias de clase alta enfrentan "una gama sorprendentemente elevada de problemas emocionales a partir de la secundaria[97]". Levine sostiene que esto no es un accidente del sector demográfico, es el resultado directo de las prácticas de crianza que prevalecen en los hogares de clase alta en Estados Unidos. Sostiene que los padres con dinero tienen mayores probabilidades de permanecer emocionalmente distantes de sus hijos mientras, al mismo tiempo, les insisten en conseguir altos niveles de logros, una mezcla potencialmente tóxica de influencias que origina intensos sentimientos de vergüenza y desesperanza en los niños[98].

El libro de Levine se basa en las investigaciones de Suniya Luthar, profesora de psicología en el Teachers College de la Universidad de Columbia, quien, durante la última década, se ha especializado en investigar los retos psicológicos específicos de los niños que crecen en familias pudientes. Cuando Luthar inició su investigación, estaba interesada en los problemas de los adolescentes de bajos ingresos. Pero a finales de la década de 1990, decidió trabajar con un grupo de comparación para comprender mejor cómo se mostraban los patrones que observaba entre las zonas urbanas marginadas en contraste con poblaciones con menos problemas económicos. Así que realizó un estudio en el que analizó a más de doscientos estudiantes del décimo grado, de nivel económico alto, y a una cifra similar de estudiantes de áreas urbanas marginadas. Luthar encontró que los adolescentes de clase alta usaban alcohol, cigarrillos, mariguana y drogas duras con mayor frecuencia que los de bajos recursos. Treinta y cinco por ciento de las niñas de los suburbios había probado las cuatro sustancias, comparadas con solamente quince por ciento de las niñas de los barrios más pobres.

Las niñas más ricas también tenían tasas elevadas de depresión: veintidós por ciento reportaron síntomas clínicos importantes.

Poco después, Luthar asesoró a otra escuela en una zona con todavía más recursos[100], donde le dio seguimiento a una generación de niños de secundaria por varios años. Alrededor de una quinta parte de estos estudiantes de clase alta tenía múltiples problemas persistentes[101], incluyendo abuso de sustancias, altos niveles de depresión y ansiedad, y dificultades académicas crónicas. En esta ocasión, además de reunir información sobre la angustia emocional y comportamiento delincuente, Luthar encuestó a los estudiantes sobre la relación que tenían con sus padres. Encontró que la crianza era muy importante en ambos extremos socioeconómicos. Tanto para los adolescentes ricos como para los pobres, ciertas características familiares predecían la mala adaptación de los niños: como los niveles bajos de apego materno, la alta crítica y una mínima supervisión adulta después de la escuela. Entre los niños más ricos, Luthar encontró que la causa principal de ansiedad eran las excesivas presiones para alcanzar logros y el aislamiento de los padres, tanto físico como emocional[102].

Dan Kindlon, profesor adjunto de psicología infantil en Harvard, encontró más evidencia sobre las presiones específicas que sienten los niños ricos, en una encuesta que se realizó a nivel nacional a las familias de clase alta. Kindlon descubrió un nivel desproporcionadamente alto de ansiedad y depresión entre los niños de esta clase social[103], en especial en la adolescencia, y encontró que la desconexión emocional que existía entre muchos padres y sus hijos se debía frecuentemente a que los padres eran exageradamente indulgentes con el mal comportamiento de sus hijos. Los padres que ganaban más de un millón de dólares al año eran, por mucho, el grupo que tenía mayores probabilidades ser menos estrictos[104].

K. C. Cohen y varios maestros de Riverdale tuvieron una serie de conversaciones sobre la riqueza y su efecto potencialmente perjudicial en el desarrollo del carácter de los estudiantes. Tanto

Cohen como Fierst me expresaron que muchos de los padres de familia de Riverdale presionaban a sus hijos para que destacaran en lo académico y simultáneamente los sobreprotegían, impidiendo que vivieran el tipo de experiencia que pueda conducir al crecimiento del carácter. Fierst lo planteó así: "Nuestros hijos no enfrentan mucho sufrimiento. No tienen tolerancia en ese rubro. Están bastante protegidos contra esto. Intentamos hablar con los padres para que acepten que sus hijos tienen que enfrentar retos, porque ahí es donde se da el aprendizaje".

Cohen me explicó que en la secundaria "Si un niño tiene calificaciones de C y sus padres piensan que deben obtener solo A, entonces ejercen mucha presión. Tenemos padres que llaman y piden para sus hijos días extras para terminar los trabajos. Ser así de indulgentes, con la intención de darles todo y ser cariñoso, a expensas de su carácter, es algo que se da mucho en nuestra población. Creo que es uno de los mayores problemas que tenemos en Riverdale".

Esto es aplicable para los padres de todas las clases sociales. Es una paradoja central de la crianza contemporánea. Sentimos una necesidad aguda, casi biológica, de darles a nuestros hijos todo lo que quieran y necesiten, protegerlos de todo peligro e incomodidad grande o pequeña. Sin embargo, sabemos que los niños necesitan un poco de dificultad: algunos retos y carencias que puedan resolver, incluso solamente para demostrarse a sí mismos que lo pueden lograr. Como padre, es difícil lidiar con estas cuestiones todos los días. Pero una cosa es reconocer el dilema en la privacidad de nuestro propio hogar y otra, totalmente distinta, reconocerlo en público, en la escuela a la cual pagamos mucho dinero para que asistan a nuestros hijos.

Este es el problema que enfrenta Randolph en Riverdale. En una escuela pública, ya sea subsidiada o tradicional, el estado paga y compromete, en cierto grado, al maestro con sus conciudadanos para que se encargue de la labor de preparar a sus estudiantes para ingresar al mundo adulto. En una escuela privada como Riverdale, sin embargo, el maestro siempre es consciente de que está trabajando para los padres de familia que pagan la colegiatura. Esto dificulta el lanzamiento de una campaña como la que Randolph está intentando echar a andar. Si la premisa es que los estudiantes carecen de ciertas características como determinación, gratitud y autocontrol, implícitamente se está criticando el tipo de crianza que recibieron los alumnos, lo cual significa que subyacentemente se está criticando al patrón.

Usualmente, los padres ricos eligen escuelas como Riverdale como una estrategia de minimización de riesgos. En la lista de los alumnos exitosos de Riverdale hay nombres impresionantes: Carly Simon, Chevy Chase, Robert Krulwich, el gobernador de Pennsylvania y senador de E.U. por Connecticut. No obstante, para una escuela que lleva 104 años produciendo graduados altamente privilegiados, se han gestado muy pocos transformadores reales. Tradicionalmente, el propósito de una escuela como Riverdale no es elevar el nivel de los logros potenciales del niño en la vida, sino proporcionarles una ventaja inicial que les dé el tipo de conexiones y credenciales que harán muy difícil que dejen de pertenecer a la clase alta. Lo que Riverdale le ofrece primordialmente a los papás, es una alta probabilidad de no fracasar.

Randolph se ha percatado de que la mejor manera para que una persona joven consolide su carácter es intentando algo donde exista la posibilidad real y seria de fracasar. En una empresa de alto riesgo, ya sea en los negocios, en el deporte o en las artes, es mucho más probable experimentar una derrota colosal que en una de bajo riesgo, aunque también es más probable que se logre un éxito real y original. "La determinación y el autocontrol se adquieren a través del fracaso. Pero en la mayoría de los entornos altamente académicos de Estados Unidos, nadie fracasa en nada".

David Levin considera que esta es una ventaja que los estudiantes de KIPP tienen sobre los alumnos de Riverdale. "Los retos cotidianos que enfrentan nuestros niños para conseguir una educación son muy distintos a los que enfrentan los niños de clase alta, como los de Riverdale. Como resultado, la determinación de nuestros estudiantes es significativamente más alta en muchos aspectos que la de los estudiantes más privilegiados".

Karen Fierst señala que la mayoría de los estudiantes de Riverdale visualizan un camino hacia el éxito. Saben que asistirán a la universidad, se graduarán, obtendrán empleos bien remunerados... Y si fallan en el camino, sus familias ciertamente los rescatarán, incluso a los treinta y tantos años, si es necesario.

A pesar de las muchas ventajas de estos estudiantes, Randolph no está convencido de que la educación que están recibiendo actualmente en Riverdale o el apoyo que reciben en casa les proporcionen las habilidades necesarias para alcanzar un éxito más profundo: una vida feliz, significativa y productiva (Seligman y Peterson sostienen es el efecto más importante del buen carácter). Randolph quiere que sus estudiantes tengan éxito, por supuesto, solamente que cree que para lograrlo primero necesitan saber cómo fracasar.

13. Disciplina

"En KIPP siempre decimos que el carácter es tan importante como lo académico. Pensamos que si sus hijos poseen las habilidades académicas que necesitan, pero crecen sin fuertes habilidades de carácter entonces no tienen mucho. Sabemos que el carácter es lo que mantiene a la gente feliz, exitosa y satisfecha".

Con estas palabras, Brunzell estaba tratando de convencer a los padres de familia de KIPP de la importancia de una boleta de calificaciones que evalúe el carácter.

Brunzell es el decano de estudiantes en la escuela secundaria KIPP Infinity, que fue la tercera escuela KIPP de Nueva York. Como responsable de la disciplina en Infinity, Brunzell tenía un lado muy estricto, llegó a KIPP inicialmente como un objetor de conciencia, muy crítico de su sistema de disciplina, pero esta noche era todo sonrisas y vestía sin mucha formalidad. Parecía algo nervioso mientras pasaba las diapositivas que traía en su laptop. Dentro de la organización de KIPP, Brunzell es el individuo directamente responsable de la boleta de calificaciones de carácter. Y organizó lo que se conoció más adelante como el grupo de trabajo sobre carácter KIPP/Riverdale.

Levin y Feinberg, los fundadores de KIPP, eran famosos y temidos por regular el comportamiento de los estudiantes de formas directas y frecuentemente intensas, determinando con precisión la manera en la cual los estudiantes debían sentarse, hablar, prestar atención o caminar por los pasillos. En *Sweating the small stuff (Explotando las cosas pequeñas)*, David Whitman escribió que las escuelas "paternalistas" como KIPP le dicen a los estudiantes exactamente cómo esperan que se comporten[105] y supervisan ese comportamiento de cerca, con premios reales por obediencia y castigos por desobediencia.

En la publicación de Jay Mathews sobre la fundación de KIPP, *Work Hard. Be Nice (Trabajo duro. Sé amable)* se describen algunos de los momentos más duros de la disciplina de Levin[106], como cuando descubrió a un estudiante lanzando un trozo de papel arrugado e hizo que se sentara en una silla frente a la clase, colocó un cubo de basura frente a él y le dijo a los demás estudiantes que podían lanzarle todos los trozos de papel que encontraran (Mathews dice que Levin más adelante se arrepintió de este incidente).

Cuando Brunzell llegó a KIPP Infinity, en 2005, estaba terminando un posgrado en el Bank Street College, una escuela conocida por sus tendencias progresistas. Su tesis, que investigó y escribió en el primer año que trabajó en Infinity, consistió en una crítica meticulosa del régimen de disciplina de la escuela. Brunzell aseguró que el sistema con base en la obediencia modela una atmósfera de dependencia[107] que impide la toma de decisiones de los estudiantes. En su tesis, señala que los estudiantes de KIPP Infinity demostraban con frecuencia una buena conducta superficial, sin percibir cuáles eran las consecuencias de sus acciones. Se comportaban manifiestamente bien cuando los maestros observaban, pero luego intentaban salirse con la suya cuando los maestros les daban la espalda.

Aunque Brunzell ponía en tela de juicio algunos de los elementos fundamentales de la tradición KIPP, recibió una respuesta sorprendentemente alentadora tanto de Levin como de Joseph Negron, el joven director de Infinity, quien en su primer año obtuvo resultados sorprendentes, incluso para los estándares de KIPP.

La escuela abrió en 2005 y recibió solamente alumnos de quinto grado; se eligieron, al azar, estudiantes provenientes de unidades habitacionales y bodegas de West Harlem y Washington Heights. Solamente 24 por ciento de los alumnos que ingresaron había pasado el examen de cuarto grado de inglés en sus escuelas de origen y apenas 35 por ciento dominaba los estándares de matemáticas[108]. Pero después de un año en KIPP, 81 por ciento aprobó el examen de inglés y 99 por ciento el de matemáticas. Sin embargo, Negron afirmó estar de acuerdo con Brunzell en que las cosas en Infinity no estuvieron del todo bien durante ese primer año. "Teníamos a niños que hacían las cosas correctas por las razones equivocadas. No teníamos muchos problemas con los estudiantes y teníamos buenos resultados, lo cual es genial. Pero no sentíamos que fuéramos el tipo de escuela donde se estuvieran creando vidas felices y satisfechas".

Cuando conocí a Brunzell, en el otoño de 2010, llevaba más de cinco años en KIPP Infinity y en ese tiempo la escuela había cambiado, en parte como respuesta a sus críticas. Los castigos eran de menor duración y menos severos, las conversaciones sobre disciplina aunque seguían siendo intensas, se realizaban menos y con mayor énfasis en asegurar que los estudiantes se sintieran escuchados y respetados. La boleta de calificaciones de carácter fue, para Brunzell, un elemento crítico de estas reformas que proporcionaba una estructura distinta para el manejo del comportamiento y permitía generar una reflexión más profunda y, potencialmente, un mayor crecimiento.

Al mismo tiempo, Brunzell moderó algunas de sus críticas originales. Me dijo que había llegado a apreciar algunos de los elementos del sistema de comportamiento de KIPP que en un momento dado le habían parecido demasiado autoritarios. Un ejemplo era SLANT: Sit up, listen, ask questions, nod and track the speaker with your eyes (Siéntate, escucha, pregunta, asiente y sigue al expositor con la mirada), un conjunto de hábitos de aula que asimilaron todos los estudiantes al iniciar en KIPP. Para Brunzell, SLANT fue una manera útil de enseñar alternancia de códigos, una capacidad muy valorada en KIPP y otras escuelas urbanas de bajos recursos para adaptarse a cada situación cultural diferente y realizar las modificaciones de comportamiento adecuadas a cada situación. Según la alternancia de códigos, está bien tener un estilo despreocupado en la calle, pero en un museo, una entrevista, en la universidad o un buen restaurante, se debe saber exactamente cómo actuar o se perderán oportunidades importantes.

"En KIPP les enseñamos el código de comportamiento profesional, el universitario, el dominante en la cultura".

Esta es una de las áreas donde los maestros de KIPP y de Riverdale divergen visiblemente.

K. C. Cohen, la orientadora vocacional de Riverdale, me dijo que a lo largo del año escolar percibió una creciente discrepancia entre ambas escuelas respecto a algunos indicadores en la boleta de calificaciones de carácter. No era que ella y otros maestros de Riverdale le dieran menos valor a las fortalezas como el autocontrol, lo que sucedía era que empezaban a darse cuenta de que tal vez definían esas fortalezas de manera distinta. "En KIPP, si estás mostrando autocontrol, por ejemplo, te sientas derecho y prestas atención a los maestros.

Aquí, puedes estar sentado hecho bola en la silla, no nos importa si te acuestas en el piso".

Cohen mencionó que algunos indicadores de la boleta de calificaciones podrían resonar de manera distinta en cada una de las escuelas. "Por ejemplo, un indicador de autocontrol: 'El estudiante es respetuoso con adultos y compañeros'. Sin embargo en Riverdale los niños llegan, me dan una palmada en la espalda y me dicen ¿qué onda?, sin que eso implique una falta de respeto. Mientras que en KIPP, los maestros siempre son 'señor y señorita', hay mucha formalidad". Es la parte confusa sobre la alternancia de códigos: los niños que son parte de la cultura dominante no necesariamente se comportan formalmente en la escuela; al menos en Riverdale, sentarse mal, no fajarse la camisa y ser amistoso con los maestros es el comportamiento socialmente aceptado de la cultura dominante.

"Tenemos niños que mastican chicle porque son hiperactivos y eso los tranquiliza. Lo cual nunca se permitiría en KIPP. Tenemos que asumir que los niños de Riverdale ya adquirieron buenos modales, por lo que no debemos enseñárselos. Mientras que en KIPP todos tienen que ceñirse a las reglas porque esta observancia les ayudará a tener éxito".

Aunque es verdad que mascar chicle es una transgresión en KIPP, también es cierto que, tras varias conversaciones sobre el desarrollo del carácter en KIPP, algunos maestros han encontrado que las discusiones sobre el chicle tienen un mayor significado más allá del simple asunto del acatamiento de la norma.

Un par de días antes, hablé con Sayuri Stabrowski, una maestra de lectura que enseña al séptimo y octavo grado en KIPP Infinity y me mencionó que ese día había visto a una niña masticando chicle en clase. "Lo negó. Me dijo: 'No es chicle, estoy masticando mi lengua', así que lo dejé pasar. Después la vi otra vez y volvió a negarlo, pero movió el chicle dentro de su boca de manera muy obvia, todos nos dimos cuenta. Hace un par de años probablemente hubiera perdido los estribos y le hubiera gritado, pero ahora pude decirle 'Vaya, no solo estás mascando chicle, lo cual no es tan grave, sino que ya me mentiste dos veces. Eso me decepciona mucho. ¿Qué dice eso acerca de tu carácter?'".

A Stabrowski le preocupaba que la niña, que solía tener problemas de comportamiento, tuviera una respuesta explosiva, o una rabieta a media clase. Sin embargo, la niña tiró su chicle y permaneció atenta el resto del tiempo. Al final, se acercó a dialogar con la maestra con lágrimas en los ojos. Para Tom Brunzell, lo que sucede en un momento como este, de ninguna manera es instrucción académica, ni siquiera es disciplina, es terapia. Específicamente, es un tipo de terapia cognitiva-conductual TCC, la técnica psicológica práctica que proporciona los fundamentos teóricos para toda la rama de la psicología positiva. La terapia cognitiva-conductual, implica usar la mente consciente para reconocer los pensamientos negativos o autodestructivos, o sus interpretaciones, para convencerse uno mismo de una mejor perspectiva.

"Los niños que tienen éxito en KIPP son los que pueden usar la TCC al momento", me dijo Brunzell. Según él, parte de su labor y la de otros maestros en KIPP, era proporcionarles a sus estudiantes las herramientas para lograrlo. "Todos los niños de esta edad tienen mini-implosiones diariamente. Así son las cosas, es la secundaria, son los peores años de sus vidas. Pero los niños que tienen éxito son los que pueden decirse a sí mismos 'Puedo ponerme un poco por arriba de esta pequeña situación. Estoy bien. Mañana será un nuevo día'".

14. Buenos hábitos
La terapia cognitiva conductual es solamente un ejemplo de lo que los psicólogos llaman metacognición, un término genérico que significa, a grandes rasgos, pensar sobre pensar. Y una de las maneras de ver la boleta de calificaciones de carácter es como una gigantesca estrategia metacognitiva. Una de las primeras cosas que le atrajeron a David Levin sobre

Aprenda optimismo fue la aseveración de Martin Seligman de que el momento más fructífero para transformar a los niños pesimistas en optimistas era antes de la pubertad, cuando son más metacognitivos[109] (capaces de pensar sobre pensar)", en otras palabras, justo cuando los estudiantes llegan a la escuela secundaria. Hablar sobre carácter, pensar sobre el carácter, evaluar el carácter: todos son procesos metacognitivos.

Pero Angela Duckworth cree que pensar y hablar sobre el carácter no es suficiente, en especial para los adolescentes. Una cosa es saber, en abstracto, que es necesario mejorar la determinación, el entusiasmo o el autocontrol, otra es tener las herramientas para lograrlo en realidad. Este es el otro lado de la distinción que Duckworth señala entre motivación y fuerza de voluntad. Así como una voluntad firme no ayuda mucho si el estudiante no está motivado a triunfar, de la misma manera la motivación por sí sola es insuficiente sin la voluntad para persistir en alcanzar las metas. Duckworth está intentando ayudar a los jóvenes a desarrollar estas herramientas de voluntad, un proyecto que, de muchas formas, es una extensión de su trabajo con Walter Mischel sobre el estudio de las estrategias que utilizan los niños para resistir la tentación de los bombones.

En su taller de desarrollo profesional en KIPP Infinity Duckworth reunió a los maestros para informarles sobre las estrategias metacognitivas específicas que ella había puesto a prueba a lo largo de un año escolar con los estudiantes de quinto grado.

La psicóloga de NYU Gabriele Oettingen y sus colegas desarrollaron MCII Mental Contrasting with Implementation Intentions (Contraste mental con intenciones de implementación). En sus investigaciones, Oettingen descubrió que la gente tiende a utilizar tres estrategias al plantearse metas y que dos de estas estrategias no funcionan muy bien. Los optimistas favorecen la complacencia, que significa imaginarse el futuro que les gustaría alcanzar (para un estudiante de secundaria esto podría ser sacarse una A en matemáticas el año siguiente) y visualizar vívidamente todas las cosas buenas que conllevaría, las felicitaciones, la satisfacción personal, el éxito futuro. Oettingen encontró que la complacencia se siente muy bien cuando se está poniendo en práctica y de hecho, puede provocar un incremento de dopamina, pero no está correlacionado para nada con el logro real.

Los pesimistas tienden a usar una estrategia que Oettingen llama "obsesión", que consiste en imaginar todas las cosas que representarán un obstáculo para alcanzar las metas. Si nuestro prototipo de estudiante de secundaria que espera sacar una A en matemáticas fuera del tipo de persona que se obsesiona, podría ponerse a pensar que nunca logra terminar las tareas, nunca encuentra un sitio tranquilo para estudiar y además, siempre se distrae en clase. No es sorprendente que obsesionarse tampoco esté bien correlacionado con alcanzar la meta.

El tercer método se llama contraste mental y combina elementos de los otros dos métodos. Significa concentrarse en un resultado positivo y al mismo tiempo enfocarse en los obstáculos del camino. Duckworth y Oettingen escribieron en un artículo que realizar ambas cosas al mismo tiempo crea una fuerte asociación entre el futuro y la realidad[110], que señala la necesidad de sobreponerse a los obstáculos para alcanzar el futuro deseado.

El siguiente paso para un resultado exitoso, según Oettingen, es crear una serie de "intenciones de implementación" o planes específicos con forma de frases "si hago… entonces conseguiré…" que vinculen los obstáculos con maneras de superarlos como: "Si siempre me distraigo con la televisión después de la escuela, entonces no veré la televisión hasta terminar la tarea".

Oettingen ha comprobado la efectividad del MCII[111] en una variedad de experimentos: la estrategia le ha ayudado a personas que están a dieta de frutas y verduras, a estudiantes de bachillerato para prepararse con mayor diligencia para sus

pruebas de aprovechamiento y a los pacientes con dolor crónico de espalda que quieren tener mayor movilidad.

En el taller, Duckworth explicó a los maestros de KIPP
que fantasear sobre cómo haremos la tarea de matemáticas
todos los días el siguiente semestre se siente muy bien en el
momento, pero no impulsa a hacer nada. "Cuando voy a las
escuelas veo muchos carteles que dicen 'Sueña y lo puedes lograr'. Sin embargo, tenemos que alejarnos de las fantasías de
cómo vamos a ser ricos y famosos y empezar a pensar sobre
los obstáculos que actualmente están en nuestro camino para
llegar a ser quienes queremos ser".

El MCII se resume en un conjunto de reglas para uno
mismo. Y, como David Kessler, el ex comisionado de la FDA,
señala en su reciente libro *The End of Overeating* (*El fin de
comer en exceso*) hay una razón neurobiológica para el funcionamiento de las reglas, ya sea que se estén utilizando para
evitar comer chatarra o para resistir el atractivo de ver tanta
televisión. Cuando haces reglas para ti mismo, escribe Kessler,
estás utilizando la corteza prefrontal como aliada en contra
de la parte más reflexiva y regida por apetitos de tu cerebro.
Las reglas, señala Kessler, no son lo mismo que la fuerza de
voluntad. Son un sustituto metacognitivo de la fuerza de voluntad. Al hacer una regla para uno mismo se puede esquivar
el doloroso conflicto interno entre el deseo y la determinación
por resistirse a ellas. Las reglas, explica Kessler, "proporcionan
estructura y nos preparan para sobrellevar estímulos tentado-
res, redirigiendo nuestra atención hacia otras cosas[112]". Poco
después, las reglas se vuelven tan automáticas como los comportamientos que están evitando.

Cuando Duckworth habla sobre el carácter, como hizo ese
día en el taller de KIPP, con frecuencia cita a William James,
el filósofo y psicólogo estadounidense que escribió que las
virtudes son nada más y nada menos que simples hábitos. "El
hábito y el carácter son esencialmente lo mismo. No es que
algunos niños sean buenos o malos. Si no que tienen buenos

o malo hábitos. Los niños entienden que los hábitos pueden ser difíciles de cambiar pero no imposibles. William James sostiene que nuestros sistemas nerviosos son como una hoja de papel. Si se dobla una y otra vez, no tarda en formarse un doblez. Y creo que eso es lo que están haciendo en KIPP: hay que asegurarse de que tengan los dobleces que les ayudarán a alcanzar el éxito en el futuro".

Según Duckworth, la gente responsable no va por ahí todo el día, decidiendo actuar conscientemente con virtud. Solo han logrado que su respuesta automática sea hacer lo "correcto", es decir, la opción más aceptada socialmente o la que proporciona mayores beneficios a largo plazo. No obstante, ante ciertas situaciones, el camino más responsable no siempre es la mejor opción. En la prueba de velocidad de codificación de Carmit Segal, por ejemplo, los estudiantes que tuvieron la mayor calificación trabajaron muy arduamente en una tarea extremadamente aburrida y no obtuvieron nada a cambio. Pero a largo plazo, resulta útil para la mayoría de las personas que su opción predefinida sea la responsabilidad. Porque cuando haya que estudiar para un examen final o presentarse a tiempo a una entrevista o decidir si se debe ceder a la tentación y cometer adulterio, entonces alguien responsable probablemente tomará la decisión correcta, sin esforzarse o agotarse demasiado. Las estrategias como MCII o el autocontrol son simplemente trucos que simplifican el camino.

15. Identidad

Cuando visité la escuela de KIPP Infinity, a mediados del año inaugural de la boleta de calificaciones de carácter, se veía el lenguaje de carácter por todas partes. Los niños usaban sudaderas con el eslogan "Carácter infinito" y tenían todas las fortalezas de carácter enumeradas. Una camiseta de autocontrol incluso hacía un guiño a Walter Mischel: "¡No te comas el bombón!" Las paredes estaban tapizadas con letreros que decían: "¿Tienes autocontrol?" y "Yo participo activamente" (uno de los indicadores de entusiasmo). Había un tablero en el pasillo con el encabezado "El carácter cuenta". En el tablero se colocaban tarjetas con la leyenda "¡Sorprendido!" en las cuales los estudiantes podían registrar el nombre de un compañero si lo veían hacer algo que demostraba su carácter. (Jasmine R. registró a William N. por entusiasmo: "William estaba en la clase de matemáticas y levantó la mano en todas las preguntas".)

Le pregunté a David Levin sobre la saturación de mensajes. ¿No era demasiado? Para nada, me respondió. "Para triunfar esto tiene que permear en todas las áreas de la escuela, desde el lenguaje que la gente usa en los planes de estudio hasta cómo se premia y reconoce a la gente, o los carteles de la pared. Si no está integrado al ADN de la institución, el impacto será mínimo".

Los mensajes "de pared a pared" no son nada nuevo en KIPP, claro está. Desde el inicio, Levin y Feinberg usaron carteles, eslóganes, letreros y camisetas para generar una cultura escolar poderosa, para generar en los estudiantes la sensación de que eran diferentes y reforzar la pertenencia. Según Duckworth, el enfoque que tiene KIPP, respecto a la identidad de grupo, es parte central de lo que hace efectivas a las escuelas. Lo que KIPP hace es crear un cambio en los roles sociales para reemplazar el estado mental del niño por uno totalmente distinto. Aprovechan la mentalidad del grupo interno, al que se pertenece, contrastada con la del grupo externo: "Todos sabemos lo que es el SLANT y si no sabes lo que es, es porque no fuiste a KIPP".

Los psicólogos han demostrado que la identidad de grupo puede tener efectos poderosos, tanto positivos como negativos.

A principios de la década de 1990, Claude Steele, psicólogo y actual decano de la Facultad de Educación de la Universidad de Stanford, identificó un fenómeno que llamó "la amenaza del estereotipo". Steele demostró que si una persona recibe una sutil pauta psicológica relacionada con su identidad de grupo, antes de realizar una prueba que determine habilidades intelectuales o físicas, puede alterar de manera importante su desempeño. Se ha demostrado su efecto de muchas maneras en diferentes situaciones[113]. Cuando le dijeron a un grupo estudiantes blancos de Princeton que harían una prueba para evaluar su habilidad natural en los deportes (la cual sentían que no tenían) antes de entrar a un campo de minigolf de diez hoyos, sus resultados tuvieron cuatro golpes de desventaja, comparados con un grupo similar de estudiantes a quienes les dijeron que era una prueba para determinar su habilidad de pensar estratégicamente (la cual estaban seguros de poseer). Para los estudiantes negros, el efecto fue el opuesto: cuando les dijeron que el minigolf era para evaluar su inteligencia estratégica, sus resultados tuvieron cuatro golpes de desventaja. La teoría de Steele es que cuando al sujeto le angustia confirmar un estereotipo del grupo al cual pertenece (que los blancos no son atléticos; que los negros no son listos) esta ansiedad provoca que tenga peores resultados.

Otros investigadores han encontrado la amenaza de estereotipo en actividades mucho más serias que el minigolf. Cuando un grupo de individuos de entre sesenta y ochenta años recibieron la instrucción de leer un artículo sobre la pérdida de memoria con la edad, antes de hacer una prueba de memoria[114], recordaron 44 por ciento de las palabras de la prueba. Un grupo similar, que no leyó el mismo artículo antes de la prueba, recordó 58 por ciento de las palabras. Antes de una prueba difícil de matemáticas, basta con recordarles a las estudiantes, que son mujeres, para que sus resultados sean peores que los de aquellas chicas que no recibieron esa pauta de identidad.

Las buenas noticias sobre la amenaza de estereotipo son que, así como puede activarse con pautas sutiles, también se puede desactivar con intervenciones sutiles. Una de las técnicas más efectivas, que se ha demostrado en una variedad de situaciones, es exponer a los estudiantes en riesgo de amenaza de estereotipo a un mensaje muy específico: que la inteligencia es maleable. Los estudios demuestran que si los estudiantes interiorizan esta idea adquieren confianza y también suelen mejorar los resultados de sus evaluaciones y promedios generales.

Lo más sorprendente sobre estas intervenciones es que la cuestión de la maleabilidad de la inteligencia es un tema intensamente debatido entre psicólogos y neurocientíficos[115]. Aunque es cierto que las calificaciones de los exámenes de estandarizados como el SAT pueden variar si se recibe alguna forma de capacitación, el tipo más puro de inteligencia no es muy maleable. Pero una psicóloga de Stanford de nombre Carol Dweck descubrió algo notable: independientemente de los datos sobre la maleabilidad de la inteligencia, los estudiantes tienen un mucho mejor desempeño académico si creen que la inteligencia es maleable.

Dweck divide a la gente en dos tipos[116]: los que tienen una mentalidad fija, que creen que la inteligencia y otras habilidades son algo esencialmente estático e innato, y los que tienen una mentalidad de crecimiento, que creen que se puede mejorar la inteligencia. Demostró que la mentalidad de los estudiantes predice sus trayectorias académicas[117]: los que creen que es posible mejorar la inteligencia de hecho sí mejoran sus calificaciones.

Pero independientemente de que la inteligencia sea o no maleable, la mentalidad sin duda lo es. Dweck y otros demostraron que, con el tipo correcto de intervención, los estudiantes pueden deshacerse de la mentalidad fija y convertirse a la de crecimiento y, en consecuencia, sus resultados académicos tienden a mejorar.

Joshua Aronson, frecuente colaborador de Claude Steele, y dos colegas realizaron un estudio para comparar la eficiencia de las intervenciones de cambio de mentalidad realizadas a un grupo de estudiantes de séptimo grado, en su mayoría de bajos recursos, en Texas. Durante un año escolar, se le asignó a cada sujeto un estudiante universitario como mentor. Se reunieron dos veces, en sesiones de noventa minutos, y después mantenían una comunicación frecuente por correo electrónico. Se dividió a los estudiantes, al azar, en dos grupos. Un grupo recibió mensajes de mentalidad de crecimiento[118] como "la inteligencia no es un don finito sino más bien una capacidad que se puede expandir y que aumenta con el trabajo mental". Los estudiantes del otro grupo, el de control, escuchaban un mensaje más estándar sobre la forma en que el uso de drogas podía interferir con los logros académicos.

Al final del año, Aronson y sus colegas compararon los resultados de ambos grupos con un examen estandarizado, el Texas Assessment of Academic Skills (Evaluación de actividades académicas de Texas), y los estudiantes que escucharon el mensaje de mentalidad de crecimiento tuvieron resultados significativamente mejores que los estudiantes que escucharon el mensaje antidrogas. El efecto más impresionante de este experimento se pudo observar en los resultados de matemáticas de las mujeres. El efecto de la amenaza de estereotipo, se ha demostrado en las evaluaciones de matemáticas de mujeres, que parecen sentirse ansiosas en situaciones de evaluación, cuando piensan que podrían confirmar el estereotipo de que las mujeres son malas para las matemáticas. En el experimento de Texas, las niñas que recibieron el mensaje antidrogas tuvieron un promedio de 74 en el examen, unos ocho puntos por debajo de los estudiantes hombres que escucharon el mismo mensaje. Las niñas que recibieron el mensaje de mentalidad de crecimiento tuvieron un promedio de 84, lo cual cerraba la brecha con los estudiantes hombres por completo.

16. Boletas de calificaciones

La propuesta de Dweck de que los estudiantes tienen mejores resultados cuando piensan que pueden mejorar su inteligencia también se aplica al carácter. Al menos, esa es la idea detrás de la boleta de calificaciones de carácter; al plantearlo como una serie de atributos en constante desarrollo y no como un conjunto de rasgos inmutables, los estudiantes se sentirán inspirados para mejorarlos. Una mañana en KIPP Infinity discutí esta idea con Mike Witter, un maestro de inglés de octavo grado, que parecía estar diseñado para creer en la mentalidad de crecimiento. "Si vas a ser buen maestro, tienes que creer en la inteligencia maleable. Y el carácter es igualmente maleable. Si les enseñas a los niños a prestar atención al carácter, entonces el carácter se transformará".

Tal vez más que cualquier otro maestro, Witter se esforzó especialmente por hacer que sus estudiantes prestaran atención al carácter. Visité la clase de Witter para observar algo que David Levin llamó "la instrucción de propósito dual", donde los maestros deliberadamente incluyen pláticas explícitas sobre fortalezas de carácter en cada lección. Cuando llegué a la clase de Witter, estaban discutiendo sobre la novela de Chinua Achebe, *Things Fall Apart (Todo se desmorona)*. Al frente de la clase, estaban anotadas las siete fortalezas de carácter, desde optimismo hasta inteligencia social, en letras de diez centímetros de alto en blanco sobre fondo azul. Witter les pidió a sus estudiantes que evaluaran a Okonkwo, el protagonista, sobre sus diversas fortalezas de carácter. Hubo mucha discusión, pero al final la mayoría de los estudiantes estuvo de acuerdo en que Okonkwo tenía una alta determinación y bajo autocontrol. Entonces un estudiante llamado Yantzee levantó la mano. "¿Algunos rasgos no pueden resultar contraproducentes?", preguntó.

"Seguro, un rasgo puede tener malos resultados. Demasiada determinación, como Okonkwo, puede hacer que se pierda la capacidad de sentir empatía por otras personas. Si tienes tanta determinación que no comprendes por qué otros se quejan de lo difícil que son las cosas, porque nada es difícil para ti, entonces te será difícil ser amable. Incluso en el amor, ser demasiado afectuoso, puede convertirte en alguien que engañen fácilmente. Así que, sí: el carácter es algo con lo cual se tiene que ser cuidadoso. Las fortalezas de carácter se pueden convertir en debilidades".

Cuando hablé con Witter después de la clase, me dijo que algunos maestros de KIPP Infinity todavía no estaban convencidos de la premisa esencial detrás de la boleta de calificaciones: que el carácter puede cambiar. "Ha sido parte del proceso, que los maestros se sientan cómodos con esta idea. Para creer en la boleta de calificaciones de carácter, realmente se tiene que creer en el carácter maleable y no sé si todos los maestros ya estén convencidos de eso. Es decir, cuántas veces no hemos escuchado a un adulto decir: '¡Así soy yo y punto!, ¡acostúmbrate!' Pero si no crees que se puede aplicar a ti, entonces ¿cómo puedes creer que funciona para los niños?"

Vi nuevamente a Witter en la noche de entrega de boletas en KIPP Infinity. Es un día importante en las escuelas de KIPP, se insiste en que asistan los padres de familia y casi todos lo hacen, pero esta tarde en particular tenía un nivel adicional de ansiedad, tanto para administradores como padres, porque los estudiantes recibirían su primera boleta de calificaciones de carácter y nadie sabía qué esperar.

Logísticamente, la boleta de calificaciones de carácter había sido un reto para Brunzell y sus colegas. Los maestros tuvieron que evaluar a cada uno de sus estudiantes, en los veinticuatro indicadores de carácter y más de uno encontró el proceso algo intimidante. Y ahora que había llegado el día de entrega de las boletas, tenían un reto aún mayor: explicarle a los padres de familia exactamente cómo esas cifras precisas, resumían el carácter de sus hijos. Me senté con Witter por un rato, escuchándolo explicar la boleta de carácter a la señora Faith Flemister y a su hijo, Juaquin Bennet, un estudiante de octavo grado.

"Durante los últimos años hemos estado trabajando en un proyecto que pretende proporcionar a los padres una imagen más clara sobre el carácter de sus hijos. Las categorías que evaluamos representan cualidades que, tras mucho estudio, se han determinado como indicadores del éxito. Indican mayores probabilidades de asistir a la universidad, de encontrar un buen trabajo. Incluso predicen cosas sorprendentes como las probabilidades de casarse o tener una familia. Así que creemos que son realmente importantes".

Witter empezó a explicar específicamente las calificaciones de la boleta de Juaquin, empezando por las buenas noticias, todos los maestros le habían dado calificación perfecta en 'es amable con adultos y compañeros' y en 'controla su temperamento'. Ambos eran indicadores de autocontrol interpersonal.

"Puedo comentar que esta es una verdadera fortaleza para ti. Ese tipo de autocontrol es algo que has desarrollado increíblemente bien. Ahora tenemos que encontrar algún aspecto a mejorar, algo que podamos convertir en nuestra meta".

Witter sacó un plumón verde y circuló un indicador de la boleta de Juaquin

"Lo primero que salta a la vista es que obtuviste menor puntuación en 'Presta atención en clase y resiste la distracción', ¿Por qué crees que es así?", preguntó Witter a su alumno.

"Hablo demasiado en clase. A veces me quedo mirando al infinito y no presto atención", dijo Juaquin un poco tímidamente, con la mirada fija en sus zapatos.

Los tres hablaron sobre algunas estrategias que le podrían ayudar a Juaquin a concentrarse más en clase y, para el final de la conversación, la señora Flemister parecía convencida de este nuevo enfoque.

"Los puntos fuertes no me sorprenden. Es el tipo de persona que es Juaquin. Pero es bueno que definamos lo que puede hacer para que se le faciliten las cosas. Entonces tal vez sus calificaciones mejoren".

17. Escalar la montaña

Al otro extremo de la primera boleta de calificaciones de carácter está una mujer llamada Jane Martínez Dowling, quien dirige la oficina de Nueva York de KIPP Through College (KIPP a través de la universidad), el programa de apoyo a alumnos de KIPP con consejeros, los cuales son responsables de unos setecientos graduados de KIPP, la mitad todavía en el bachillerato y la otra mitad en la universidad, con diversos grados de éxito.

La meta oficial de KIPP para la terminación de la universidad es lograr que por lo menos 75 por ciento de sus graduados completen un programa universitario de cuatro años, en los seis años posteriores a su graduación de bachillerato. Si recordamos que la tasa de graduación de la universidad a seis años para la generación de Tyrell Vance fue de 21 por ciento, nos daremos una idea del reto que enfrentan. Cuando visité a Martínez Dowling, me dio una hoja de cálculo detallada, con los datos de logros universitarios para cada generación de KIPP. Las cifras definitivamente se movían en la dirección adecuada: la tasa de graduación, a seis años, había pasado de 21 por ciento en 2003, a 46 por ciento, en 2005. El día que hice mi visita, Martínez Dowling, estaba especialmente concentrada en la generación de 2007, que estaba a punto de alcanzar la marca de los cuatro años (después de haber salido del bachillerato) el punto en el cual los primeros estudiantes estarían, en teoría, recibiendo sus títulos. Solamente 26 por ciento de los estudiantes estaban a tiempo para graduarse en cuatro años, pero otro 18 por ciento seguía inscrito en la universidad, lo cual significaba que todavía tenían el potencial de graduarse en cinco o seis años.

Martínez Dowling, me dijo que la generación de 2007 era académicamente más talentosa que las anteriores. Muchos de los estudiantes estuvieron en internados exclusivos en el bachillerato y la lista de universidades a las cuales asistían incluía Vanderbilt y Columbia.

"Lo que descubrimos es que el carácter es lo que ha rezagado a algunos. Hay estudiantes que tienen un intelecto increíble, pero no necesariamente lo canalizan en la dirección adecuada. Hay muchos alumnos que luchan contra la procrastinación, incluso cuando tienen la capacidad de terminar su trabajo. También hay estudiantes que están lidiando con verdaderos problemas sociales y emocionales".

Martínez Dowling me comentó que siete, de los cincuenta y siete jóvenes de ese grupo, presentaron depresión seria en la universidad.

"Es especialmente pronunciado en esa generación. Están pasando por dificultades familiares o simplemente las circunstancias de sus grupos escolares son complejas, y eso realmente los ha retrasado". Martínez Dowling, enfatizó que la mayoría, si no es que todos los jóvenes de esa generación, seguían en el camino para llegar a la graduación.

"Son buenos alumnos, pero el impacto de la pobreza alcanza incluso a los más resilientes".

Me dio una copia del *College Advisory Playbook (Manual consultivo de la Universidad)*, de setenta y seis páginas que usan los consejeros de KIPP para dar seguimiento al progreso de los estudiantes. Es increíblemente detallado, un reflejo de la obsesión institucional de KIPP con los datos. Según el manual, cada consejero de KIPP Through College debe mantenerse en contacto con los estudiantes de su grupo, al menos una vez al mes. Constantemente, cada estudiante recibe una evaluación de persistencia en la universidad en cuatro categorías: preparación académica, estabilidad financiera, bienestar socioemocional y preparación no cognitiva. Después de cada contacto con un estudiante, el consejero evalúa cada categoría con rojo, verde o amarillo. Por ejemplo, si un estudiante tiene un empleo que requiere que trabaje más de veinte horas a la semana, es un amarillo en preparación académica. Si tiene un expediente abierto en el servicio de terapia de la universidad, es un rojo en bienestar socioemocional. Si tiene dificultad para hacerse responsable y terminar tareas importantes, es un rojo en preparación no cognitiva. Desde su escritorio, en cualquier momento, Martínez Dowling puede tener acceso a una base de datos que muestra un punto rojo por cada área potencialmente problemática, para cada estudiante con quien trabajan sus consejeros.

Al leer el manual recordé lo compleja que puede ser la logística del éxito. El libro está lleno de datos e ideas: fechas límite para formatos de ayuda financiera, notas sobre la selección de carrera, consejos para mejorar los hábitos de estudio, sugerencias para tener una buena relación con compañeros de habitación y profesores... Los estudiantes que se gradúan de Riverdale han escuchado toda esta información de sus padres, amigos y hermanos mayores durante años, toda su vida. Sin embargo, para los graduados de KIPP, todo esto suele sonarles como un idioma extranjero.

El carácter es algo que puede sustituir la red de seguridad social que tienen los estudiantes de Riverdale (el apoyo de sus familias, escuelas y cultura) que los protege de las consecuencias de sus desviaciones, errores y malas decisiones. Si no se cuenta con ese tipo de red de seguridad (los alumnos de familias de bajos ingresos, por definición, no la tienen), se necesita compensar de alguna otra manera. Para triunfar, esta población necesita más determinación, más inteligencia social y más autocontrol que los más adinerados. Desarrollar esa fortaleza requiere de mucho trabajo. Pero los estudiantes de KIPP que sí logran encontrar esas habilidades, que son capaces de navegar el campo minado y graduarse de la universidad, probablemente ingresarán a la edad adulta con algunas ventajas reales sobre sus compañeros de Riverdale. No son ventajas financieras, sino ventajas de carácter. Cuando un estudiante de KIPP se gradúa de la universidad, no solamente tendrá una licenciatura, sino también algo más valioso: el conocimiento de que escaló una montaña para lograrlo.

3. CÓMO PENSAR

1. El error de Sebastián

Sebastián García no podía definir dónde se había equivocado. En cierto momento del juego tenía una ventaja de un alfil y un peón, estaba en una buena posición y se sentía fuerte, al iniciar el Campeonato Nacional de Bachillerato de Ajedrez de 2011 con una victoria. Al minuto siguiente, estaba en graves problemas, había perdido su ventaja y su rey se escabullía por el tablero como un ratoncito asustado, escapando de la torre de su oponente. Unas jugadas más tarde, la derrota era innegable y Sebastián le dio un débil apretón de manos al niño que lo había vencido, un chico de los suburbios del centro de Ohio. Sebastián, un latino que cursaba el sexto grado en la Intermediate School 318 de Brooklyn. Dos días antes, junto con sus compañeros de equipo y un puñado de maestros y padres de familia, viajó once horas en un autobús a Columbus, Ohio, para un par de días de competencias de ajedrez. Su fin de semana no empezó bien.

El ritual para los estudiantes del equipo de la Intermediate School 318 era que después de cada juego, ganaran o perdieran, regresarían a la sede del equipo para charlar con la maestra de ajedrez de la escuela, Elizabeth Spiegel.

Sebastián anunció: "Perdí".

"Cuéntame sobre tu juego", le respondió Spiegel. Sebastián se sentó en la silla frente a ella y le dio su libro de notación de ajedrez, donde había apuntado sus sesenta y cinco movimientos así como los de su oponente.

El otro niño sencillamente era mejor que él. "Tenía buenas habilidades y buenas estrategias", explicó Sebastián.

Spiegel tomó las piezas blancas y empezó a recrear el juego en el tablero que estaba entre ellos, realizando cada uno de los movimientos del oponente de Sebastián, mientras éste recreaba sus propios movimientos. Sebastián y el niño de Ohio habían empezado con una apertura estándar llamada "defensa Caro-Kann", que habían repasado en la clase de ajedrez docenas de veces. Y luego el niño de Ohio había hecho retroceder a uno de sus caballos a un sitio inesperado, de manera que ambos caballos estaban atacando a un solo peón negro. Sebastián, nervioso, movió otro peón para defenderse, pero había caído en una trampa: su oponente rápidamente hizo que un caballo capturara el peón de defensa y, en esos cuatro movimientos, Sebastián ya había perdido una pieza.

"¿Cuánto tiempo pensaste ese movimiento?", le preguntó Spiegel a Sebastián.

"Dos segundos", fue la respuesta.

"No te trajimos aquí para que invirtieras sólo dos segundos en una jugada. Si continúas jugando así, tendré que retirarte del torneo y puedes quedarte aquí sentado el resto del fin de semana. Dos segundos no es suficientemente lento... Mira, si cometes un error, está bien. Pero, ¿hacer algo sin siquiera pensarlo?, eso no está bien. Estoy muy molesta por este juego tan descuidado e inconsciente".

Y entonces, así como llegó la tormenta, pasó. Spiegel estaba nuevamente moviendo piezas y examinando el juego de Sebastián. Lo elogiaba cuando había evadido la captura de un peón o tras la toma del caballo de su oponente. Siguieron así, movida tras movida. Spiegel alababa las buenas ideas de Sebastián y le pedía que pensara en alternativas a sus ideas no certeras, recordándole que tenía que ir más lento.

"De cierta forma, estabas jugando un juego excelente, pero de vez en cuando te movías demasiado rápido y hacías algo realmente tonto. Si puedes dejar de hacer eso, te irá muy bien".

Conocí a Spiegel en el invierno de 2009, después de leer un artículo sobre el desempeño de su equipo en el Campeonato Nacional Escolar en el *New York Times*[119]. El artículo, que escribió el columnista de ajedrez del periódico, Dylan McClain, señalaba que la Intermediate School 318 estaba en el programa en el que están las escuelas que cumplen con los requisitos para recibir subsidios del departamento federal de educación, lo cual significaba que más de 60 por ciento de sus estudiantes pertenecían a familias de bajos ingresos. No obstante, en el torneo en cuestión, los estudiantes de Spiegel habían derrotado a niños de familias de clase alta, de escuelas privadas y especializadas. El artículo me intrigó pero, para ser honesto, también me sentía un poco escéptico. A los productores de Hollywood y a los editores de revistas les encantan las historias de niños marginados que derrotan a los estudiantes de escuelas privadas en torneos de ajedrez pero, con frecuencia, al prestar un poco más de atención a estos triunfos, no resultan ser en verdad tan inspiradores como parecían originalmente. A veces el torneo que ganó el equipo de la zona marginada resulta ser un torneo menor, la división en la cual competían los estudiantes estaba restringida a estudiantes por debajo de cierta clasificación o los niños resultan ser atípicos de alguna forma: asisten a una escuela selectiva con examen de admisión, son recién inmigrados de Asia o Europa Occidental (no son niños de familias negras o latinas con largas historias de pobreza).

En 2005, por ejemplo, la revista *New York* publicó un perfil halagador del equipo *Dark Knights of Harlem* de la Mott Hall School. Lo describían como "un equipo energético" de niños de 10 a 12 años que compitió en un torneo nacional en Nashville[120]. Obtuvieron el segundo lugar en su división del torneo de sexto grado, lo cual sí era un logro, pero estaban compitiendo en la sección sub-1000 lo cual significa que no jugaban con nadie que tuviera una clasificación por arriba de 1000, que es relativamente baja. Y los estudiantes tenían que pasar un examen de ingreso en Mott Hall, así que estaban por arriba del promedio. Además, el equipo, aunque técnicamente era de Harlem, tenía solamente un jugador negro, casi todos los demás eran inmigrantes nacidos en Kosovo, Polonia, México, Ecuador o China.

Así que cuando llegué a Intermediate School 318, esperaba encontrarme con algo similar. Pero no lo encontré. El equipo es diverso, hay un puñado de blancos y asiáticos, pero la mayoría de los jugadores son negros o hispanos, y los mejores jugadores son afroamericanos. Por lo que pude observar, pocos estudiantes del equipo enfrentaban la intimidante cantidad de desventajas y obstáculos que enfrentan los estudiantes promedio de Fenger en Roseland, pero el 87 por ciento de ellos calificaba para recibir subsidios federales para el almuerzo, lo que indica que la escuela se ganó su Título 1 honestamente. Intermediate School 318 se encuentra en South Williamsburg, su graduado más famoso es el rapero Jay-Z, quien creció en la zona, en el conjunto habitacional Marcy, y el equipo era un buen reflejo del cuerpo estudiantil. Las familias de los estudiantes eran, en su mayoría, de clase trabajadora y casi todos los padres tenían empleo, pero carecían de una educación universitaria.

A lo largo de los siguientes dos años, regresé con frecuencia a Intermediate School 318, entré a las clases, acompañé al equipo a torneos y clubes de ajedrez alrededor de Nueva York y le di seguimiento a su progreso en el blog de Spiegel. Durante todo este tiempo, intenté descifrar cómo lo lograron. La cruda realidad es que los niños ricos ganan los torneos de ajedrez o, para ser más preciso, los niños de la elite cognitiva que asisten a escuelas selectas con exámenes de ingreso competitivos. Esto es evidente si analizamos a los ganadores, por grado, del torneo de 2010[121]:

Kínder	Oak Hall School, escuela privada de Gainesville, Florida
Primer grado	SciCore Academy, escuela privada en Nueva Jersey
Segundo grado	Dalton School, escuela privada en Nueva York
Tercer grado	Hunter College Elementary, escuela con examen de ingreso en Nueva York
Cuarto grado	Empate entre SciCore Academy y Stuart Hall School for Boys, escuela católica de Nueva Orleans
Quinto grado	Regnart Elementary, escuela pública en Cupertino, California, sede de Apple y docenas de compañías de software
Sexto grado	**Intermediate School 318, escuela pública de bajos recursos en Brooklyn**
Séptimo grado	**Intermediate School 318, escuela pública de bajos recursos en Brooklyn**
Octavo grado	**Intermediate School 318, escuela pública de bajos recursos en Brooklyn**
Noveno grado	San Benito Veterans Memorial Academy en el sur de Texas, escuela pública con un cuerpo estudiantil predominantemente hispano y de bajos recursos
Décimo grado	Horace Mann, escuela privada de Nueva York
Onceavo grado	Solomon Schechter, escuela privada de los suburbios de Nueva York
Doceavo grado	Bronx Science, escuela con examen de ingreso en Nueva York.

Como podemos observar, la mayoría de los equipos ganadores provienen de una escuela privada, con examen de ingreso, son de una escuela religiosa o escuela pública poblada por los hijos de ingenieros de Apple; excepto por San Benito Veterans Memorial Academy y por Intermediate School 318.

Los estudiantes de Intermediate School 318 no ganaron solamente en un grado, ganaron en todos los grados que la escuela podía inscribir.

El grupo de escuelas que derrotaron es como la lista de deseos de un padre de familia de clase alta ya que incluía a todas las escuelas privadas deseables en el país: Trinity, Collegiate, Spence, Dalton y Horace Mann de Nueva York, así como escuelas privadas exclusivas de Boston, Miami y Greenwich,

Connecticut. Y el torneo de 2010 no fue una casualidad, pues Intermediate School 318 ganó en los tres grados también en 2008 (en 2009, ganaron en sexto y séptimo grado, pero perdieron, por medio punto, en octavo).

Al final, es una verdad llana que no requiere de advertencias o notas al pie: el programa de ajedrez en Intermediate School 318 es el mejor de secundaria de todos Estados Unidos, sin lugar a dudas. De hecho, se le puede considerar el mejor programa de ajedrez escolar en el país, en cualquier nivel. La reputación del equipo ha crecido en años recientes y han empezado a atraer a buenos jugadores de primarias de toda la ciudad, lo cual ha servido para incrementar sus ventajas. Pero, principalmente, ganan torneos por lo que estaba haciendo Elizabeth Spiegel esa tarde: tomando a niños de once años, como Sebastián García, que sabían un poco de ajedrez, y convirtiéndolos, pacientemente, jugada tras jugada, en campeones.

Para el movimiento número treinta y cinco del juego que Sebastián estaba recreando con Spiegel, se había recuperado por completo de sus errores iniciales y había tomado una clara ventaja. Impulsó a su reina en el territorio enemigo y le hizo jaque al rey. Su oponente movió un peón para bloquear el ataque de la reina, pero Sebastián movió a su reina dos cuadros más adelante: jaque de nuevo. El rey blanco se replegó un cuadro para escapar del alcance de la reina.

Y entonces, en vez de mantener la presión sobre el rey blanco, Sebastián se fue por la puntuación fácil: capturó al peón blanco con su reina. Nuevamente, no se dio cuenta de una amenaza en ciernes: en el otro lado del tablero su oponente le robó el alfil con la torre y la ventaja de Sebastián empezó a perderse.

"¿Tomaste el peón?, vamos, ¿cuál hubiera sido un mejor movimiento?", preguntó Spiegel.

"¿Qué tal un jaque?", dijo Sebastián mirando el tablero.

"Piénsalo. Recuerda, cuando te hago una pregunta no tienes que contestarme de inmediato, pero tienes que tener razón".

Entonces Sebastián hizo las jugadas, demostrando cómo un jaque a la reina no solo hubiera salvado a su alfil sino también hubiera obligado al niño de Ohio a elegir entre perder su reina y perder el juego.

"Cuando hiciste la jugada donde capturaste al peón blanco, perdiste el juego. Si hubieras hecho el movimiento de poner al rey blanco en jaque, hubieras ganado el juego. Está bien si la derrota te duele un poco, debes sentirte mal. Eres un jugador talentoso pero tienes que ir más lento y pensar más. Ahora tienes cuatro horas para jugar el siguiente juego, lo cual significa que tienes tiempo para pensar por qué te ganó este niño. Todo debido a un juego en el cual podrías haber ido más lento pero no lo hiciste".

2. CI y ajedrez

El 11 de mayo de 1997, en el Equitable Center en el centro de Manhattan, Garry Kasparov, quien había sido el campeón mundial de ajedrez desde 1985, renunció tras solo diecinueve movimientos en el último de sus seis juegos contra Deep Blue, un programa de computadora diseñado por los ingenieros de IBM. Fue la segunda derrota de Kasparov en la competencia: había ganado un juego y los otros tres fueron empates. Esto significaba que había perdido contra la máquina y, en palabras de un reportero del *New York Times* que estaba presente, también perdía su título no oficial de "el mejor ente jugador de ajedrez del planeta[122]". Hubo, en el mundo del ajedrez y más allá, mucha consternación por la derrota de Kasparov y muchas discusiones consternadas por lo que esto significaba para el resto de los mortales (*Newsweek* publicó una historia en cuya la portada se leía: "La última oportunidad del cerebro[123]"). En una conferencia de prensa después del juego, Kasparov dijo que se sentía avergonzado por su derrota e intrigado por la capacidad impresionante de Deep Blue. "Soy un ser humano. Cuando veo algo que está más allá de mi comprensión, me asusta[124]".

Para mucha gente, el triunfo de Deep Blue representaba, no solamente un desafío a la maestría de la humanidad sobre el ajedrez, sino una amenaza existencial a la inteligencia única de nuestra especie. Era como si una manada de delfines de pronto hubiese compuesto una sinfonía perfecta. En realidad, la habilidad de jugar ajedrez se ha considerado desde hace mucho como una muestra de inteligencia: a mayor inteligencia, mejor capacidad de jugar ajedrez y viceversa. En su libro de 1997, *Genius in Chess*, el gran maestro británico Jonathan Levitt propuso una relación matemática precisa entre el CI y la habilidad de ajedrez, que llamó "la ecuación de Levitt[125]":

Elo ~ (10 x CI) + 1000.

Elo se refiere a la clasificación del jugador en el torneo, y en esta ecuación se refería a la clasificación más alta que un jugador podría alcanzar "tras muchos años de juego en torneos o estudio". Así que con un CI normal de 100, según el cálculo de Levitt, la clasificación más alta a la que se podría aspirar sería de 2000. Un CI de 120 podría potencialmente alcanzar 2200, y así sucesivamente. Los grandes maestros del ajedrez, por lo general, están clasificados en 2500 o más. Según la fórmula de Levitt, eso significa que cada uno tiene un CI de al menos 150, lo cual es nivel de genio.

Pero no todos aceptan la premisa de que la habilidad en el ajedrez esté relacionada directamente con el CI puro. Jonathan Rowson, un gran maestro de Escocia que ha escrito varios libros provocativos acerca del ajedrez, califica la ecuación de Levitt como "completamente equivocada[126]". Rowson ha sostenido que los talentos más importantes en el ajedrez no son intelectuales de ninguna manera; son psicológicos y emocionales. "La mayoría de los principales estudios académicos sobre el ajedrez[127] pasan por alto muchos de los factores esenciales sobre cómo piensa y siente un jugador de ajedrez", escribió Rowson en su libro *The Seven Deadly Chess Sins* (*Los siete pecados capitales del ajedrez*). "Creen que el ajedrez es una actividad casi exclusivamente cognitiva, donde los movimientos se eligen y las posiciones se entienden solamente con base en patrones mentales e inferencias. En realidad, para convertirse en un gran jugador de ajedrez, la capacidad de reconocer y utilizar las emociones es tan importante como la manera de pensar[128]".

En sus clases de ajedrez en Intermediate School 318 y en sus revisiones posteriores al juego, durante los Campeonatos Nacionales de Secundaria; Spiegel frecuentemente transmite conocimientos específicos del ajedrez: cómo reconocer la diferencia entre la apertura eslava y la semieslava, cómo sopesar el valor del alfil en un cuadro claro o en un cuadro oscuro. Pero la mayor parte del tiempo, al verla trabajar, me parecía que lo que estaba haciendo era algo mucho más simple, y a la vez más complejo: les estaba enseñando a sus estudiantes una forma diferente de pensar. Su metodología está cercanamente relacionada con las estrategias metacognitivas que estudiaba Martin Seligman y que enseñaba Angela Duckworth.

Y, para mí, de todas maneras, su sistema parecía ligado con la investigación que los neurocientíficos han estado haciendo sobre las funciones ejecutivas, esas capacidades mentales superiores que algunos científicos comparan con el "centro de control de tráfico aéreo" del cerebro.

Dos de las funciones ejecutivas más importantes son la flexibilidad cognitiva y el autocontrol. La flexibilidad cognitiva es la capacidad de encontrar soluciones alternativas a los problemas, a pensar de manera diferente, a negociar situaciones desconocidas. El autocontrol es la capacidad de inhibir una respuesta instintiva o habitual y sustituirla por una más efectiva y menos obvia. Ambas capacidades son centrales en el entrenamiento que Spiegel proporciona a sus estudiantes. Para tener éxito en el ajedrez, se necesita una afilada capacidad de ver ideas nuevas y diferentes: ¿qué movimiento ganador, especialmente creativo, se pasó por alto?, ¿qué movimiento potencialmente letal del oponente no se está viendo? También les enseña a resistir la tentación de realizar una jugada de atractivo inmediato, ya que ese tipo de movimiento con frecuencia lleva a problemas posteriores (como lo aprendió Sebastián García). "Enseñar ajedrez en realidad es enseñar los hábitos de pensamiento: cómo entender tus errores o cómo ser más consciente de tus procesos mentales".

Antes de ser maestra de tiempo completo de ajedrez en Intermediate School 318, Spiegel daba clase de inglés avanzado a un grupo de estudiantes de octavo grado y, según recuerda, era un desastre. "Les enseñaba composición de una forma muy analítica y crítica: cuando le entregaban trabajos, los desmenuzaba oración por oración con los estudiantes, como si se tratara de un juego de ajedrez. Les preguntaba: '¿Estás seguro de que esa es la mejor manera de decir lo que quieres?' Me miraban como si estuviera loca. Les escribía largas cartas sobre sus trabajos. Me tomaba toda la tarde revisar seis o siete trabajos".

Aunque el estilo de enseñanza de Spiegel tal vez no era lo más adecuado para una clase de inglés, esta experiencia le ayudó a comprender mejor lo que quería hacer en la clase de ajedrez. En lugar de seguir un programa fijo a lo largo del año, decidió que construiría su calendario académico sobre la marcha, planeando las lecciones con base en lo que sus estudiantes sabían y, más importante aún: lo que no sabían. Por ejemplo, si muchos de sus estudiantes, durante un torneo dejaban piezas sin defensa y se convertían en blancos fáciles, entonces, al siguiente lunes, organizaba la clase alrededor de cómo evitar eso y reconstruía los juegos fallidos de los estudiantes. Una y otra vez repasaba los juegos, de manera individual y en grupo, analizando exactamente en qué punto se había equivocado el jugador, qué podría haber hecho de manera diferente, lo que podría haber sucedido si hubiera hecho una mejor jugada y desarrollaba escenarios con varias jugadas previas al momento del error.

Aunque este proceso pueda sonar sensato, en realidad es una forma muy poco común de enseñar ajedrez, o de aprenderlo.

"Es incómodo concentrarse con tanta intensidad en los errores. Por eso la gente suele estudiar ajedrez leyendo un libro, lo cual puede ser divertido e intelectualmente entretenido, pero no se traduce en una habilidad real. Para mejorar en el ajedrez hay que estudiar las partidas y discernir dónde están los errores. Es un como ir a una psicoterapia", comenta Spiegel. Se repasan los errores que se cometen y luego se intenta llegar a la raíz de por qué se cometieron.

Al igual que los mejores terapeutas, Spiegel intenta conducir a sus estudiantes por un camino estrecho y difícil: hacerlos responsables de sus errores para que aprendan de ellos, sin obsesionarse o castigarse por ellos. "Es raro que los niños tengan una experiencia en la vida donde pierdan, cuando la situación está totalmente bajo su control. Cuando pierden una partida de ajedrez, saben que no tienen a nadie más a quien culpar salvo a ellos mismos, tenían todo lo que necesitaban para ganar pero perdieron. Si sucede una vez, es fácil encontrar una excusa o no volver a pensar en ello, pero cuando es parte de la vida, u ocurre todos los fines de semana, entonces se debe encontrar una manera de separarse de los errores o las derrotas. Intento enseñar a mis estudiantes que perder es algo que nos pasa ocasionalmente, no es algo que deba ser siempre así".

3. Fiebre del ajedrez

Por supuesto, es sencillo decirles a los niños que pongan sus derrotas en perspectiva y que conserven su confianza intacta, a pesar de los contratiempos.

Spiegel juega ajedrez a un alto nivel, aunque su clasificación ha bajado un poco en los últimos años, ya que ha dedicado más tiempo a la enseñanza, pero sigue siendo una de las treinta mejores jugadoras de ajedrez del país. Al igual que todos los grandes jugadores de ajedrez, pierde y, cuando sucede, con frecuencia recurre a su blog[129], una fuente popular y poco convencional de noticias y opiniones sobre el mundo del ajedrez, y se castiga frente a todos.

El padre de Spiegel le enseñó los movimientos básicos del ajedrez cuando tenía apenas cuatro años, pero ella no compitió hasta que llegó al sexto grado y se inscribió en un programa de ajedrez en su escuela secundaria en Raleigh, Carolina del Norte. Le encantó, porque destacaba en él, pero también le gustó la sensación de pertenencia que le daba esta actividad, porque antes de jugar ajedrez, era una niña socialmente torpe. "Recuerdo sentirme contenta y aliviada porque los niños eran amables conmigo porque era buena. Los adultos me trataban como si tuviera opiniones reales. Por primera vez, sentí que la vida estaba mejorando".

Su clasificación rápidamente ascendió y superó al maestro que le enseñaba en el programa. Para su sorpresa, se dio cuenta de que no necesitaba su ayuda para seguir mejorando; podía estudiar ajedrez por su cuenta. Y si podía enseñarse ajedrez a ella misma, también podía enseñarse matemáticas o cualquier otra cosa. Esta capacidad de dominar nuevos temas por su propia cuenta, la ayudó a sobrellevar los años que describe como el "terrible bachillerato estadounidense" y a terminar la universidad, primero en Duke, donde empezó a estudiar matemáticas, y en luego Columbia, donde par de años después se cambió a literatura inglesa.

Después de graduarse, Spiegel se quedó en Nueva York e ingresó como maestra a una organización sin fines de lucro llamada Chess-in-the-Schools (Ajedrez en las escuelas), la cual, desde 1986, se dedicaba a invitar expertos como Spiegel a que pasaran unas cuantas horas a la semana enseñando ajedrez en escuelas públicas de bajos recursos. Durante unos años, Spiegel rotó entre un grupo de cuatro escuelas, pero le gustó más Intermediate School 318 y finalmente, en 2006, el director la contrató como maestra de ajedrez de tiempo completo y como entrenadora del equipo itinerante de ajedrez de la escuela.

En el verano de 2005, después de varios años de jugar ajedrez a medias, entró a un torneo abierto de alto nivel en Phoenix. Y, para su sorpresa, le fue muy bien. Obtuvo la puntuación más alta de todas las mujeres del torneo, lo cual automáticamente la calificó para el campeonato nacional de los E.U. Estaba en territorio desconocido y lo sabía. Sesenta y cuatro competidores habían calificado para el torneo, los mejores jugadores de ajedrez del país, y ella tenía una de las clasificaciones más bajas. Así que se dedicó de lleno al ajedrez, estudiando tres o más horas al día, cinco días a la semana, permaneciendo despierta toda la noche, estudiando una apertura, o jugando por horas en línea en el sitio "Internet Chess Club". Mejoró lo suficiente para alcanzar un resultado respetable en el torneo y después siguió jugando con el mismo fervor. Así como le había sucedido en la secundaria, el ajedrez tomó control de su vida. Enseñaba ajedrez todo el día y jugaba todas las noches. Perdió contacto con amigos que no jugaban ajedrez y también empezaron a desaparecer otros compromisos y relaciones.

Spiegel se fue separando más y más del mundo. Su tendencia hacia la melancolía y a cierta excentricidad, así como su creciente aislamiento social, permitieron que esos rasgos hicieran metástasis. Un día, en su blog, anunció tímidamente a sus lectores que había salido con alguien el viernes anterior "En cierto momento me abrazó y pensé: 'realmente ya no tengo ningún contacto físico con los seres humanos'".

Luego, impulsivamente en la Navidad de 2009, decidió tomar unas vacaciones en el Caribe con Jonathan, el maestro de arte de Intermediate School 318, un hombre alto, con facciones mediterráneas, cabello largo y oscuro, a quien admiraba a distancia pero que consideraba que no estaba a su alcance. Para cuando regresaron de su semana en las Bahamas, estaban enamorados. Cuatro meses después, se mudaron juntos y para el otoño de 2010 estaban comprometidos.

Jonathan no jugaba nada de ajedrez y, al pasar más tiempo con él, Spiegel se dio cuenta de que su fiebre del ajedrez empezaba a disiparse. No abandonó el ajedrez por completo, lo seguía enseñando todo el día en la escuela y entrenaba a sus alumnos los sábados en los torneos, pero ahora su tiempo libre lo pasaba haciendo cosas como andar en bicicleta, saborear una buena comida, explorar nuevas zonas de la ciudad y hablar del futuro, no jugando ajedrez en línea.

Esto pareció una transformación positiva, pues era obvio que jugar ajedrez constantemente no hacía muy feliz a Spiegel y estar con Jonathan, sí. Sin embargo, desde la perspectiva de ella, no era tan simple. Su clasificación oficial de ajedrecista era de 2170, pero después de empezar a salir con Jonathan, bajó a 2100. Con frecuencia hablaba de su deseo de jugar en serio nuevamente y elevar su clasificación. Racionalmente, sabía que estaba más feliz ahora que cuando jugaba obsesivamente pero, me dijo que, de todas formas, extrañaba esos días infelices.

4. Maldad calibrada

Spiegel quería aumentar la confianza de sus estudiantes, hacerlos creer en su propia capacidad de derrotar a rivales más fuertes y dominar un juego complejo. Pero las exigencias de su trabajo y las particularidades de su personalidad, hacían que pasara la mayor parte del tiempo diciéndoles a los estudiantes que estaban cometiendo errores. Esta es la narrativa básica de todos los análisis posteriores a una partida de ajedrez: "Pensabas que tenías una buena idea pero estabas equivocado".

"Lucho contra eso todo el tiempo. Siento que soy muy malvada. A veces me voy a casa y repaso todo lo que le dije a un alumno y pienso: '¿qué estoy haciendo?, realmente estoy dañando a los niños'".

Durante el torneo nacional de niñas de 2010 (que ganó Intermediate School 318), Spiegel escribió en su blog:

"El primer día y medio fue bastante malo. Estaba enloquecida, repasaba cada juego y me porté como una bruja todo el tiempo. A niñas de 11 años les dije cosas como: '¡eso es completamente inaceptable!' por dejar piezas colgadas o por no tener una razón para una jugada. Les reproché cosas inauditas como: 'Sabes contar hasta dos, ¿verdad?, ¡entonces deberías haber visto eso!' y 'Si no vas a prestar más atención, entonces debes renunciar al ajedrez porque estás perdiendo el tiempo de todos'.

Para el final de la tercera ronda empezaba a sentirme como una malvada abusiva y estaba a punto de darme por vencida y fingir ser amable. Pero en la cuarta ronda, todas las jugadoras tardaron más de una hora y empezaron a jugar bien. Y creo que ese es el motivo por el cual solemos ganar las competencias nacionales femeniles con facilidad todos los años: la mayoría de la gente no le dice a las adolescentes (en especial a las sensatas y elocuentes) que son holgazanas y que la calidad de su trabajo es inaceptable. Y a veces necesitan escucharlo o no tendrían razón para mejorar".

Con frecuencia, Spiegel ponía a prueba mi estereotipo de cómo una buena maestra, en especial de barrios marginados, debe interactuar con sus alumnos. Confieso que antes de conocerla tenía una idea preconcebida de la maestra ideal de ajedrez y se parecía mucho al personaje que representa Ted Danson en *Knights of the South Bronx*, una película inspiradora en la cual Danson dirige a un grupo heterogéneo de niños hacia la victoria, venciendo a un equipo de estudiantes de escuelas privadas, repartiendo abrazos y discursos motivadores a lo largo del camino. Spiegel no es así: no abraza. Claramente está dedicada a sus estudiantes y le importan mucho, pero cuando se alteran por haber perdido, rara vez se acerca a consolarlos. John Galvin, el subdirector de Intermediate School 318, quien frecuentemente asiste a los torneos como coentrenador con Spiegel, es mejor para este tipo de cosas, tiene más "inteligencia emocional".

"Definitivamente tengo una relación cálida con muchos de los niños. Pero creo que mi trabajo es funcionar más como espejo, hablar sobre lo que hicieron en el tablero y ayudarles a pensar en ello. Trabajan mucho en algo y realmente lo analizamos a un nivel que no es condescendiente. Los niños no reciben este trato con frecuencia y, en mi experiencia, realmente lo necesitan. No soy el tipo de persona amorosa ni maternal con ellos".

Michael Meaney y Clancy Blair, entre otros investigadores, han demostrado que para que los niños desarrollen cualidades como la perseverancia y la concentración, necesitan un alto nivel de calidez y cariño de parte de sus cuidadores. Sin embargo, lo que sugiere el éxito de Spiegel es que cuando los niños llegan a la adolescencia temprana, lo que los motiva con más eficiencia no es el cuidado sino un tipo de atención muy distinto: tal vez lo que los impulsa a concentrarse y practicar es la experiencia de que alguien los tome en serio, que crea en sus habilidades y los rete a mejorar.

Durante los meses que estuve trabajando activamente en Intermediate School 318, viendo al equipo prepararse para el torneo en Columbus, también pasé mucho tiempo en KIPP Infinity, y tuve tiempo suficiente para contemplar los paralelos entre los métodos de Spiegel para entrenar a sus ajedrecistas y la manera en que los maestros y administradores de KIPP hablaban con sus estudiantes sobre las crisis emocionales cotidianas o las recaídas en su comportamiento. Ya mencioné al decano de KIPP, Tom Brunzell, quien dijo que consideraba que su enfoque era un tipo de terapia cognitiva-conductual. Cuando sus estudiantes estaban en problemas, perdidos en tormentas de estrés y emociones, los alentaba a que pensaran en el panorama general, la metacognición, como lo llaman muchos psicólogos, que tiene lugar en la corteza prefrontal: desacelerar, examinar sus impulsos y considerar una solución más productiva a sus problemas, una alternativa mejor que gritarle al maestro o empujar a otro niño en el patio. En sus análisis posteriores a un juego, Spiegel simplemente había desarrollado una manera más formalizada de hacer esto. Al igual que los estudiantes de KIPP, los de Intermediate School 318 eran desafiados a considerar profundamente sus errores, examinar por qué los habían cometido y pensar lo que podrían haber hecho de manera distinta. Y ya sea que denominemos a este enfoque "terapia cognitiva conductual" o "buena enseñanza", parece ser sorprendentemente eficiente para provocar el cambio en los estudiantes de secundaria.

Esta técnica, sin embargo, es muy poco común en las escuelas estadounidenses contemporáneas. Si se cree que la misión de una escuela o el trabajo de un maestro se limita a transmitir información, probablemente no se considere necesario someter a los estudiantes a este tipo de autoanálisis riguroso. Pero si lo que se pretende es ayudarlos a cambiar su carácter, entonces la transmisión de información no es suficiente.

Y aunque Spiegel no utilizó la palabra carácter para describir lo que estaba enseñando, las habilidades que intenta inculcar a sus alumnos tienen una sorprendente similitud con las fortalezas que enfatizan David Levin y Dominic Randolph. Todos los días, en el salón de clases y en los torneos, vi a Spiegel intentando enseñar a sus estudiantes determinación, curiosidad, autocontrol y optimismo. En un par de ocasiones, incluso la usó técnicas analíticas para enseñar inteligencia social.

Un día de fui con Spiegel y el equipo de Intermediate School 318 a un torneo exterior de ajedrez en Central Park, organizado por Chess-in-the-Schools. De pronto, un estudiante se acercó a nosotros, parecía alterado y quería hablar con Spiegel. Era A.J., un estudiante de séptimo grado que tenía dificultades en situaciones sociales y con frecuencia solía malinterpretar las bromas de la secundaria, pero ese día un recién graduado llamado Rawn, amenazaba con abofetearlo y él quería que Spiegel interviniera.

A.J. explicó que había traído su balón de futbol al parque y él y otros niños lo estaban lanzando. A.J. tenía calor y cuando fue a tomar agua decidió que debía llevarse su balón. Cuando lo tomó para ir al bebedero, escuchó a uno de los niños decir que era un maldito. Acusó a Rawn y éste lo negó, diciendo: "te daré una bofetada". A lo que A.J. contestó: "¿Por qué no lo intentas?" Y entonces intentó acercarse y abofetearlo pero todos lo detuvieron.

Se trataba de una clásica pelea entre niños en la cúspide de la adolescencia: impulsiva, dominada por las hormonas, intensamente moralista y un poco ilógica.

Spiegel, en vez de tomar partido o de sermonearlo sobre llevarse bien, comenzó a desmenuzar la situación como una partida de ajedrez.

"¿Intentó golpearte después de que le dijiste que intentara golpearte?", preguntó ella.

"Sí", respondió A.J. un poco confundido.

"Sabes que si lo provocas, pidiéndole que te golpee, él querrá hacerlo... Mi otra observación es sobre el balón de futbol. Tienes que entender que a la gente no le agradará que te lleves el balón con el que están jugando. ¿Crees que podrías dejar que lo usaran mientras tú te vas? Debes entender que si no vas a confiar en ellos entonces probablemente no serán tus amigos".

A.J. se marchó frustrado.

Ya había observado una conversación similar unos meses antes entre A.J. y Spiegel.

Al principio, asumí que A.J. se había acercado a Spiegel para buscar solución o castigo para el otro estudiante. Pero, después de observar esta última conversación, me pareció que se acercaba a ella por la misma razón que lo hacía después de una partida de ajedrez donde hubiera desaprovechado su ventaja o dejado desprotegida a la reina. Quería saber cómo dejar de cometer errores tontos. Quería consejos sobre cómo mejorar en lo que, para él, era otro juego increíblemente complejo con demasiadas piezas móviles: sobrevivir a la secundaria y lograr agradarle a los otros niños.

5. Justus y James

Cuando vi a Spiegel en Columbus, la tarde de la apertura del torneo, se veía contenta y descansada. Traía una fresca camisa blanca y pantalones a rayas. Comía mandarina y bebía té chai, mientras repasaba, de última hora, hojas de trabajo con algunos estudiantes en el centro de convenciones. Sin embargo, cuando empezó la competencia, su frescura empezó a desgastarse y cada día tenía el cabello más despeinado y los ojos más vidriosos. Para ella, el torneo de la secundaria era la competencia más importante del año "Siento que es como un juicio sobre mi trabajo Todo lo que hago en el año se resume en el resultado de esta competencia". Y se pasaba todo el día, tomando café, comiendo comida rápida y preocupándose.

Una de las razones para el éxito de los equipos de Spiegel en los torneos era que contaban con lo que se conoce en el basquetbol como una banca profunda. En la mayoría de las escuelas privadas y con examen de ingreso, es posible encontrar un puñado de jugadores de ajedrez muy buenos, prodigios de familias adineradas que han estado recibiendo entrenamiento individual desde jóvenes. Intermediate School 318 no atrae a esos niños privilegiados, pero como el ajedrez es una parte integral de sus días y de la cultura escolar, Spiegel es capaz de atraer a docenas de nuevos estudiantes cada año al club de ajedrez, niños sin conocimientos del juego, o con muy pocos, pero con entusiasmo por aprender más. Diseñó su programa para aprovechar eso al máximo y, tras casi una década en la escuela, ha logrado construir un sistema de enseñanza que logra que los novatos que entran en sexto grado y obtenían puntuaciones de 1500 y 1600, obtengan 1800 y 1900 para cuando salen del octavo grado.

Rara vez, un estudiante de Intermediate School 318 alcanzaba los 2000, lo cual significaba que la escuela no ganaba muchos campeonatos individuales. Pero el enfoque de Spiegel era la estrategia perfecta para campeonatos por equipos, donde gana la escuela cuyos cuatro mejores jugadores junten la mayor cantidad de victorias. Spiegel sabe que, en una competencia por equipos, lo que hace la diferencia no es la capacidad del mejor jugador sino la capacidad del cuarto mejor jugador. Y en Intermediate School 318, cualquier día, hay diez o más estudiantes que pueden ser el cuarto mejor jugador del equipo.

Entonces, en otoño de 2009, Justus Williams llegó a Intermediate School 318 y la composición del equipo empezó a cambiar. Justus, que vivía en el Bronx, era un niño confiado, pensativo y rudo, de complexión sólida. Hablaba en voz baja y podía portarse tímido entre extraños, pero se movía con gran confianza en los pasillos de Intermediate School 318, una de las pocas escuelas secundarias donde ser campeón de ajedrez es causa de admiración y no de burla. Justus había empezado a jugar ajedrez en el tercer grado en el South Bronx, a través de Chess-in-the-Schools, y sus maestros reconocieron pronto que era un jugador prometedor, ansioso por aprender y con una capacidad extraordinaria de concentración. Chess-in-the-Schools le pagó tutores de ajedrez para que trabajaran con él, en privado. Su madre, que pensaba que Justus estaba destinado a la grandeza, hizo todo lo que estuvo en su poder para ayudarlo a mejorar. Para cuando Justus empezó el sexto grado en Intermediate School 318, su clasificación estaba por arriba de 2000 puntos, más alto que cualquier estudiante de Spiegel. De hecho, estaba bastante cerca de la clasificación de la propia Spiegel. Y aunque Justus era claramente el mejor jugador del sexto grado, junto con él ingresaron otros dos estudiantes a Intermediate School 318 que también tenían bastante experiencia en el ajedrez: Isaac Barayev, hijo de inmigrantes rusos de Queens, que entró en el sexto grado con una clasificación de 1500 y James Black, de Bedford-Stuyvesant en Brooklyn, que se graduó de su escuela pública local con una clasificación de 1700 puntos.

Spiegel tenía una relación especialmente cálida con James Black. Se conocieron cuando él estaba en la primaria y él reconocía que ella le había ayudado a subir su clasificación de 1700 a más de 2100 durante el tiempo que estuvo en la escuela, un salto significativo. James es intensamente social y le encantaba bromear con sus compañeros. En mis visitas a la clase de Spiegel, frecuentemente encontraba a James jugando una partida y metiéndose en el juego del vecino, diciéndoles a los otros jugadores qué movimientos debían estar haciendo y ocasionalmente haciéndolos él mismo.

Al igual que Justus, James aprendió a jugar ajedrez en el tercer grado cuando un tutor de Chess-in-the-Schools visitó su escuela. En casa, practicaba con su padre, que le compró un tablero a la primera señal de interés de James en el juego. El padre de James, creció en el Bronx y le fue bien en el bachillerato pero se salió de la universidad un par de años después. Su sueño siempre había sido unirse a los Marines, pero cuando salió de la escuela, consiguió un empleo bien remunerado en una cadena de supermercados en Nueva York y ya nunca se enlistó. A los treinta y tantos años se enamoró de Tonya Coles, una mujer con tres hijos, con la que formó una familia mixta, en la que nació James. El señor Black me dijo que esperaba que sus hijastros fueran un buen ejemplo para James, pero no fue así: uno de sus medios hermanos[130] terminó en prisión por vender drogas cuando James era pequeño y pasó casi tres años tras las rejas; otro estaba en la cárcel por homicidio, cumpliendo una condena de veinte años. Los problemas aumentaron la atención que el señor Black le daba a su hijo y su resolución de que triunfara. "Hay un límite en lo que puedo decirles a tus hermanos. Pero a ti te puedo decir mucho más. Mi trabajo es guiarte hacia el futuro".

James fue un estudiante inconstante en Intermediate School 318. Sus calificaciones eran buenas, por lo general, pero en las evaluaciones de aprovechamiento estatales del sexto grado, obtuvo un 2 en una escala del 1 al 4, tanto en matemáticas como en lectura, lo cual significaba que estaba por debajo de lo requerido y se encontraba en una de las clasificaciones más bajas de la ciudad. En la escuela, tenía la reputación de problemático y durante el sexto grado, con frecuencia, terminaba en la oficina del director por distraerse en clase o por decirles cosas inapropiadas a sus compañeros. Sin embargo, a pesar de sus problemas en la escuela, era un estudiante excepcional de ajedrez y estudiaba hasta seis horas al día. Tenía una pared completa de su habitación llena de libros de estrategia.

6. Marshall

Seis meses antes del torneo de Columbus, pasé el día con James, Spiegel y algunos estudiantes de Intermediate School 318 en el Club de Ajedrez Marshall, ubicado en una hermosa casa antigua en la calle de Greenwich Village. En 1915, Frank Marshall, campeón de ajedrez de su época, considerado por muchos jugadores de ajedrez como el más prestigiado de Estados Unidos, fundó el club. Entre sus miembros están algunos de los mejores jugadores del país. El lugar es imponente, en especial para los jóvenes aspirantes a ajedrecistas: las mesas de madera están pulidas hasta brillar y las paredes están llenas de fotografías de jugadores legendarios inclinados sobre sus tableros y de cenas de gala del club.

Cuando Spiegel llegó a Nueva York pasaba sus días en Marshall, compitiendo en torneos de fin de semana y absorbiendo la atmósfera. Cada año el Marshall proporciona membresías gratuitas a algunos estudiantes de Intermediate School 318 y, una vez, al mes Spiegel lleva a un pequeño grupo de estudiantes a jugar. Es una experiencia muy distinta a lo que están acostumbrados. Los torneos escolares normales en Nueva York son bastante caóticos, hay cientos de jugadores y padres de familia apretados en una escuela pública, los juegos solamente duran una hora y los jugadores de Intermediate School 318, por lo general, ganan o les va bastante bien. Cuando van al Marshall, sin embargo, juegan partidas que duran hasta cuatro horas, con oponentes cuyas clasificaciones exceden por mucho a las suyas. Es una situación intimidante para los estudiantes, pero Spiegel les recuerda que la mejor manera de perfeccionar sus juegos es jugar contra los mejores, aunque los hagan pedazos.

Un día en el Marshall vi jugar a James Black contra Yuri Lapshun, un maestro de origen ucraniano que es uno de los treinta o cuarenta mejores jugadores de Estados Unidos. Lapshun fue campeón de Marshall en 2000 y 2001. Durante la mayor parte del juego de cuatro horas, mientras Lapshun permanecía sentado frente al tablero, mientras que a James Black le costaba trabajo permanecer quieto, a veces o desviaba la vista por todo el salón y luego regresaba la vista al tablero. Durante sus partidas suele pararse y caminar, revisa otros tableros y provoca angustia entre maestros y entrenadores. En la clasificación Lapshun tenía 2546 puntos y James 2068. Al parecer, James estaba superado en todos los aspectos excepto, en el juego. Para la sexta jugada, James sorprendió a Lapshun con una táctica ingeniosa y para la trigésima era claro, para varios expertos y maestros que observaban la partida, que James estaba en la posición dominante. Había establecido una sofocante línea de defensa a la mitad del tablero y atajaba un movimiento tras otro, atrapando a Lapshun en una situación estática e incómoda en la que casi cualquier movimiento implicaba que perdería ventaja posicional o alguna pieza. En el movimiento cincuenta y nueve, Lapshun renunció.

Después de eso, en el piso superior del club, James repasó su juego con Spiegel y Lapshun, quien accedió a analizar el juego con ellos y, ocasionalmente, agregaba alguna observación oscura y fatalista: "Es inútil, aquí me tienes, derrotado".

James demostró cómo había bloqueado cada oportunidad que tenía Lapshun de escapar a las trampas paralizadoras que le había puesto, y Spiegel estaba impresionada. Había hecho más que derrotar al maestro internacional, había jugado mejor que él desde el principio hasta el final. En su opinión jugaba un "ajedrez excepcionalmente profundo".

Con la victoria sobre Lapshun y otros juegos fuertes ese otoño, la clasificación de James superó los 2150. Su meta a corto plazo era alcanzar 2200, un indicador crucial para los ajedrecistas pues, al alcanzar esta puntuación, la Federación de Ajedrez de los E.U. te certifica como maestro nacional.

Justus acababa de convertirse en maestro nacional un mes antes de que James derrotara a Lapshun. De hecho, Justus era el afroamericano más joven en convertirse en maestro. Pareció por un tiempo que James Black, cinco meses más joven que

Justus, le quitaría esa marca con facilidad. Pero la clasificación de James descendió a 2100 en enero. Para cuando asistió
al torneo de Columbus en abril, James ya había perdido su
posibilidad de romper el record de Justus y su clasificación
estaba estancada en 2156 puntos.

7. Dominio

En Columbus, James no repasó sus juegos con Spiegel. Los
analizó con Matan Prilleltensky, un jugador de ajedrez competitivo, de veintitrés años de edad, que había estado trabajando ese año como entrenador de medio tiempo para el equipo
de Intermediate School 318, mientras obtenía su maestría en
educación especial. El interés de Prilleltensky en la educación
especial tenía sus raíces en su propio diagnóstico de trastor-
no de déficit de atención e hiperactividad o TDAH. Cuando
era niño, tuvo problemas en la escuela primaria y secundaria
porque no era capaz de concentrarse en clase o en su tarea por
más de unos cuantos minutos. Y luego descubrió el ajedrez:
era, la primera vez que había logrado concentrarse en algo.
El ajedrez, que requiere de horas de paciente estudio, parecía
una afición poco probable para alguien con déficit de atención,
pero la combinación no era tan rara como sonaba "Mucha
gente con problemas de atención busca experiencias intensas
y estimulación seria. Quieren que algo los absorba en alguna
especie de misión que lo abarque todo". Para Prilleltensky,
el ajedrez fue de hecho el antídoto perfecto para su TDAH;
cuando se sentaba ante un tablero, sus síntomas desaparecían.

Prilleltensky se convirtió en un jugador serio en el bachillerato y alcanzó una clasificación de 2000 después de cumplir
dieciocho años. En la universidad continuó jugando e incluso
ganó un par de torneos, pero no mejoró mucho. Cuando se
graduó, en 2009, su clasificación estaba estancada alrededor de
2100. Entonces, en enero de 2010, jugó en un torneo en Palatka,
Florida. Estaba a punto de ganar cuando cometió un error en
un juego crucial. La derrota fue aplastante y, tras analizar el

juego con su oponente, un estudiante de bachillerato, se dio cuenta de que el otro jugador ni siquiera había jugado particularmente bien, Prilleltensky se había derrotado a sí mismo.

Cuando regresó a su casa en Miami, Prilleltensky leyó una colección de entrevistas con grandes maestros donde venía una conversación con Jonathan Rowson, el gran maestro escocés, quien escribió sobre la importancia de la emoción y la psicología para triunfar en el ajedrez. Los comentarios de Rowson fueron trascendentes para Prilleltensky y también corroboraban la teoría de Angela Duckworth sobre la diferencia crucial entre motivación y voluntad: "Cuando hablamos de ambición es crucial hacer la distinción entre 'querer' algo y 'elegirlo'[131]", escribió Rowson. Si quieres ser campeón mundial, inevitablemente fracasarás porque no invertirás el trabajo necesario. No solo no serás el campeón mundial, sino que también tendrás la desagradable experiencia de no alcanzar una meta deseada, con toda la decepción y remordimiento que esto conlleva. Sin embargo, si eliges convertirte en el campeón mundial (como lo eligió Kasparov de joven) entonces "revelarás tu elección a través de tu comportamiento y tu determinación. Cada acción comunica 'Este soy yo'".

A finales de enero de 2010, inspirado por esas palabras, Prilleltensky[132] se hizo un propósito retrasado de año nuevo: pasaría de los 2200. Dedicó casi un año completo al estudio del ajedrez, eliminando todo lo demás de su vida: fiestas, Facebook, ESPN o socialización innecesaria (excepto a su comprensiva novia). Solamente horas y horas de ajedrez. Sus esfuerzos redituaron y el 10 de octubre de 2010 su clasificación alcanzó los 2200, convirtiéndose en maestro nacional.

Conocí a Prilleltensky poco después de que alcanzara su meta y lo que me sorprendió, al escucharlo hablar de ello, era que veía esos meses monásticos no solo con orgullo por el resultado, sino que también recordaba el proceso con agrado. Cuando le pregunté qué era lo divertido de un año de inmersión completa en el ajedrez me respondió: "Era la sensación de ser intelectualmente productivo. Hay veces en las que siento que no estoy retándome realmente o presionándome, sino que estoy desperdiciando mi cerebro. Nunca me siento así cuando estoy estudiando, jugando o enseñando ajedrez".

Me sorprendió la palabra que uso Prilleltensky: "productivo". Spiegel eligió la misma palabra cuando me explicó, con algo de nostalgia, lo que había perdido cuando cambió su obsesión por jugar ajedrez toda la noche, por la dicha doméstica con Jonathan: "Extraño lo productiva que solía ser".

Esto era un enigma. Podía apreciar el atractivo de dominar el ajedrez, así como puedo apreciar el dominio de cualquier otra actividad: pintar al óleo, tocar jazz en la trompeta, saltar con garrocha. Sin embargo, aunque comprendo que el ajedrez es una actividad que constituye un reto intelectual, la palabra "productivo" no era la que hubiera elegido para describirlo. Me parecía que los jugadores de ajedrez, literalmente, no producían nada.

Resulta que esta pregunta también había surgido en una entrevista en la que se le preguntó a Rowson si se sentía avergonzado de haber gastado semejante cantidad de energía mental para convertirse en un gran maestro de ajedrez, en vez de invertirla en algo que valiera más la pena como ser un neurocirujano. Rowson reconoció: "La cuestión de que el ajedrez sea una actividad esencialmente fútil es algo que me inquieta todo el tiempo... Ocasionalmente pienso que las miles de horas que he pasado jugando ajedrez, aunque han contribuido a mi desarrollo personal, las podría haber invertido de mejor manera", Rowson continuó defendiéndose con un fundamento esencialmente estético: "El ajedrez es una actividad creativa y hermosa que nos permite experimentar una amplia gama de características puramente humanas. Es una celebración de la libertad existencial. Al elegir jugar ajedrez, estamos celebrando la libertad por encima de la practicidad[133]". Desde el punto de vista de Rowson, dos jugadores que se enfrentan ante un tablero están colaborando para crear una obra de arte única y colaborativa, y mientras mejor jueguen, más hermoso el resultado.

En su libro de 2008, *Outliers* (*Fuera de serie*[134]), Malcolm Gladwell atrajo la atención a la teoría del psicólogo sueco, K. Anders Ericsson, que sostiene que son necesarias diez mil horas de práctica deliberada para dominar realmente cualquier habilidad, ya sea tocar el violín o programar computadoras. Ericsson basó su teoría, en un estudio del dominio del ajedrez. Encontró que no hay campeones natos de ajedrez. Una persona simplemente no se puede convertir en gran maestro sin dedicarle miles de horas a jugar y estudiar. Ericsson descubrió que los mejores jugadores de ajedrez empezaron de niños. De hecho, a lo largo de la historia del ajedrez, la edad a la cual un aspirante a campeón tenía que empezar para alcanzar los niveles más altos iba en constante descenso. En el siglo XIX era posible empezar a jugar ajedrez a los diecisiete años y convertirse en gran maestro. Entre los jugadores nacidos en el siglo XX, ninguno que hubiera empezado a jugar después de los catorce se convirtió en gran maestro. Para finales del siglo XX, observó Ericsson, los que se convertían en maestros habían empezado a jugar, en promedio, a la edad de diez años y el típico gran maestro había empezado a jugar a los siete[135].

El estudio más famoso y notorio que demuestra el efecto de la práctica temprana y deliberada en el éxito en el ajedrez fue el de Laszlo Polgar, un psicólogo húngaro que, en la década de 1960 publicó el libro *Bring Up Genius!* (*Educar genios*) En el libro establecía que con suficiente trabajo riguroso, los padres podían convertir a cualquier niño en un prodigio intelectual. Cuando escribió el libro, Polgar era soltero y no tenía hijos y, por tanto, no podía demostrar personalmente su teoría[136], pero hizo lo necesario para cambiar eso y se ganó el corazón de una maestra de lenguas extranjeras de Ucrania llamada Klara. La convenció de mudarse a Budapest detallándole en sus cartas cómo juntos podrían criar una familia de genios.

Y entonces, para sorpresa de todos, eso fue exactamente lo que hicieron. Laszlo y Klara tuvieron tres hijas: Susan, Sofía y Judit. Laszlo las educó en casa con un programa académico que se centraba casi exclusivamente en el ajedrez (aunque las niñas también aprendieron varios idiomas, incluyendo el esperanto). Cada niña empezó a estudiar ajedrez antes de cumplir cinco años y pronto estaban jugando entre ocho y diez horas al día[137]. Susan, la mayor, ganó su primer torneo a los cuatro años. A los quince, se convirtió en la mejor jugadora de ajedrez en el mundo y en 1991, cuando tenía 21 años, se convirtió en la primera gran maestra. Su éxito fue una impresionante confirmación de la teoría de su padre, de que los genios no nacen, se hacen; y eso que Susan no era la mejor ajedrecista de la familia. Ese título pertenecía a Judit, la menor, que se convirtió en gran maestra a los quince años, rompiendo el récord de Bobby Fischer como la persona más joven en obtener ese título. La clasificación de Judit en el ajedrez alcanzó su nivel más alto en 2005, cuando fue la octava mejor jugadora del mundo, con una clasificación de 2735. Ahora es universalmente considerada la mejor mujer ajedrecista que haya existido (Sofía también era bastante buena y su clasificación más alta fue de 2505, cuando era la sexta mejor jugadora del mundo, un logro sorprendente para cualquiera que no fuera un Polgar).

Si la historia de los Polgar resulta un poco rara, la historia del jugador ruso Gata Kamsky francamente asusta. Kamsky, que nació en 1974, empezó a estudiar ajedrez a los ocho años bajo la supervisión de su padre, un hombre de temperamento volátil, llamado Rustam. Para cuando tenía doce años, Kamsky estaba derrotando a grandes maestros. En 1989, él y su padre se fueron a vivir a Estados Unidos, donde se instalaron en un departamento en Brighton Beach[138]. Recibían una pensión de 35,000 dólares al año de parte del presidente de Bear Stearns, quien creía que Kamsky estaba destinado a convertirse en campeón mundial. A los dieciséis años, Kamsky se convirtió en gran maestro y a los diecisiete ganó el campeonato de ajedrez de los E.U. Sin embargo, a pesar de todos sus logros, Kamsky es más recordado por las condiciones draconianas en las que lo criaron: bajo la tutela de su padre, Kamsky practicaba y estudiaba ajedrez catorce horas al día. Nunca asistió a la escuela, no veía televisión, no practicaba deportes y no tenía amigos. Su padre se volvió famoso en el mundo del ajedrez por su temperamento violento y con frecuencia derribaba muebles o le gritaba a Gata cuando perdía o cometía algún error, incluso se le acusó de amenazar físicamente a un oponente de su hijo.

En 1996, cuando tenía 22 años, Kamsky renunció por completo al ajedrez. Se casó, se graduó del Brooklyn College, estudió un año de medicina y después se tituló en la facultad de derecho de Long Island[139], pero no pudo pasar el examen de la barra de abogados. Su historia parece ser un relato precautorio sobre cómo la práctica temprana y la crianza agresiva pueden tener resultados contraproducentes.

Sin embargo, en 2004, Kamsky volvió al ajedrez competitivo. Empezó con pequeños torneos en Marshall y después de unos cuantos años ya había superado todos sus logros de adolescencia, ganando el campeonato de los E.U. en 2010 y en 2011, diecinueve años después de haberlo ganado por primera vez. Ahora es el jugador con mejor clasificación de Estados Unidos y el décimo mejor del mundo. El efecto de esas diez mil horas (en el caso de Kamsky, que practicaba catorce horas al día, la cifra real sería de veinticinco mil horas o más) aparentemente fue demasiado poderoso como para que se viera afectado por una pausa de ocho años.

8. Flujo

Cuando Spiegel y otros jugadores de ajedrez hablan sobre la niñez de jugadores como Kamsky y las Polgar, con frecuencia sienten una mezcla de emociones. Por un lado, reconocen que una niñez organizada obsesivamente alrededor de una sola meta está desbalanceada o hasta trastornada. Por otra parte, no pueden evitar sentir algo de celos: "Si mi padre me hubiera hecho estudiar diez horas al día, imagínate lo bueno que sería ahora".

Mientras escribía este capítulo, tenía un tablero de ajedrez en la mesa de mi oficina como referencia y, ocasionalmente, mi hijo, Ellington, de dos años, entraba y empezaba a mover las piezas. Cuando lo hacía, yo dejaba de trabajar. Le enseñé los nombres de varias piezas y él descubrió que le gustaba tirarlas y luego acomodarlas en patrones atractivos sobre el tablero. Yo sabía, lógicamente, que el interés de Ellington en el ajedrez no era más inusual o significativo que su interés en los clips del cajón de mi escritorio. Pero a veces, me descubría pensando: "Conoce la diferencia entre una torre y un caballo y apenas tiene dos años. ¡Tal vez sea un prodigio! Si le enseño cómo mover todas las piezas y empezamos a jugar una hora al día, entonces para cuando tenga tres años..."

Aunque mi fantasía era tentadora, resistí. Me daba cuenta de que no quería realmente que Ellington se convirtiera en un prodigio de ajedrez. Pero cuando intentaba descifrar exactamente por qué me sentía así, no lograba explicarlo o justificarlo fácilmente. Sentía que si Ellington estudiaba ajedrez cuatro horas al día (nunca catorce), se estaría perdiendo de algo. Pero no estaba seguro de estar en lo correcto. ¿Es mejor pasar la niñez, o la vida, interesado en muchas cosas (como yo tiendo a ser) o muy interesado en una sola?

Spiegel y yo debatíamos sobre esto con frecuencia y debo admitir que ella justificaba muy bien los beneficios de la dedicación unilateral, algo que me recordaba mucho la definición de determinación de Angela Duckworth: autodisciplina en la una búsqueda dedicada de una meta.

"Creo que es realmente liberador para los niños entender lo que es sentir entusiasmo por algo. Tienen experiencias trascendentales que siempre recordarán. Creo que lo peor que puedes hacer al evocar tu niñez es recordarla como un borrón de días sentado en clase, aburrido, y luego viendo la televisión en casa. Cuando los niños del equipo de ajedrez recuerden su niñez, recordarán los nacionales, una gran partida que jugaron o un momento en que estuvieron llenos de adrenalina e hicieron su mejor esfuerzo".

Para alguien ajeno al ajedrez, debe ser difícil comprender completamente el atractivo de dominarlo. Cuando Spiegel intentaba explicármelo, con frecuencia se refería al trabajo de Mihaly Csikszentmihalyi, psicólogo que colaboró con Martin Seligman en los primeros días de la psicología positiva. Csikszentmihalyi estudió "las experiencias óptimas[140]", esos momentos de la existencia humana cuando la persona se siente libre de las distracciones mundanas, en control de su destino, totalmente inmerso en el momento. Csikszentmihalyi inventó una palabra para este estado de intensa concentración: "flujo". Escribió que los momentos de flujo ocurren con mayor frecuencia, "cuando el cuerpo o mente de una persona está extendido hasta el límite, en un esfuerzo voluntario por lograr algo difícil o que vale la pena[141]". En sus primeras investigaciones, Csikszentmihalyi entrevistó a expertos en ajedrez, bailarines clásicos y alpinistas y encontró que los todos describían sus momentos de flujo de manera similar: como una sensación intensa de bienestar y control. En la cúspide de este estado, le dijo un jugador de ajedrez a Csikszentmihalyi, "la concentración es como la respiración, no piensas en ella. Podría caerse el techo y, si no te pega en la cabeza, no te darías cuenta[142]" (Un estudio encontró que los cambios fisiológicos entre los jugadores de ajedrez expertos durante los torneos eran similares a los de los atletas en competencias: contracciones musculares, aumento en la presión sanguínea y respiración tres veces por arriba de lo normal[143]).

Sencillamente, no se puede experimentar el flujo si no se es bueno en algo: yo nunca lo sentiré frente al tablero de ajedrez. Pero Justus y James lo sienten todo el tiempo. Durante una conversación, le pregunté a Spiegel si consideraba que sus estudiantes estaban sacrificando demasiado para tener éxito en el ajedrez. Me miró como si estuviera loco. "Lo que te falta comprender es que jugar ajedrez es maravilloso. Proporciona dicha. Es el momento en el que estás más feliz, cuando eres más tú o cuanto te sientes mejor. Creo que Justus y James piensan que no existe otra cosa que prefirieran hacer".

9. Optimismo y pesimismo

Los psicólogos llevan mucho tiempo sospechando que una persona necesita más que inteligencia para dominar el ajedrez. Pero a lo largo de un siglo, los investigadores han estado luchando por comprender exactamente qué habilidades son las primordiales. ¿Qué separa a los campeones de ajedrez de los demás competidores, si no el simple CI? La primera persona en hacerse esta pregunta en serio fue Alfred Binet, un psicólogo francés que ayudó a crear una de las primeras pruebas de inteligencia. En la década de 1890, la gente, y en particular el mundo del ajedrez, estaba cautivada por el extraño fenómeno del ajedrez con los ojos vendados, o ajedrez a ciegas. Los maestros jugaban contra varios oponentes al mismo tiempo, sin ver. Binet intentó descifrar cuál era la habilidad cognitiva detrás de este talento inusual. Su hipótesis era que los maestros del juego tenían memorias fotográficas. Debían tener la capacidad de capturar una imagen visual precisa de lo que había en cada tablero y conservarla en su memoria. Binet empezó a entrevistar a los jugadores y rápidamente descubrió que su teoría estaba completamente equivocada. Las memorias de sus jugadores no eran particularmente visuales. En vez de esto, lo que recordaban eran patrones, vectores o incluso estados de ánimo, algo que Binet describió como "un estimulante mundo de sensaciones, imágenes, movimientos, pasiones y un panorama siempre cambiante de estados de conciencia[144]".

Unos cincuenta años después, en 1946, un psicólogo holandés llamado Adriaan de Groot retomó la investigación de Binet y empezó a poner a prueba las habilidades mentales de algunos maestros de ajedrez. Sus resultados pusieron en tela de juicio otra idea preconcebida sobre la habilidad en el ajedrez: siempre se había asumido que un elemento esencial de la maestría en el ajedrez era hacer cálculos rápidos; que con cada movimiento los mejores jugadores de ajedrez eran capaces de considerar muchos más posibles resultados que los novatos. De hecho, de Groot[145] encontró que un jugador típico de ajedrez con una clasificación de 2500 consideraba, más o menos, el mismo número de jugadas que un jugador típico, con clasificación de 2000. Lo que les daba la ventaja a los mejores jugadores era que los movimientos que contemplaban resultaban ser los correctos. La experiencia les había proporcionado el instinto para saber, de manera intuitiva, qué movimientos potenciales tenían que tomar en serio y nunca consideraban las opciones menos prometedoras.

Pero si los mejores jugadores de ajedrez no tienen una memoria visual superior y no analizan los resultados potenciales más rápidamente, ¿qué los distingue de los novatos? La respuesta puede estar más relacionada con su capacidad de realizar una operación mental que se basa por igual en fortalezas psicológicas y en habilidad cognitiva: una operación llamada "falsificación".

A principios del siglo XX, el filósofo austriaco, Sir Karl Popper, escribió que la naturaleza del pensamiento científico era tal que nunca se podían verificar verdaderamente las teorías científicas; la única manera de probar la validez de una teoría en particular era tratar de demostrar que era errónea, un proceso que llamó falsificación. Esta idea se introdujo en las ciencias cognitivas, tras observar que la mayoría de las personas son bastante malas en la falsificación, no solo en la ciencia sino en la vida diaria. Al poner a prueba una teoría, sin importar sus dimensiones, no se buscan instintivamente las pruebas que la contradigan, se busca información que la corrobore, una tendencia que se conoce como "el sesgo de la confirmación". Esta tendencia y la capacidad de superarla resultan ser elementos esenciales para el éxito en el ajedrez.

En 1960, un psicólogo inglés (entusiasta del ajedrez) llamado Peter Cathcart Wason diseñó un experimento ingenioso para demostrar nuestra tendencia natural a confirmar, más que refutar, nuestras propias ideas. Se les dijo a los sujetos en el estudio que verían una serie de tres números que obedecían a cierta regla conocida solo por el experimentador. Su tarea era descifrar cuál era esta regla y lo podían hacer proponiéndole al experimentador otras tres series de números y preguntándole si cumplían la regla o no.

La serie de números que les dieron a los sujetos era bastante simple:

2-4-6

Inténtalo: ¿Cuál es tu primer instinto sobre la regla que gobierna estos números? ¿Y qué otra serie de números pondrías a prueba con el experimentador para averiguar si tu conclusión es la correcta?

Si eres como la mayoría de las personas, tu primer instinto será que la regla es de "números pares ascendentes" o "números de dos en dos". Entonces, propondrías algo así:

8-10-12

Y el experimentador diría "¡Sí! Esa serie de números también cumple la regla". Y tu confianza aumentaría. Para confirmar tu brillantez, pondrías a prueba otra posibilidad:

20-22-24

"¡Sí!", respondería el experimentador. Otra alza de dopamina. Y entonces orgullosamente expresarías tu conclusión: "La regla es: números pares ascendiendo de dos en dos".

"¡No!", rebatiría el experimentador. Resulta que la regla es "cualquier número ascendente". Por lo que 8-10-12 cumple la regla, es verdad, pero también 1-2-3 o 4-23-512.

Es posible que pienses que nunca caerías en un truco similar; serías más cuidadoso. Tal vez, pero si ese fuera el caso, estarías en la minoría. En el estudio de Cathcart Wason[146], solo uno de cada cinco participantes pudo adivinar la regla correcta. Y la razón por la fallamos en estos juegos es porque tenemos la tendencia al sesgo de la confirmación: se siente mucho mejor encontrar pruebas que confirmen lo que crees, mientras que es más difícil encontrar pruebas que falsifiquen (o contradigan) lo que consideras que es verdad. ¿Por qué salir en busca de la decepción?

Resulta que el sesgo de confirmación es un gran problema para los jugadores de ajedrez. Dos investigadoras de la Universidad de Dublín, Michelle Cowley y Ruth Byrne, con base en lo que descubrió Wason, diseñaron una entrevista[147] para miembros de la Irish Chess Union (Unión de ajedrecistas irlandeses), una entrevista para un grupo de novatos experimentados con clasificaciones alrededor de los 1500 y uno para expertos con clasificaciones entre 2000 y 2500. Les presentaron posiciones de ajedrez en un juego ya iniciado y les pidieron que eligieran el siguiente mejor movimiento. Les pidieron que, al hacerlo, grabaran en una cinta su proceso de pensamiento: qué movimientos consideraron, qué pensaban que podrían hacer sus oponentes en respuesta a cada posible movimiento, cómo pensaban que podrían responder a cada respuesta, etcétera: exactamente el proceso que todo buen jugador de ajedrez usa en el tablero. Cowley y Byrne usaron un programa de análisis de ajedrez llamado Fritz para corroborar qué tan preciso había sido el análisis de cada jugador.

No les sorprendió que los jugadores expertos analizaran sus posiciones con mayor precisión que los novatos. Para ser breves: fueron más pesimistas. Cuando los novatos encontraban un movimiento que les resultaba atractivo, tendían a caer en el sesgo de la confirmación[148]: ver únicamente cómo su jugada los llevaría al triunfo sin hacer caso de los posibles inconvenientes. Los expertos más pesimistas, en contraste, tenían más probabilidades de prever resultados terribles detrás de cada opción. Podían "falsificar" sus hipótesis y así evadir trampas.

Cuando le pregunté a Spiegel sobre el estudio de Dublín, me dijo que estaba de acuerdo en que era una buena idea que un jugador de ajedrez fuera un poco pesimista sobre el resultado de un movimiento específico. Pero cuando se trataba de la capacidad de una persona en el ajedrez era mejor ser optimista. Es como hablar en público: para pararse frente al micrófono, hace falta un exceso de confianza, si no, puede haber problemas. Parte de mejorar en el ajedrez consiste en confiar en que se tiene el poder de ganar.

Observé este fenómeno el día que visité el club de ajedrez. Antes de que Yuri Lapshun perdiera ante James Black, jugó contra otro estudiante de Intermediate School 318, Shawn Swindell, un niño de octavo grado, con una clasificación alrededor de 1950. Cuando Shawn supo que lo habían puesto a jugar con alguien que estaba más de quinientos puntos por arriba de él, se sintió acabado. Le asignaron las piezas blancas en el juego, lo cual le daba la ligera ventaja de hacer el primer movimiento, pero su primer pensamiento fue: "qué desperdicio tener las blancas". James Black, en contraste, entró a su juego con Lapshun completamente convencido de que podía derrotar al maestro internacional, una idea que podría haber parecido tonta e intrépida, pero que resultó ser completamente cierta.

10. Domingo
Cada jugador en Columbus jugó siete juegos: dos el viernes, tres el sábado y el domingo, los últimos dos.

La mayoría de los niños del equipo de Intermediate School 318 permanecían encerrados en el centro de convenciones. Solamente hacían un circuito por la zona de comida rápida, el salón donde se jugaba, sus habitaciones de hotel y el cuarto del equipo. Nadie parecía extrañar el aire fresco. En el tablero de resultados Intermediate School 318 tenía una cómoda ventaja en octavo grado y también estaba ganando, aunque con menos ventaja, en noveno. James Black había ganado sus primeros cinco juegos y después empató su sexto el domingo en la mañana. En la ronda final, el equipo de octavo parecía estar seguro de que iba a ganar el trofeo de equipos y James era uno de los cinco jugadores empatados para primer lugar general. Si ganaba su última partida, podría ganar el trofeo individual, algo que ningún otro jugador de Intermediate School 318 había logrado en los nacionales de secundaria.

El equipo de noveno tuvo una mala ronda el domingo en la mañana. Justus perdió, lo cual fue un poco sorprendente, y de entre los otros cuatro jugadores con posibilidades de ser de los más altos del equipo, dos perdieron, uno empató y solo uno ganó. Todavía estaban en primer lugar al entrar a la última ronda, pero su ventaja disminuía. Para Spiegel, la situación le trajo malos recuerdos del año anterior, cuando su equipo de noveno llevaba medio punto de ventaja al entrar a la séptima y última ronda y luego falló seriamente: cada uno de los mejores seis jugadores del equipo perdió su último juego e Intermediate School 318 descendió del primer lugar al tercero ("La escala de la falla fue inaudita", escribió Spiegel en su blog).

Este año, la ronda final estaba programada para iniciar a las 2:00 p.m. y veinte minutos antes James estaba sentado frente a Prilleltensky discutiendo estrategias. James jugaría con las negras contra Brian Li, un estudiante de octavo grado de un suburbio de Washington, D.C., y tenía la sensación de que Li iba a usar el "Ataque Grand Prix". Su conversación con Prilleltensky fue técnica, mucho de lo que dijeron era incomprensible para mí (¿debía jugar d5 o e5 en su tercera movida?, ¿qué pieza debía atacar d6?), pero poco después resultó claro que lo que James realmente quería era que Prilleltensky le diera un empujón a su confianza: una especie de afirmación de que James conocía la apertura correcta y, además, que sabía lo que estaba haciendo, en general.

Un par de minutos antes de las dos de la tarde, los dos empezaron a caminar hacia el salón. James se veía nervioso. Subieron a la escalera eléctrica juntos.

"James, recuerda: calmado, concentrado, confiado. ¿De acuerdo?", dijo Prilleltensky

James miró hacia el techo. "Estoy nervioso", dijo en voz baja.

Pero Prilleltensky intervino: "¿Tú estás nervioso?, ¿sabes

quién está realmente nervioso ahora?, Brian Li, quien, probablemente hace unos veinte minutos, fue a ver con quién le
tocaba jugar y vio que jugaba en la última ronda contra 'James
Black', en el primer tablero. Puedo decirte en este momento que en todo el torneo, tal vez en toda su vida, no tuvo un
competidor que lo asustara tanto como tú, ¿sabes?"

James sonrió.

Isaac Barayev, el compañero de equipo de James, dijo: "Si
ganas, creo que tendrás...".

Prilleltensky interrumpió la frase. No quería que James
estuviera pensando en terminar en primer lugar ni en trofeos
o resultados, solo en el ajedrez. Volteó a ver a James de nuevo. "Haz lo que sabes hacer James. Juega lentamente, tómate
tu tiempo, ten confianza. Sabes lo que haces, ¿de acuerdo?"

Y James sí lo sabía, como se pudo ver. Jugó contra Brian
Li durante tres horas y diez minutos. En cierto momento,
James pensó que iba a tener que conformarse con un empate,
pero entonces, en el movimiento veintisiete, Brian hizo un
intercambio poco común: cambió su reina por una torre y un
alfil. A partir de ese punto, James se sintió en control. Finalmente, en el movimiento cuarenta y ocho, su caballo capturó
un peón crítico y Brian, dándose cuenta de que la derrota era
inevitable, renunció. James había ganado el campeonato individual y su victoria significaba que los alumnos de octavo
habían obtenido el campeonato por equipos (los de noveno
también lograron ganar en su división). James sacó el celular
para llamar a su padre.

Spiegel estaba emocionada por la victoria de James, pero el
momento más emotivo del torneo para ella fue cuando Danny
Feng, un niño de octavo grado, anunció que él también había ganado, lo cual le había dado seis victorias en un torneo
de siete rondas. No fue tanto el resultado lo que conmovió a
Spiegel, sino la manera en que había jugado. Ella fue la maestra
principal de Danny desde que empezó el sexto grado, cuando
era un verdadero novato que apenas sabía cómo se movían las

piezas. Prácticamente ella le había enseñado todo lo que sabía.

Danny colocó un tablero para mostrar su victoria, que no fue fácil: había cometido un error mayúsculo al inicio, perdiendo un peón de inmediato, un error de principiante, pero luchó de nuevo hasta que, al final, obtuvo una pequeña ventaja, una torre y un peón contra la torre de su oponente. Era una posición difícil de ganar, el tipo de final que con frecuencia termina en un empate. Pero Danny había logrado sacarlo, movimiento a movimiento, lentamente empujando su peón hacia adelante en el tablero hasta coronarlo como reina. Por lo general, cuando Danny analizaba sus juegos con un maestro o entrenador, movía sus piezas con timidez, pero esta vez las estaba azotando, como hacían Shawn y James, claramente orgulloso de sí mismo. Spiegel no pudo evitarlo, era un cierre de juego que ella le había enseñado, y cuando lo vio ejecutar los últimos movimientos perfectamente, empezó a llorar.

Los estudiantes que estaban presentes no lo podían creer. Más tarde, en el elevador del hotel, Warren Zhang le dijo a Prilleltensky: "¿En verdad estaba llorando la señorita Spiegel por el juego de Danny?"

"Claro, fue un juego muy hermoso[149]", respondió Prilleltensky.

11. La prueba

El siguiente mes, Intermediate School 318 logró algo todavía más sorprendente: James, Justus, Isaac y Danny llegaron a medio punto de ganar los nacionales de bachillerato a pesar de que ninguno de ellos llegaba todavía a ese nivel escolar. Derrotaron a equipos de los mejores bachilleratos del país: Bronx Science y Stuyvesant de Nueva York, Whitney Young de Chicago, Lakeside School de Seattle (el *alma mater* de Bill Gates), antes de perder en la última ronda contra el equipo del bachillerato Hunter College.

A pesar de sus grandes victorias en Columbus, James Black ganó solamente once puntos de clasificación en el torneo de secundaria, pasando de 2149 a 2160, todavía a cuarenta puntos de ser maestro. El resto de la primavera su clasificación estuvo oscilando, acercándose a 2200 y luego retrayéndose. Finalmente, en julio James derrotó a Michael Finneran, un joven de dieciocho años de Connecticut, y su clasificación llegó a 2205. Era maestro nacional. A principios de septiembre, James celebró con una fiesta en Fulton Park, en el corazón de Bedford-Stuyvesant. Los invitados le regalaron a James un pastel de betún blanco decorado con una fotografía de él mismo ante un tablero de ajedrez. También asistió Maurice Ashley, el primer y único gran maestro afroamericano, quien incorporó a James, Justus y Joshua Colas, un niño de White Plains, Nueva York, a una asociación recién fundada llamada *Young Black Masters Club*. Un año después de que Justus se convirtiera en el primer maestro afroamericano de menos de quince años, ahora había tres menores de trece, un motivo de orgullo, no solo para sus familias sino para todos los jugadores negros de ajedrez y los fanáticos de todo el país.

Spiegel habló frente a todos y dijo que aunque estaba muy orgullosa del logro de James, estaba más orgullosa de la determinación que había demostrado. Relató que durante el último año, frecuentemente se había acercado a unos cuantos puntos del 2200 y luego, una y otra vez, volvía a caer. "Imaginen lo frustrante que eso debe ser. Y, para añadir mayor desencanto, todos estaban preguntándole cómo le había ido, esperando que ya hubiera llegado. Por más de un año, James estudió, resolvió tácticas, jugó, analizó sus juegos, confrontó sus propios errores y malentendidos y no se dio por vencido. En el último año ha jugado trescientos un juegos, en sesenta y cinco torneos. Juega en torneos hasta las once de la noche y luego se levanta temprano todas las mañanas para hacer treinta minutos de tácticas antes de ir a la escuela. Ha trabajado muy duro, pacientemente, durante mucho tiempo. Eso es lo que más respeto de James".

En la primavera, justo después del torneo de secundaria, Spiegel se asignó una nueva misión. El siguiente octubre, miles de estudiantes de Nueva York del octavo grado presentarían el difícil examen conocido como el *Specialized High School Admissions Test*. Los estudiantes que tuvieran buenos resultados, serían admitidos a uno de los prestigiados y selectos bachilleratos de la ciudad, incluyendo Stuyvesant, Brooklyn Tech y Bronx Science. Decidió ofrecerse como voluntaria para entrenar a James para esta prueba. John Galvin, el subdirector, le advirtió que no había manera de que un estudiante que había tenido resultados por debajo del promedio en las pruebas estandarizadas estatales pudiera tener un buen resultado en el examen de una escuela especializada. Pero Spiegel había observado a James absorber el conocimiento del ajedrez sorprendentemente rápido y tenía fe en su propia capacidad de enseñanza. "Calculo que en seis meses, si está comprometido y dispuesto a trabajar, le puedo enseñar a un niño listo cualquier cosa", me dijo en un correo electrónico.

Sin embargo, a mediados de julio, Spiegel me dijo que empezaba a desilusionarse. Trabajaba rigurosamente con James y él estaba haciendo un esfuerzo, incluso en medio del caluroso verano, pero resultaba intimidante la cantidad de cosas que él no sabía. No podía localizar África o Asia en un mapa. No podía nombrar ni un solo país europeo. Cuando hacían pruebas de comprensión de lectura, no reconocía palabras como infante, comunitario o benéfico. Para septiembre, estaban trabajando juntos después de la escuela y también durante algunas horas los fines de semana. Spiegel empezaba a desesperarse, intentando mantener elevado el ánimo de James mientras que el suyo se desplomaba. Cuando James se deprimía y decía que no era bueno en las analogías o en la trigonometría, Spiegel le respondía alegremente que era igual que el ajedrez: "Unos años antes no eras bueno en el ajedrez y luego conseguiste entrenamiento especializado, trabajaste duro y lo dominaste. Vamos a darte entrenamiento especializado en esto también y entonces te harás bueno". Pero no le estaba diciendo lo difícil que es en realidad.

James representaba para mí (y para Spiegel) un reto intrigante. Era un joven con una gran inteligencia (no se puede derrotar a un gran maestro ucraniano sin grandes cantidades de ella) y parecía ser un caso de estudio de la determinación: tenía una meta clara que le apasionaba y trabajaba ardua, incansable y efectivamente para alcanzarla. Sin embargo, según estándares de éxito académico, seguía por debajo del promedio, destinado a un futuro mediocre. Cuando Spiegel habló conmigo sobre el estudio con James, a veces sonaba sorprendida sobre la poca información no relacionada con el ajedrez que le habían enseñado en la vida. "Me enojo por él. Conoce lo básico de las fracciones, pero no sabe nada de geometría, no entiende la idea de escribir una ecuación. Está en el nivel que yo estaba en el segundo o tercer grado. Siento que debería haber aprendido más".

Los conocimientos evaluados en la prueba de admisión de esa escuela especializada son, por diseño, algo que no es sencillo aprender en poco tiempo. Al igual que el SAT, refleja el conocimiento y habilidades que un estudiante ha adquirido a lo largo de los años, mucho de lo cual se absorbe de manera invisible a través de la infancia, de la familia y de la cultura. ¿Qué hubiera sucedido si James hubiera empezado a estudiar para el examen de escuela especializada en el tercer grado en vez del séptimo?, ¿qué hubiera pasado si hubiera invertido la misma energía y recibido la misma ayuda para aprender matemáticas, lectura y conocimientos generales como lo hizo con el ajedrez?, ¿qué ocurriría si hubiera trabajado en todas las materias con maestros tan creativos y comprometidos como Spiegel y Prilleltensky? No dudo que hubiera conquistado el examen de la misma manera en que conquistó los nacionales de secundaria.

Por supuesto, no tiene mucho sentido hablar sobre James en pasado, apenas tiene doce años. Finalmente no ingresó a Stuyvesant, pero le quedan cuatro años de bachillerato por delante (en los cuales sin duda aplastará a todos los jugadores de ajedrez del equipo de Stuyvesant). Tal vez no sea posible convertirlo en un estudiante de elite en seis meses, como esperaba Spiegel. Pero ¿qué tal en cuatro años? Para un estudiante con sus dones prodigiosos, todo parece posible, siempre y cuando haya un maestro que logre hacer que el éxito en la escuela suene tan atractivo como el éxito en el ajedrez.

4. CÓMO TRIUNFAR

1. El enigma de la universidad

Durante la mayor parte del siglo XX, Estados Unidos estuvo por encima del mundo en lo que respecta a la calidad de su sistema de educación superior y el porcentaje de jóvenes que lograban cursarlo exitosamente. A mediados de la década de 1990[150], la tasa de graduación de la universidad en los E.U. era la más alta del mundo y constituía más del doble que el promedio de los países desarrollados. Pero la jerarquía global de educación está cambiando rápidamente. Muchos países, tanto desarrollados como en desarrollo, están en medio de una explosión, sin precedentes, de graduados de universidad; y en las últimas dos décadas, Estados Unidos ha pasado del primero al decimosegundo lugar en el porcentaje de jóvenes entre veinticinco y treinta y cuatro años graduados de un programa universitario de cuatro años[151], por debajo de una lista diversa de competidores que incluye a Reino Unido, Australia, Polonia, Noruega y Corea del Sur.

La tasa de terminación de la universidad en Estados Unidos, en general no ha descendido, simplemente su crecimiento ha sido muy lento, mientras que las tasas de otras naciones se han disparado. En 1976, veinticuatro por ciento de los estadounidenses de casi treinta años tenían un título universitario[152]; treinta años después, en 2006, la cifra asciende solamente a veintiocho por ciento. Pero ese número aparentemente estático oculta una creciente división entre clases. Entre 1990 y 2000 la tasa de terminación de licenciaturas entre los estudiantes de clase alta (con al menos un padre con título universitario) subió de 61 a 68 por ciento, mientras que, según un análisis, la tasa entre los jóvenes en mayor desventaja[153] (estudiantes de ingresos más bajos con padres que no se graduaron de la universidad) descendió de once a nueve por ciento. En esta creciente desigualdad, tal vez no parezca sorprendente la tendencia, que sólo es un indicador de la manera en la que están separadas que las clases en Estados Unidos. Pero vale la pena recordar que durante la mayor parte del siglo pasado las cosas fueron muy distintas.

Como señalan los economistas de Harvard, Claudia Goldin y Lawrence Katz, en su influyente libro de 2008 *The Race Between Education and Technology (La competencia entre la educación y la tecnología)*, la historia de la educación superior en Estados Unidos en el siglo XX fue esencialmente una historia de democratización. Solo cinco por ciento de los hombres estadounidenses nacidos en 1900 se graduaron de la universidad y ese cinco por ciento pertenecía a todas las elites: ricos, blancos, con buenas relaciones. Pero entre 1925 y 1945, el porcentaje de hombres que se graduaron de la universidad se duplicó[154], de 5 a 10 por ciento, y se triplicó entre 1945 y 1965, gracias, en gran parte, a la aprobación de la ley que concedía beneficios a los veteranos de guerra, lo cual ayudó a que millones de soldados estadounidenses terminaran la universidad (para las mujeres, el aumento en la tasa de graduación de la universidad fue bastante modesto hasta principios de la década de 1960, pero después de eso, rebasó por mucho a la tasa de crecimiento de los hombres). Como resultado, las universidades estadounidenses se volvieron menos elitistas y más diversas; los hijos de los obreros se sentaban en salas de conferencias y laboratorios al lado de los hijos de los dueños de las fábricas. En esos años el "ascenso social debido a la educación caracterizó a la sociedad estadounidense. Cada generación alcanzó un nivel de educación que excedía, por mucho, a la previa[155]". Pero ahora ese progreso está estancado, y el sistema de educación superior de la nación ha dejado de ser el instrumento de movilidad social e igualdad creciente que fue durante gran parte del siglo XX.

Hasta hace poco, los creadores de políticas educativas de E.U.[156] estaban concentrados en el acceso a la universidad, cómo aumentar el número de jóvenes que se graduaran del bachillerato y se inscribieran en la universidad (especialmente de aquellos en desventaja). Pero en los últimos años, ha quedado claro que el problema en Estados Unidos no es tanto el acceso limitado a la universidad, sino los obstáculos y la desigualdad para la terminación de la universidad. Entre los treinta y cuatro países miembros de la OCDE (Organización para la Cooperación y Desarrollo Económico), Estados Unidos todavía tiene un respetable octavo lugar[157] en su tasa de inscripción a la universidad. Pero en lo que respecta a la terminación, el porcentaje de graduados de Estados Unidos los ubica en el penúltimo lugar, por arriba solamente de Italia. Hace poco, Estados Unidos era el líder mundial en producción de graduados universitarios. Ahora es el líder en desertores de la universidad.

Lo más confuso es que este fenómeno ha ocurrido en un momento en el cual el valor de poseer una educación universitaria se ha disparado. Un estadounidense con licenciatura puede ganar 83 por ciento más[158] que uno que solo tenga un diploma de bachillerato. Esta prima salarial para un graduado universitario, está ente las más altas del mundo desarrollado y ha aumentado dramáticamente desde 1980, cuando los graduados universitarios ganaban apenas 40 por ciento más que quienes sólo concluyeron el bachillerato. Como lo plantean Goldin y Katz, actualmente un joven estadounidense que no logra terminar la universidad "está dejando tiradas en la calle grandes cantidades de dinero[159]".

Así que nos quedamos con ese enigma: ¿por qué tantos estudiantes en E.U. están desertando de la universidad cuando el título se ha vuelto algo tan valioso y cuando los jóvenes del resto del mundo han empezado a graduarse en cantidades sorprendentes?

2. La línea de meta

Hasta ahora, la mejor respuesta a esta pregunta proviene de un libro de 2009 titulado *Crossing the Finish Line: Completing College at America's Public Universities (Cruzar la línea de meta: terminar la universidad en las universidades públicas de Estados Unidos)*, una colaboración entre William G. Bowen, presidente de la Universidad de Princeton de 1972 a 1988; Michael S. McPherson, quien fungió como presidente del Macalester College en Minnesota, y el investigador Matthew Chingos. Debido a su posición en el sistema educativo, Bowen y McPherson pudieron persuadir a sesenta y ocho universidades públicas, así como al College Board y ACT: American College Test (Examen americano de la universidad), de que les proporcionaran acceso a datos académicos detallados de unos doscientos mil estudiantes[160]. En estos datos encontraron algunos hechos sorprendentes sobre qué estudiantes terminan con éxito la universidad, qué estudiantes desertan y por qué.

En algunos casos, el fenómeno de deserción se explica como un problema de ambición excesiva y poco realista de parte de muchos estudiantes, en especial los de bajos ingresos. El autor conservador, Charles Murray afirma, en su libro *Real Education (Educación real)*, que la verdadera crisis en la educación superior de E.U. no es que muy pocos jóvenes estudien en la universidad sino que demasiados acceden a ella. Debido a la tendencia natural de los estadounidenses hacia un "romanticismo educativo[161]" Murray sugiere que presionamos a los estudiantes a asistir a la universidad aunque carezcan de la inteligencia suficiente para estar ahí. Los orientadores vocacionales de los bachilleratos y los funcionarios de admisiones de las universidades están perdidos en una "niebla de ilusiones e igualitarismo bien intencionado[162]" y promueven que estudiantes de escasos ingresos y bajo CI asistan a universidades que son demasiado exigentes intelectualmente. Pero cuando estos estudiantes descubren que no poseen la inteligencia necesaria para hacer el trabajo, desertan. Murray, coautor de *The Bell Curve (La curva de la campana)*, es el determinista cognitivo más conocido del país y su argumento es una expresión pura de la hipótesis cognitiva: lo que importa en el éxito es el CI, que es fijo desde los inicios de la vida. La educación no sirve para proporcionar habilidades sino para darles (a quienes tienen el mayor CI) la oportunidad de alcanzar su pleno potencial.

Pero cuando Bowen, McPherson y Chingos prestaron atención a sus datos, encontraron que los estudiantes de bajos recursos, por lo general, no estaban sobreestimando sus habilidades al elegir sus universidades. Muchos de ellos, asistían a escuelas muy por debajo de lo que podían alcanzar, según indicaban sus GPA y calificaciones de pruebas estandarizadas. Este fenómeno, que los autores denominaron subestimación, no sucedía frecuentemente en los casos de los estudiantes más ricos. En Carolina del Norte, el estado donde los investigadores recolectaron los datos más completos, tres de cada cuatro estudiantes de clase alta con el GPA y las calificaciones necesarias para ingresar a una de las universidades públicas estatales más selectivas asistieron a una de estas escuelas. Para ellos, el sistema funciona. Pero entre los estudiantes que tenían las mismas habilidades académicas distinguidas[163], pero que sus padres no habían asistido a la universidad, solamente una tercera parte elegía ir a una escuela altamente selectiva. Y elegir una universidad menos exigente no aumenta las probabilidades de que esos estudiantes calificados se gradúen, sino lo contrario: la subestimación es un gran error.

Los autores también descubrieron que el predictor más certero de terminación de la universidad no eran sus calificaciones en el SAT o el ACT, los dos exámenes estandarizados de admisión a la universidad. Las calificaciones de ACT revelaban muy poco sobre las probabilidades de graduarse de la universidad, sin embargo, el GPA del bachillerato era un mejor predictor[164].

Para la gente involucrada en el proceso de admisión a la universidad, este hallazgo fue sorprendente; en esencia es la negación de uno de los pilares fundamentales de la meritocracia del siglo XX en Estados Unidos. En el libro *The Big Test (La gran prueba)*, sobre las pruebas estandarizadas de admisión a la universidad, Nicholas Lemann explica que el SAT se inventó en los años posteriores a la Segunda Guerra Mundial[165], debido al creciente escepticismo sobre el poder de predicción de las calificaciones del bachillerato. ¿Cómo podía compararse a diferentes estudiantes con promedio de 3.5, uno de una escuela de los suburbios de California, otro proveniente de un bachillerato rural en Pennsylvania o de una escuela urbana en el South Bronx? El SAT se diseñó para corregir ese problema, para proporcionar una herramienta objetiva que resumiera la capacidad del estudiante de tener éxito en la universidad con un solo número indisputable. Pero en las universidades que Bowen, Chingos y McPherson examinaron, las calificaciones del bachillerato resultaron ser excelentes predictores de la graduación de la universidad, sin importar dónde asistiera el estudiante. Es cierto que un alumno con un GPA de 3.5 de un bachillerato de alta calidad tenía más probabilidades de graduarse que un estudiante con un 3.5 de una escuela de baja calidad, pero la diferencia era muy modesta. Como lo plantearon los autores: "Los estudiantes con muy altas calificaciones en el bachillerato que asistieron a escuelas no muy buenas tuvieron un alto porcentaje de graduación de las universidades a las cuales asistieron[166]".

Y cuando Angela Duckworth, la preceptora del autocontrol y la determinación, analizó el GPA[167] y los resultados de las evaluaciones estandarizadas entre los estudiantes de secundaria y bachillerato, encontró que los resultados se podían predecir con las cifras de las pruebas de CI y que el GPA se predecía por los resultados de las evaluaciones de autocontrol. Si se unen los resultados de Duckworth con los descubrimientos de *Crossing the Finish Line*, se llega a una conclusión bastante sorprendente: las probabilidades de que un estudiante se gradúe de una universidad estadounidense no están necesariamente relacionadas con qué tan inteligente es. Más bien tiene que ver con la lista de fortalezas de carácter, que resultan en altos GPA en la secundaria y el bachillerato. "Según nuestro punto de vista las calificaciones de bachillerato revelan mucho más que el dominio del contenido. Muestran cualidades de motivación y perseverancia, así como la presencia de buenos hábitos de estudio y estrategias de administración del tiempo, que nos dicen mucho sobre las probabilidades que tiene un estudiante de completar un programa universitario[168]", aseguran Bowen, Chingos y McPherson.

Por supuesto, es posible que, una vez que el estudiante llegue a la adolescencia, esas habilidades o hábitos ya no se puedan enseñar. Pero hay que recordar la capacidad de Elizabeth Spiegel de reconstruir las habilidades de sus ajedrecistas de secundaria. Podemos recordar la manera en que Lanita Reed ayudó a Keitha Jones a cambiar toda su perspectiva de la vida, esencialmente ayudándola a reprogramar su personalidad, a la avanzada edad de diecisiete años. En cada caso, un maestro o mentor encontró la manera de ayudar a un estudiante a transformarse de manera rápida e inesperada, usando lo que James Heckman llamaría habilidades no cognitivas y lo que David Levin llamaría fortalezas de carácter. ¿Qué sucedería si pudiéramos ayudar a grandes cantidades de adolescentes a desarrollar habilidades mentales y fortalezas de carácter que necesitarían para graduarse de la universidad?

3. Uno de treinta

De primera impresión, Jeff Nelson, el Gerente General de OneGoal, no parece un revolucionario. Es sumamente organizado y parece estar cómodo mientras está rodeado de las herramientas típicas del reformista educativo moderno:

presentaciones de PowerPoint, consultores administrativos y planes estratégicos, sin embargo, su visión de la reforma educativa es profundamente heterodoxa, un reto completo a la hipótesis cognitiva.

Nelson creció en Wilmette, una comunidad adinerada de Chicago, básicamente demócrata, un refugio seguro para las causas progresistas y nociones de justicia social, aunque esas nociones con frecuencia se expresan de manera abstracta y distante, a través de donaciones a Amnistía Internacional. Desde una temprana edad, sin embargo, Nelson se vio atraído a un asunto más cercano: los retos que enfrentaban los niños de la metrópolis, a veinticinco kilómetros al sur. Nelson leyó el libro de Alex Kotlowitz *There Are No Children Here (Aquí no hay niños*[169]*)*, la desgarradora historia de dos niños afroamericanos que vivían en Henry Horner Homes, un proyecto habitacional de edificios altos, deprimentes y peligrosos, ubicado en el West Side de Chicago. "El libro destruyó un poco mi visión del mundo. Despertó algo en mí", me dijo Nelson.

Nelson asistió al bachillerato New Trier Township, que es legendario en Chicago por su suntuoso campus y sus elegantes instalaciones, solventadas por los impuestos a la propiedad que se cobran en los lujosos hogares de Wilmette y algunas poblaciones aledañas.

En el libro de 1991, *Savage Inequalities (Desigualdades salvajes)*, el periodista Jonathan Kozol eligió New Trier como su bachillerato arquetípico de privilegio, catalogando sus estudios de danza, salones de esgrima y clases de latín y contrastando la "superfluidad de oportunidad[170]" que gozaban sus estudiantes con la "negación de oportunidad" experimentada por los estudiantes de Du Sable High, una escuela de South Side a la cual se le "descalificaría o probablemente se le cerraría si estuviera sirviendo a una comunidad blanca de clase media[171]". Nelson leyó el libro de Kozol en su clase de sociología durante su primer año en la Universidad de Michigan, y esto incrementó su determinación por encontrar una manera de revertir los patrones que describió Kozol y brindar al menos una pequeña muestra de la oportunidad que disfrutaban los estudiantes de New Trier a los estudiantes de escuelas como Du Sable.

Después de graduarse, Nelson se unió a Teach for America y enseñó al sexto grado de una escuela pública de estudiantes muy pobres en South Side llamada O'Keeffe Elementary, más o menos a un kilómetro y medio de Du Sable. Era maestro de una clase avanzada y logró elevar las capacidades de lectura y matemáticas de sus estudiantes. En su segundo año, se ganó el reconocimiento como el mejor maestro de Teach for America en la región de Chicago. Fue entrenador del equipo de futbol de la escuela, ayudó a formar un consejo estudiantil y se relacionó con muchos de sus estudiantes, visitando sus casas y conociendo a sus padres.

Desde su primer día en O'Keeffe, Nelson habló con sus estudiantes incesantemente sobre la universidad. Todos eran afroamericanos de familias de bajos recursos y pocos tenían padres que se hubieran graduado de la universidad, pero Nelson les prometió que si trabajaban arduamente, podrían ir a la universidad y se graduarían. Entonces, una mañana de abril de 2006, Nelson tomó el periódico *Chicago Tribune* y leyó el artículo de primera plana[172], basado en un informe del Consortium on Chicago Schools Research (Consorcio de escuelas de investigación de Chicago) que desafiaba su promesa. Según el consorcio, solamente ocho de cada cien estudiantes[173] que empezaban el bachillerato en las escuelas públicas de Chicago se graduarían de una carrera universitaria de cuatro años. Para los niños afroamericanos, las probabilidades eran aun peores: uno de cada treinta varones que ingresaban al bachillerato[174] en la ciudad se graduarían de una carrera universitaria de cuatro años, para cuando tuvieran veinticinco años de edad. Para Nelson, las cifras eran muy deprimentes: incluso si lograba crear el salón de clases de sexto grado más eficiente de la ciudad, ¿podría eso ayudar a sus alumnos a contrarrestar esas probabilidades tan terribles?

La experiencia de Nelson en O'Keeffe Elementary lo convenció de dos cosas: primero, que pasaría el resto de su vida trabajando en el área de la reforma educativa, segundo, que a pesar de su éxito en el aula no estaba destinado a ser maestro. Al preparase para dejar O'Keeffe, la oficina nacional de Teach for America le ofreció empleo como director ejecutivo de la organización en Chicago, una responsabilidad muy grande para un joven de veinticuatro años. Parecía ser el trabajo de sus sueños, pero a última hora, por razones que no lograba entender del todo y mucho menos verbalizar, decidió rechazarlo. Fue una decisión muy difícil.

"Decir que no a Teach for America me frustró más allá de cualquier otra cosa. Estaba tan cerca de encontrar la manera de tener un gran impacto, pero por alguna razón no sentía que fuera el rol correcto", me dijo.

La historia del *Chicago Tribune* lo ayudó a convencerse de que había una pieza faltante en el panorama de la reforma educativa, un programa, sistema o herramienta que ayudara a jóvenes no solo a llegar a la universidad sino a graduarse. "Deseaba con desesperación encontrar una organización, o iniciar una, que cerrara la brecha entre el bachillerato y la universidad. Cada uno de nosotros en Teach for America trabajaba muy duro, generando resultados en el salón de clases, pero si nuestros niños no se graduaban de la universidad, ¿qué importaba?", me comentó.

Haber rechazado el empleo de Teach for America provocó una crisis en el espíritu de Nelson, un periodo de profundas luchas internas que duró casi seis meses. Siempre había sido una persona muy ocupada, un adicto al trabajo y, de pronto, dejó de tener responsabilidades oficiales, nada que hacer salvo pensar sobre su vida: hacia dónde iba y qué significaba. Ocasionalmente, recibía llamadas de algunos padres de familia de O'Keeffe, quienes le comentaban a Nelson que sus antiguos alumnos empezaban a perder las ventajas adquiridas el año anterior y le preguntaban qué podían hacer para que sus hijos regresaran al camino correcto.

Nelson no sabía qué decir ni cómo ayudar, estaba en una creciente depresión y buscaba alivio en diversas religiones, en la poesía, etcétera. Fue un periodo extraño e intenso. Pero Nelson piensa que estaba buscando una vocación. Estaba intentando encontrar su misión.

4. La llamada

En enero de 2007, Nelson recibió una llamada de Eddie Lou, un joven inversionista de Chicago que unos años antes había iniciado una pequeña sociedad sin fines de lucro con dos amigos. Uno de ellos, Matt King, era maestro en el bachillerato vocacional Dunbar, en South Side. Su joven organización, denominada Urban Students Empowered Foundation, administraba y mantenía un programa de actividades después de clases para un grupo de estudiantes de los dos últimos años del bachillerato. Era una especie de campamento de preparación para la universidad: King asesoraba a los estudiantes para que aumentaran su GPA y mejoraran sus calificaciones de ACT, les ayudaba a decidir a qué universidades solicitar ingreso, los apoyaba en el proceso de conseguir apoyo financiero y hablaba con ellos sobre cómo sobrevivir a la universidad. Aunque el programa era pequeño (la primera generación de siete estudiantes ya se había graduado y acababa de entrar a la universidad; una segunda generación del último año en Dunbar estaba logrando resultados impresionantes). Los estudiantes habían elevado sus calificaciones de ACT de 15 a 18 y estaban pasando del quince al treinta y cinco por ciento a nivel nacional. Sus GPA también mejoraron y todos los estudiantes que entraron al programa ingresaron a la universidad.

Lou, un empresario que había estado involucrado en varias empresas tecnológicas, quería expandir el programa más allá de una clase después de la escuela, pero entonces King consiguió otro empleo, como subdirector de una escuela subsidiada local, y decidió que no podía seguir dirigiendo el programa. Así que Lou y su socia, Dawn Pankonien, una estudiante de doctorado de Northwestern, empezaron a buscar un nuevo director ejecutivo, alguien que no solo pudiera revivir el programa de King, sino que también lo pudiera convertir en algo más ambicioso. Entrevistaron a más de veinte candidatos, pero ninguno parecía ser el adecuado. Estaban a punto de cerrar la organización cuando, a través de un conocido común en Teach for America, encontraron a Jeff Nelson.

La junta directiva, los tres fundadores y un par de personas de finanzas le ofrecieron el trabajo de director ejecutivo y rápidamente aceptó "sin hacer mucha investigación". Si la hubiera hecho, habría averiguado que la organización no tenía empleados, ni oficina, ni plan de negocios, y poseía apenas seis mil dólares en el banco, necesarios para cubrir los costos de operación durante diez días.

Nelson se dio cuenta de que había rechazado un trabajo con la organización más grande y establecida de reforma educativa del país y, en cambio, había aceptado una posición en una de las más pequeñas y menos establecidas. Pero, extrañamente, parecía ser la decisión correcta.

Nelson le dijo a la junta que necesitaba seis semanas para diseñar un plan para el futuro de la organización. Reclutó dos maestros de Teach for America para que trabajaran con él, como pasantes sin goce de sueldo, durante sus vacaciones de verano. Pankonien ofreció trabajar sin sueldo unos meses también. Un conocido que era corredor en el *Mercantile Exchange* les ofreció su departamento para que lo usaran durante el día, mientras él trabajaba. El lugar se convirtió en la oficina no oficial de la organización. Los cuatro se sentaban en los sillones de la sala con sus celulares y laptops personales. El único bien que era propiedad de la organización era una impresora. Cinco años después, Urban Students Empowered tiene un nuevo nombre, OneGoal, y está constituido por un equipo administrativo de quince personas, un presupuesto anual de 1.7 millones de dólares y más de mil doscientos estudiantes en veinte bachilleratos de Chicago, inscritos en un curso de tres años basado en el programa de King pero mucho más grande e intensivo.

Nelson piensa que los estudiantes de bajo rendimiento en el bachillerato se pueden transformar rápidamente en estudiantes exitosos de universidad, pero es casi imposible que logren hacer esa transición sin la ayuda de un maestro muy eficiente. Así que Nelson y su equipo peinaron la ciudad en busca de maestros de bachillerato, motivados y ambiciosos, a veces en las escuelas subsidiadas o en bachilleratos tradicionales de Chicago ubicados en barrios de bajos recursos (Fenger es una de esas escuelas). OneGoal estableció una sociedad única con las escuelas públicas de Chicago que le permite trabajar directamente e individualmente con maestros para ayudarles a administrar los programas de OneGoal. Los maestros permanecen como empleados de tiempo completo del sistema de educación pública, aunque reciben apoyos extrasalariales por el trabajo adicional que realizan. Cuando un maestro ingresa a OneGoal, recluta a veinticinco estudiantes de bajo rendimiento (con un promedio de GPA de 2.8) pero con una chispa de ambición. El maestro se queda con ese grupo durante tres años. En los dos últimos años del bachillerato, OneGoal es un curso académico de tiempo completo, con un currículo diseñado por el equipo de Nelson. Y cuando los estudiantes entran a la universidad, el maestro se mantiene en contacto cercano con ellos, ya sea por teléfono, correo electrónico o Facebook, respondiendo preguntas, manteniendo conversaciones regulares en línea y brindándoles apoyo y consejo.

Hay tres elementos principales del currículo de OneGoal. El primero y más directo es una unidad intensiva de preparación para el ACT, diseñado para darles a los estudiantes el conocimiento esencial de contenidos y estrategias para hacer exámenes que elevan sus puntuaciones. Actualmente, los maestros de OneGoal pueden ayudar a sus estudiantes a mejorar tres puntos en su promedio ACT y ayudarlos a subir del quince al treinta y cinco por ciento.

El segundo elemento es lo que Jeff Nelson llama un "mapa hacia la universidad". Cuando Nelson estaba planeando el currículo, con frecuencia pensaba en el proceso en New Trier: la oficina de orientación vocacional en la que ocho consejeros de tiempo completo trabajan en la planeación para la universidad con los estudiantes y sus padres. "Te proporcionan un camino increíblemente claro y estructurado desde mediados del bachillerato hasta el día que entras al campus de la universidad", me explicó Nelson y reconoció que carecía de los recursos para trasplantar ese mecanismo a South Side.

"Pero había fragmentos de lo que se hacía en New Trier que podían traducirse a las escuelas de bajos ingresos y que podrían generar una impresionante diferencia".

Así que los estudiantes de OneGoal reciben ayuda en todas las estrategias de admisión de la universidad: desde el llenado de las solicitudes, hasta la elección de las escuelas adecuadas (sin subestimarlas); la decisión de ingresar a escuelas cercanas a sus casas o lejanas; la escritura de ensayos de ingreso interesantes; la búsqueda de becas, etcétera.

"De todas maneras, para nosotros era obvio que un mapa no sería suficiente. Podríamos darles a nuestros estudiantes una idea clara de cómo llegar a la universidad, pero también debíamos entrenarlos para tener éxito cuando llegaran ahí. Necesitábamos enseñarles a ser gente altamente efectiva".

Para esta parte de la ecuación, Nelson estaba influenciado por la investigación de bachilleratos realizada por el Consortium on Chicago Schools Research y particularmente en el trabajo de la analista Melissa Roderick, quien identificó como un componente crítico para el éxito en la universidad las "habilidades académicas no cognitivas[175]" que incluían habilidades de estudio, hábitos de trabajo, administración del tiempo, solicitud de ayuda y habilidades de resolución de problemas sociales/académicos". Roderick, que tomó prestado el término "no cognitivo" del trabajo de James Heckman, señaló que estas habilidades estaban en una grave discordancia entre los bachilleratos y las universidades estadounidenses. Cuando se diseñó el sistema actual de bachilleratos, la meta principal no era preparar a los estudiantes para la universidad sino para el trabajo, que en aquel entonces no valoraba el pensamiento crítico ni las capacidades de resolución de problemas.[176] Así que el bachillerato estadounidense tradicional nunca pretendió ser un sitio donde los estudiantes aprendieran a pensar profundamente, a desarrollar motivación interna o a perseverar ante las dificultades (habilidades necesarias para persistir en la universidad).

Durante un tiempo esta fórmula funcionó bien. "Los maestros de bachillerato podían tener cargas de trabajo grandes y manejarlas con eficiencia porque esperaban que la mayoría de sus estudiantes hicieran poco trabajo. La mayoría de los estudiantes podían obtener lo que ellos y sus padres querían: el diploma de bachillerato, con poco esfuerzo. Había un contrato tácito entre los estudiantes y los maestros que implicaba tolerar el bachillerato, cumplir con su tiempo en la silla, comportarse como es debido y recibir su recompensa".

Pero entonces el mundo cambió y el bachillerato estadounidense no. Conforme aumentó la prima salarial para los graduados de universidad, los estudiantes de bachillerato manifestaron su deseo por graduarse de la universidad: entre 1980 y 2002, el porcentaje de estudiantes que querían obtener al menos una licenciatura se duplicó, de 40 a 80 por ciento[177]. Pero la mayoría de estos estudiantes no tenían las fortalezas de carácter que necesitaban para sobrevivir en la universidad, y el bachillerato tradicional de Estados Unidos no tenía el mecanismo para ayudarlos a adquirir esas habilidades. Esto es lo que Nelson está intentando cambiar y considera que ésta es la estrategia central de éxito del programa OneGoal.

Al ayudar a los estudiantes a desarrollar las habilidades no académicas que los conducirían más directamente al éxito universitario, Nelson creyó que podría compensar la brecha académica que separaba al estudiante promedio de un bachillerato público de Chicago del estudiante promedio de primer ingreso en una universidad. Nelson identificó cinco habilidades, que llamó "principios de liderazgo", que quería que enfatizaran los maestros de OneGoal: iniciativa, resiliencia, ambición, profesionalismo e integridad. Estas palabras ahora permean el programa, incluso son más ubicuas que las siete fortalezas de carácter de Seligman y Peterson en KIPP Infinity.

"Sabemos que la mayoría de nuestros niños van a llegar a la universidad en desventaja académica. Podemos ayudarles a mejorar significativamente sus calificaciones de ACT, pero es poco probable que podamos cerrar la brecha por completo en estos exámenes, simplemente por el sistema en el que los estudiantes crecieron. Pero también sabemos, y se lo decimos a los estudiantes, que hay una manera de contrarrestar esta disparidad: la clave está en estas cinco habilidades de liderazgo".

5. ACE Tech

Durante cuatro décadas, el proyecto habitacional más grande de Chicago, denominado Robert Taylor Homes, dominó South Side. Tan pronto como se terminó la construcción del proyecto, a principios de la década de 1960, los edificios empezaron a deteriorarse y creció la violencia y el caos. En las décadas de 1970 y 1980, según la Chicago Housing Authority (Autoridad de vivienda de Chicago) Robert Taylor Homes se consideraba la peor zona de barrios bajos en Estados Unidos[178]. En 1980, uno de cada nueve homicidios en Chicago sucedía esa zona[179]. En una época culminante, más de veinticinco mil personas vivían en dicha unidad habitacional, al menos dos terceras partes de esa población eran niños que, en su mayoría, vivían con madres solteras que dependían de la beneficencia. La unidad ya no existe: se demolió en el intento más reciente de renovación urbana de Chicago, pero no se ha construido nada en su lugar. Hoy solamente se ve un vacío, una extraña zona compuesta de hierba y concreto, con algunas viejas iglesias que lograron escaparse de la demolición. Sin embargo, en la parte sur hay una zona con estructuras intactas: unas cuantas casas, en su mayoría abandonadas, una licorería, una pizzería, una tienda de empeños, una iglesia bautista y un edificio azul de ladrillo: ACE Tech Charter High School. Dada la prevaleciente decrepitud de los alrededores, es difícil imaginar que algo positivo pueda provenir de ese edificio. De hecho, ACE Tech no es una escuela de alto rendimiento: en 2009, solamente 12 por ciento de los estudiantes de tercer año cumplían o excedían los estándares de la prueba estatal de aprovechamiento y desde su fundación en 2004, la escuela nunca ha alcanzado el "progreso anual adecuado", la marca que establece la ley federal de No Child Left Behind.

Pero, poco después de que Jeff Nelson asumiera el mando de OneGoal en 2007, esta organización introdujo sus nuevos métodos en ACE Tech. Primero, iniciaron con un programa dos horas a la semana, luego, en 2009, Nelson introdujo el modelo de tiempo completo, en horario de clases, de tres años de duración que ahora es el estándar de OneGoal.

La persona que inició ambas versiones del programa de OneGoal en ACE Tech fue Michele Stefl, maestra de inglés, que creció en los suburbios al suroeste de Chicago, y que empezó a enseñar ahí en 2005. Nelson la contrató como una de las primeras maestras de OneGoal, poco después de asumir el cargo de director ejecutivo.

Seguí una de las clases de Stefl, observando cómo guiaba a los alumnos de último año a través del proceso de admisión a la universidad. Inevitablemente hubo muchos malos momentos para sus estudiantes: suspensiones, embarazos no planeados, rechazos en universidades... Sin embargo, el aula de Stefl se sentía, en la mayoría de los días, como un oasis de esperanza y posibilidades.

Stefl no era una romántica de la educación. Era sencilla y pragmática, directa al expresarse sobre las fallas de la escuela y la realidad de lo retrasados que estaban sus estudiantes. Una mañana, hacia finales del año, habló con estudiantes sobre sus ensayos personales, los cuales, serían parte esencial de sus solicitudes de ingreso a la universidad. "Recuerden contra quien están compitiendo: están contendiendo con gente que tiene calificaciones de ACT de más de treinta, contra niños que, con toda honestidad, han recibido una mejor educación que muchos de ustedes. Estamos intentando compensar eso ahora, pero el nivel no ha llegado a donde debería. Y eso, desgraciadamente, es injusto. Así que eso tiene que estar expresado aquí. ¿Qué experiencias de vida tienen que los han traído hasta donde están hoy?"

Al seleccionar esta generación de estudiantes para el programa OneGoal, Stefl se ocupó de no elegir a los estudiantes con las calificaciones más altas o a los de las familias más competentes. De hecho, hizo lo opuesto. Durante el proceso, si un estudiante le decía que había un graduado de universidad en su familia inmediata, Stefl le respondía amablemente que el programa no era para él, sino para sus compañeros con menos recursos y mayores necesidades. Como resultado, uno de los mayores retos de Stefl era convencer a sus estudiantes de OneGoal de que poseían el potencial para tener éxito en la vida, a pesar de todos los obstáculos que observaban en sus barrios y con frecuencia en sus familias.

Cuando estuve en la clase de Stefl, con frecuencia pensaba sobre la investigación de la psicóloga de Stanford, Carol Dweck, sobre la mentalidad de crecimiento. Para resumir brevemente: Dweck encontró que los estudiantes que creían que la inteligencia era maleable tenían mucho mejores resultados que los que creían que la inteligencia era algo fijo. El proyecto de David Levin en KIPP esencialmente expandía esa idea, señalando que el carácter también es maleable. Stefl estaba intentando convencer a sus estudiantes de que no solo su inteligencia y su carácter eran maleables, sino también sus propios destinos, que su desempeño en el pasado no era una indicación de sus resultados futuros. No estaba predicando un evangelio de autoestima vacía o de ilusiones. El mensaje a sus estudiantes era que podían crecer, mejorar y lograr cosas a un nivel mucho más alto que lo que habían logrado antes, pero que les costaría mucho trabajo, perseverancia y carácter o, como lo denominaron en clase, "habilidades de liderazgo".

Cuando hablé con Angela Duckworth sobre el programa de OneGoal, señaló que el componente de preparación de ACT del currículum de OneGoal probablemente cumplía dos propósitos: en primer lugar, en un nivel práctico, mejoraba las calificaciones por unos cuantos puntos, lo cual le daría a los estudiantes acceso a más y mejores universidades. En segundo lugar (y tal vez lo más importante), la experiencia de mejorar el resultado de una prueba que mide la inteligencia serviría como un refuerzo del mensaje sobre la mentalidad de crecimiento: puedes ser más inteligente, puedes mejorar.

Algunos de los estudiantes de Stefl tomaron más en serio este mensaje que otros. Incluso muchos todavía no creían que pertenecían a la universidad y sus familias no siempre contribuían a respaldar el mensaje de Stefl. A un alumno que entró a la Universidad de Purdue su madre lo convenció de que asistiera a una universidad comunitaria, a poca distancia de su casa, para que no estuviera tan lejos. En el otro lado del espectro, del lado confiado y optimista, estaba Kewauna Lerma.

6. Calificaciones en exámenes

Como lo describí en la introducción, cuando conocí a Kewauna me sorprendió el impresionante cambio que realizó en su vida: pasó de una niñez marcada por múltiples factores de riesgo y experiencias adversas, a través de un periodo difícil de delincuencia en la secundaria, llegando a un tránsito exitoso por el bachillerato y una intensa determinación por triunfar en la universidad y más allá. Durante los dos años que nos mantuvimos en contacto, su vida familiar no fue sencilla y las finanzas de su familia siempre fueron apretadas: su madre recibía alrededor de quinientos dólares al mes por discapacidad y eso, más los cupones de alimentos, eran los únicos ingresos de la familia. Pero Kewauna logró pasar por alto las precariedades de la vida cotidiana y se mantuvo enfocada en su visión de un futuro más exitoso. "Nadie quiere a una tonta o a una fracasada. Yo siempre quise ser una de esas mujeres de negocios que caminan por el centro con su portafolios, y que todos me saludaran '¡Hola, señorita Lerma!'".

Kewauna sabía que, para poder hacerse de ese portafolios, necesitaría por lo menos una licenciatura y, a pesar de que nadie en su familia había ido a la universidad, estaba segura de que podría conseguirlo.

Durante su último año, Kewauna estaba absorta en el proceso de solicitar ingreso a la universidad. Pero estaba empezando de cero en el aprendizaje sobre el sistema (¿Existía una Universidad DePaul y una Universidad DePauw?) Me comentó que planeaba solicitar ingreso a veintitrés universidades, incluyendo algunas muy competitivas como Duke y la Universidad de Chicago. De cierta forma, Duke no era una meta fuera del alcance de Kewauna. Había terminado su tercer año con A en casi todas sus materias, a pesar de lo exigente de los cursos que tomó que incluían álgebra II avanzada, literatura estadounidense avanzada, sociología y biología. Pero había un problema: no le había ido bien en el ACT.

En su primera prueba de práctica del ACT, a principios de su tercer año, Kewauna sacó un 11, lo cual es una marca muy baja: la colocaba debajo del 99 por ciento de todos los estudiantes de penúltimo año de bachillerato en Estados Unidos. Trabajó mucho a lo largo de su tercer año y estudió muchas horas cada semana con un servicio en línea llamado PrepMe asociado a OneGoal. Al entrar a la prueba oficial de ACT se sentía mucho mejor preparada que en su prueba de práctica. Pero resultó ser un día muy frustrante para ella de todas maneras. Hubo muchas cosas en el examen que no sabía, e incluso en las secciones donde conocía el contenido, no pudo responder las preguntas tan rápido como hubiera deseado.

"Cuando salí del examen estaba llorando. Le comenté a la señorita Stefl que sentía que no podría ir a la universidad después de todo. Estaba muy molesta conmigo misma", me dijo.

Cuando llegaron los resultados, alrededor de un mes después, obtuvo un 15. Eso significaba que había mejorado cuatro impresionantes puntos desde su examen de diagnóstico, pero también significaba que estaba apenas en el quince por ciento del nivel nacional. El promedio de las escuelas públicas de Chicago es de 17[180]. El estándar oficial de ACT de preparación para la universidad es de 20. Los estudiantes que entran a Duke por lo general tienen más de 30 (la calificación más alta posible es de 36).

Charles Murray hubiera pensado que las ambiciones universitarias de Kewauna eran inquietantes. En *Real Education* sostuvo que solamente los estudiantes que están en el 20 por ciento superior de la población en las pruebas de capacidad cognitiva deberían asistir a la universidad[181]. En su mundo ideal, solamente el 10 por ciento lograría asistir. La idea de que alguien con una puntuación menor a la mitad inferior en un examen de aprovechamiento estandarizado, estuviera considerando seriamente entrar a la universidad le parecería una verdadera locura.

"Mientras siga siendo un tabú reconocer que la universidad es demasiado rigurosa para la mayoría de los jóvenes, continuaremos generando expectativas absurdamente irreales entre la siguiente generación[182]", escribió Murray. Los estudiantes que están en el nivel inferior de las pruebas cognitivas, como el ACT, no son indicados para la universidad, además "no son suficientemente inteligentes para tener capacidades de lectoescritura y matemáticas, más allá de un sentido rudimentario[183]".

Jeff Nelson posee un punto de vista muy distinto al de Charles Murray sobre el ACT. "Creo que el ACT es un parámetro para medir lo eficiente que ha sido tu educación, pero no creo que sea un buen parámetro para medir la inteligencia. La calificación promedio de nuestros estudiantes está alrededor de catorce o diez por ciento. Y me niego firmemente a creer que el noventa por ciento de los estudiantes de esa edad son en realidad más inteligentes que los estudiantes con quienes estamos trabajando. Lo que sí creo es que noventa por ciento de la población está recibiendo una mejor educación que lo que reciben nuestros estudiantes".

Para Nelson se puede llamar inteligencia a la cualidad que mide el ACT, pero independientemente del nombre que se le dé, Nelson cree que la capacidad de tener una calificación alta en esta prueba no es esencial para triunfar en la universidad o para persistir en una educación universitaria. Esta afirmación se basa en su lectura de la obra de Melissa Roderick *Crossing the Finish Line (Cruzando la línea final),* pero también en sus experiencias con los alumnos de OneGoal, cuyas calificaciones iniciales de ACT demuestran que no tienen posibilidades, pero luego tienen éxito. "Las habilidades no cognitivas como la resiliencia, la iniciativa y la determinación son altamente predictivas del éxito en la universidad. Y pueden ayudar a nuestros estudiantes a compensar algunas de las desigualdades que han enfrentado en el sistema educativo. Una estudiante como Kewauna se presentará en el campus con muchas herramientas importantes para alcanzar el éxito que otros estudiantes no tienen. Y esas habilidades serán más útiles para llegar a su graduación que una buena calificación de ACT", asegura Nelson.

7. Las ambiciones de Kewauna

Cuando la madre de Kewauna, Marla McConico, estaba en el penúltimo año del bachillerato, a finales de la década de 1980, tomó el ACT junto con el resto de su grupo. No recuerda exactamente la calificación que obtuvo, pero no fue buena. "Al recibir mis resultados, me sentí como una fracasada. Pensé: 'No puedo entrar a la universidad con estas calificaciones'. Así que simplemente no me tomé la molestia".

La relación de Kewauna con su madre era cercana, pero tensa y su estrategia en la vida parecía consistir en hacer exactamente lo opuesto de lo que hubiera hecho su madre a su edad. Su madre se enamoró cuando era adolescente y como resultado tomó una serie de decisiones sin pensar a largo plazo. Kewauna mantenía a su novio a distancia, decidida a no tomar las decisiones de la universidad con base en los planes de él. Su madre se distrajo de sus metas académicas, Kewauna permaneció convencida de las suyas. Su madre se decepcionó por una mala calificación en el ACT, Kewauna estaba decidida a superar su mala calificación.

Pero conforme Kewauna avanzó en su último año, su estado de ánimo fue apagándose y tenía una visión extrañamente pesimista sobre su futuro. Estaba empezando a recibir respuestas de algunas de las becas que había solicitado y la estaban rechazando en varias. Pensó que se debía a sus calificaciones de ACT. "Me estoy empezando a deprimir por toda esta situación. Trabajé tanto en todas esas solicitudes y realmente necesito ese dinero para ir a la universidad".

Hablamos mucho sobre sus años en la Plymouth Middle School, a la cual asistió cuando vivía en Minnesota. Kewauna podía identificar cuáles habían sido sus dificultades académicas durante el sexto grado cuando, debido a sus bajas calificaciones y mal comportamiento, la colocaron en una clase remedial llamada WINGS: Working Innovatively Now for Graduation Success (Trabajar Innovadoramente hoy para el éxito en la graduación), pero Kewauna me contó que en Plymouth bromeaban que se llamaba así porque los niños pasaban todo el día en clase comiendo alitas de pollo. "Eso era una exageración, pero no estaba tan alejada de la realidad. Nunca hacíamos nada en esa clase. Era para niños que necesitaban ayuda pero no nos la proporcionaban. No leíamos, no estudiábamos. Jugábamos videojuegos, veíamos películas y comíamos palomitas. Era divertido, pero es el motivo por el cual ahora tengo problemas con el ACT. Es por eso que no me están dando las becas. En esos dos años se suponía que teníamos que estar aprendiendo sobre puntuación, comas, metáforas y todo eso. Ahora, cuando surge el tema y preguntan: '¿Recuerdan cuando aprendimos esto?' Yo pienso '¡No, no lo recuerdo! Nunca lo aprendí'".

Kewauna también se arrepiente de no haber aprovechado su primer año en el bachillerato en ACE Tech, cuando tuvo la oportunidad de empezar de cero, ya que no entraba a clases, perdía el tiempo y estaba con sus amigos en vez de estudiar. Sacó C y D todo ese año. Incluso reprobó educación física.

"No estaba pensando en el futuro. En ese momento lo único que quería era divertirme".

Tenía solo catorce años y nada le parecía importante. Al llegar al segundo año empezó a aplicarse un poco más y se enteró de que su GPA era acumulativo en el bachillerato, lo cual significaba que sus calificaciones de primer año afectarían directamente sus prospectos universitarios. Por ese motivo, en sus últimos dos años se preocupó tanto por mantener un GPA casi perfecto, haciendo trabajos para obtener crédito adicional, quedándose después de clases para recibir ayuda de los maestros.

La universidad a la cual tenía más deseos de entrar era la Universidad de Illinois en Urbana-Champaign, la universidad insignia del sistema universitario estatal, calificada por *U.S. News & World Report*, como la decimotercera mejor universidad pública del país. Está ubicada aproximadamente a dos y media horas al sur de Chicago, lo cual le parecía una distancia adecuada a Kewauna: no tan lejos como para extrañar su casa, pero lo suficiente para sentirse independiente. Había visitado el campus en una salida de OneGoal en su tercer año y le encantó el patio interior, el centro de estudiantes, las salas de conferencias, la cafetería. "Es mi sueño, el número uno: ¡por favor, quiero entrar aquí!, si no entro, voy a llorar como por seis días".

Pero Kewauna ya había disminuido un poco su nivel de ambición universitaria. Hizo una solicitud de ingreso a la Universidad de Chicago, la universidad más prestigiada del estado, pero me dijo que no quería ir ahí aunque la admitieran. La habían aceptado en un par de las escuelas, que tenía como plan de contingencia, incluyendo la Universidad de Illinois en Chicago, pero ella esperaba algo mejor. No se había dado por vencida de entrar en Urbana-Champaign, seguía siendo su primera opción, pero ahora tenía una clara segunda opción: Western Illinois University, en Macomb, que era un poco menos competitiva pero tenía un ACT promedio de ingreso de 21, muy por arriba del de Kewauna. La había visitado el año anterior y tenía buenos recuerdos: "Me enamoré de esa escuela. Me sentí muy cómoda ahí. La gente era amistosa. Los dormitorios... todo estaba perfecto".

Además desarrolló lo que parecía ser una visión más estoica y de largo plazo en lo que respectaba a su futuro universitario. "Si no entro a una de mis primeras opciones, me sentiría decepcionada, pero trabajaría duro al entrar y tal vez después de un par de años pueda transferirme a una de mis primeras opciones", me aseguró. Decidió dejar de flagelarse por los errores que cometió en su primer año también. "No puedo seguir culpándome de haber echado a perder mi primer año. Ya pasó. Hice lo que hice. Fue una lección. Cuando vaya a la universidad, me aseguraré de que no cometer los mismos errores. Cumpliré mi misión. Planearé las cosas. Tendré un horario, me organizaré, me concentraré, conoceré a la gente correcta".

Febrero fue un mes difícil. Kewauna revisaba su correo constantemente y hablaba a las oficinas de admisiones para asegurarse de que tuvieran toda la información que necesitaban de ella. Finalmente, a finales del mes, llegaron buenas noticias: la habían aceptado en Western Illinois. Debido a su baja calificación de ACT, la inscribieron en un programa especial de apoyo a estudiantes de primer ingreso que le proporcionaría las tutorías adicionales y la asesoría necesaria durante su primer año. Tres de los amigos cercanos de Kewauna de ACE Tech entraron también a Western y juntos hicieron planes para irse a Macomb.

8. Cerrar la brecha
Recientemente, Philip Babcock y Mindy Marks, dos economistas laborales de la Universidad de California[184], analiza-

ron encuestas sobre cómo invertían su tiempo los estudiantes universitarios desde la década de 1920 hasta el presente. Encontraron que en 1961, el tiempo que pasaba estudiando un alumno de tiempo completo promedio en la universidad (fuera del horario de clase) eran veinticuatro horas a la semana. Para 1981 la cifra descendió a veinte horas a la semana y, en 2003, eran catorce horas a la semana, un poco más de la mitad que cuarenta años atrás. Este fenómeno trascendía las fronteras: "El tiempo de estudio decreció para los estudiantes en todos los subgrupos demográficos (para los estudiantes que trabajan y los que no), en todas las carreras, en todo tipo de estructuras de carrera y en cualquier nivel de selectividad", escribieron Babcock y Marks.

¿Dónde quedaron todas esas horas adicionales?, básicamente se dedicaron a la socialización y recreación. En un estudio independiente de 6,300 estudiantes[185] en la Universidad de California, se encontró que hoy en día los estudiantes pasan menos de trece horas a la semana estudiando, mientras que pasan doce horas con sus amigos, catorce horas inmersos en entretenimiento y pasatiempos, once horas usando computadoras por diversión y seis horas haciendo ejercicio.

Para muchos observadores, estas estadísticas son causa de alarma. Pero Jeff Nelson ve esta situación como una oportunidad para sus estudiantes. Me recordó sobre su primer año en la Universidad de Michigan, cuando hizo lo que muchos otros jóvenes de clase alta hacen al principio de sus carreras universitarias: no trabajar mucho. Para algunos estudiantes de ellos, el primer año es para beber en exceso; para otros, es para unirse a una fraternidad o intentar escribir en el periódico estudiantil. Este tiempo ciertamente no siempre se desperdicia, pero por lo general no contribuye mucho a los resultados académicos de los estudiantes. Así que Nelson considera ese primer año como un "plazo mágico" para los estudiantes de OneGoal, durante el cual pueden cerrar radicalmente la brecha de logros. Nelson explicó su teoría en una de nuestras primeras conversaciones. "El primer año es un gran momento en el que, quienes que no han tenido que perseverar mucho para entrar a la universidad, avanzan sin esfuerzo o están de fiesta. Y en ese momento, si nuestros alumnos se ponen a trabajar con ahínco, construyendo relaciones con los profesores, estudiando y valiéndose de todas las habilidades que les hemos enseñado a usar, entonces pueden cerrar la brecha. Lo hemos visto una y otra vez, que de pronto el joven que podría haber estado tres o cuatro grados atrás en el bachillerato, adelanta de manera importante al principio del segundo año de la universidad".

En su primer otoño en Western Illinois, Kewauna tomó cursos introductorios: inglés, matemáticas, sociología. Ninguno fue fácil pero el curso que más trabajo le costó fue "Biología: introducción a las carreras de salud". El profesor era un ponente popular, así que su clase estaba bastante llena, y la mayoría de los estudiantes eran de los últimos grados. El primer día de clases, Kewauna hizo lo que le había recomendado Michele Stefl: se presentó amablemente con el profesor antes de clase y luego se sentó en la primera fila, que antes estaba ocupada exclusivamente por jovencitas de raza blanca. Los otros estudiantes afroamericanos tendían a sentarse en la parte de atrás, lo cual decepcionó a Kewauna ("Eso es lo que esperan que hagas. En el movimiento de derechos civiles, si te decían que te tenías que sentar atrás, no lo hacías").

Su profesor de biología usaba mucha terminología científica en sus pláticas y Kewauna no estaba familiarizada con ello. Así que diseñó una estrategia: cada vez que escuchaba una palabra que no entendía, la anotaba. Al final de la clase, esperaba a que los otros estudiantes hablaran con el profesor y después repasaba cada palabra con él, pidiéndole que se la explicara.

Kewauna pasó mucho tiempo interactuando con sus profesores. Era una visitante constante en horas de oficina y les enviaba correos electrónicos, siempre que las tareas no le quedaban claras. También intentó relacionarse con uno o dos estudiantes de cada una de sus clases para tener a quién preguntarle, en caso de necesitar ayuda con la tarea y no poder localizar al maestro. A lo largo de su programa de apoyo a estudiantes de primer ingreso, encontró un tutor de escritura. Siempre había tenido problemas con la gramática, así como con la ortografía y la puntuación, y se habituó a ir con su tutor para revisar cada documento que escribía antes de entregarlo. Finalmente, en diciembre, sintió que había aprendido suficiente información sobre el uso de comas y frases subordinadas, y entregó su trabajo final de inglés sin revisarlo con el tutor. Sacó A.

Sin embargo, fue un semestre difícil para Kewauna. Siempre le faltaba dinero y tenía que ahorrar en todo. En cierto momento, se le acabó el dinero de su tarjeta de comidas y simplemente no comió durante dos días. Sentía como si estuviera estudiando todo el tiempo. Cada trabajo era un reto y para el final del semestre se quedaba despierta toda la noche, tres días seguidos, estudiando para los finales. Pero todo ese trabajo rindió frutos en sus calificaciones de ese semestre: dos B+, una A y una A+ en biología. Cuando hablé con ella unos días antes de Navidad, sonaba exhausta pero también orgullosa: "No importa lo abrumador que sea, no importa lo cansado que sea, no me voy a dar por vencida. No soy el tipo de persona que se rinde. Incluso cuando jugaba a las escondidas de pequeña, me quedaba afuera hasta las ocho de la noche hasta encontrar a todos. No me doy por vencida en nada, no importa lo difícil que sea".

Las calificaciones de Kewauna mejoraron en el segundo semestre y para finales de su primer año, su GPA acumulado era de 3.8. Todavía le quedaban tres años más, mucho tiempo para que algo saliera mal, para que surgieran obstáculos, para cometer errores y enfrentar crisis. Pero Kewauna parecía segura de a dónde se dirigía y por qué. Lo más notable era que podía disponer de su prodigiosa capacidad no cognitiva, llámese determinación, responsabilidad, resiliencia o capacidad de postergar la gratificación, y concentrarla en pos de una recompensa distante que, para ella, era casi completamente teórica. En realidad no conocía a ninguna mujer de negocios con portafolios que recorriera el centro de la ciudad. De hecho, no conocía ningún graduado universitario salvo sus maestros. Era como si Kewauna estuviera participando en el experimento de los bombones de Walter Mischel, sólo que en este caso tendría que trabajar mucho durante cuatro años, ahorrando constantemente y pasando privaciones, sin dormir algunas noches, luchando, sacrificándose para después obtener, no dos bombones, sino una especie de pastelillo elegante: un título universitario. Y Kewauna optó por eso a pesar de que nunca lo había probado ni conocía a alguien que lo hubiera hecho. Tenía fe en que sería delicioso.

No todos los compañeros de OneGoal de Kewauna tendrían la convicción de hacer lo mismo. Y no se podrá ver, durante un par de años, si las lecciones de liderazgo que aprendieron ella y sus compañeros serían suficientemente poderosas para lograr que persistieran en los cuatro años de universidad. Pero hasta el momento, las cifras de OneGoal son bastante buenas: de los 129 estudiantes (incluyendo a Kewauna) que cursaron su último año del bachillerato en OneGoal en diez bachilleratos de Chicago durante el 2009, noventa y cuatro seguían inscritos en universidades con programas de cuatro años, en mayo de 2012. Otros catorce estaban en universidades de dos años, para dar un total general de persistencia en la universidad de 84 por ciento. Eso significa que solamente veintiún estudiantes se habían desviado en el camino a obtener su título universitario: doce dejaron OneGoal antes de terminar el bachillerato, dos se enlistaron al ejército después del bachillerato, dos terminaron el bachillerato pero no se inscribieron a la universidad y cinco se inscribieron pero que desertaron en el primer año. Estas cifras no son perfectas, pero siguen siendo impresionantes para la generación del programa piloto, para quienes OneGoal era solo una clase en las tardes después de la escuela. Tres años después de salir del bachillerato, 66 por ciento de los estudiantes que habían tomado el programa durante el tercer año del bachillerato, seguían inscritos en la universidad. Esas cifras se vuelven más significativas cuando se recuerda que los maestros de OneGoal eligen deliberadamente a los estudiantes con más problemas, quienes parecen tener pocas probabilidades de ir a la universidad.

Jeff Nelson será el primero en admitir que lo que creó está muy lejos de ser la solución perfecta para la disfunción generalizada del proyecto educativo del país. En una situación ideal, la educación y el sistema de apoyo social deberían producir adolescentes que no estuvieran por debajo del nivel de su grado. Pero, por el momento, OneGoal y las teorías que lo fundamentan parecen ser la intervención más valiosa, un programa que, por unos mil cuatrocientos dólares al año por estudiante, convierte a los adolescentes de bajo aprovechamiento, desmotivados y de bajos ingresos en estudiantes universitarios exitosos.

5. UN MEJOR CAMINO

1. Deserción

En el otoño de 1985, cuando acababa de entrar a la Universidad de Columbia, hice algo que Kewauna está decidida a no hacer jamás: me salí de la universidad. En el momento pareció una decisión importante y definitiva, y sigue siendo así. Es una decisión, que he desenterrado muchas veces, a lo largo de los últimos veinticinco años, frecuentemente con arrepentimiento. Ciertamente, pensé mucho en eso al estar trabajando en este libro. Cuando estaba en el bachillerato Ace Tech con Kewauna y el resto de los alumnos de Michele Stefl, me sentía un poco avergonzado. Para ser honesto, graduarse de la universidad era una meta que consumía toda la energía de estos estudiantes y deseé haberlo hecho yo, cuando tenía su edad, pensar tanto tiempo, con tanta intensidad y responsabilidad en lo que quería de mi experiencia universitaria.

No me ha pasado inadvertido que muchos de los investigadores sobre los cuales escribí en este libro, desde James Heckman, Angela Duckworth o Melissa Roderick, hasta los autores de *Crossing the Finish Line*, han identificado que desertar del bachillerato o la universidad es un síntoma de habilidad no cognitiva por debajo del estándar: baja determinación, baja perseverancia, bajas capacidades de planeación. Y creo que es cierto, a mí me faltaron algunas de esas habilidades importantes cuando tomé la decisión de salirme. Pero al documentarme e investigar para escribir este libro aprendí a interpretar mi elección. Lo vi en mis conversaciones con Dominic Randolph, el director de Riverdale Country School, quien habló convincentemente sobre el fracaso, o el riesgo real de fracaso, afirmando podría ser un paso crucial en el camino al éxito. Randolph se preocupaba porque la mayoría de sus estudiantes de clase alta, estaban atrapados en la máquina meritocrática moderna de Estados Unidos con sus escuelas privadas, tutores particulares, universidades prestigiadas y carreras seguras, por lo que no estaban recibiendo oportunidades genuinas de parte de sus familias y de sus escuelas para superar la adversidad y desarrollar su carácter. "La idea de construir la determinación y el autocontrol es que eso se logra a través del fracaso, y en la mayoría de los entornos altamente académicos de Estados Unidos, nadie fracasa en nada", me aseguró Randolph.

Escribí un artículo sobre KIPP, Riverdale y el carácter, que se publicó en la *New York Times Magazine* en septiembre de 2011[186]. El artículo recibió una avalancha inesperada de respuestas de parte de lectores, muchos hablando sobre cómo se identificaban con las ideas de fracaso y triunfo de Randolph. Algunos de ellos contribuyeron con comentarios al sitio del *Times* sobre sus propias experiencias, como Dave, que escribió que él era uno de los niños de quienes hablaba Randolph, los que tenían altas calificaciones, pero que nunca desarrollaron la determinación que proviene de enfrentar retos reales. "Ahora estoy a mis treinta y tantos años, preguntándome cuántas cosas más podría haber logrado si no fuera porque me aterra el fracaso y suelo evitar las empresas donde mi éxito no esté garantizado", escribió Dave.

Poco después de publicar el artículo, mientras estaba inmerso en la investigación sobre la persistencia en la universidad, me preguntaba sobre mi decisión de salirme. ¿Por qué lo hice? Registré una vieja caja de papeles de esa época, en busca de pistas, y descubrí una carta que casi había olvidado, una larga exégesis sobre mi decisión de salirme de la universidad, que escribí en mi dormitorio de Columbia durante el primer año. Saqué la carta, con un par de manchas de café, pero aún legible, me senté en mi oficina, respiré hondo y la releí. Como se podrán imaginar, era bastante penosa. No existe alma con más desazón que la de un joven de dieciocho años, intentando tomar una decisión que cambiará su vida. Pero me alegró encontrar la carta y sentí bastante compasión por mi yo más joven.

En el bachillerato fui un estudiante de alto nivel, con buenas calificaciones y buenos resultados en las pruebas estandarizadas. Llegué a la universidad emocionado pero confundido, perdido en un campus y una ciudad donde no conocía a nadie. Estaba contento de estar en Nueva York, pero poco satisfecho de estar sentado en las salas de conferencias. Desde el bachillerato, cuando era un estudiante muy responsable, tuve grandes dudas sobre mi relación con la educación formal. Tenía algunos rasgos rebeldes, era de esos lectores adolescentes de Kerouac y, como millones de rebeldes que me precedieron, estaba convencido de que lo que aprendía en el salón de clases realmente no importaba. Y ese día de noviembre en Columbia, decidí que finalmente ya había tenido suficiente: "Llevo quince años y tres meses recibiendo educación, lo cual es el 84 por ciento de mi vida. Ir a la escuela es lo único que conozco. La educación es un juego y, enfrentémoslo: soy bueno en él. Conozco las reglas, sé cómo portarme en las tareas requeridas. Incluso sé cómo ganar. Pero ya me cansé del juego. Quiero retirarme".

Siempre es difícil renunciar a algo que sabes hacer bien, para luego hacer algo que nunca has intentado. Pero eso era precisamente lo que yo necesitaba: hacer algo incierto, inseguro, algo en lo cual no fuera seguro que podría tener éxito. El reto específico en el cual me concentré fue un largo viaje, una especie de odisea: tomaría el dinero que iba a gastar en la colegiatura del siguiente semestre, compraría una bicicleta y una tienda de campaña y me iría pedaleando, solo, desde Atlanta hasta Halifax, durmiendo en parques estatales y en los patios traseros de desconocidos. Era una idea extraña. Nunca había hecho un viaje largo en bicicleta y nunca uno corto a solas.

Nunca había estado en el sur de Estados Unidos, no era particularmente bueno relacionándome con extraños, pero de cierta forma me sentía impulsado a someterme a esta misión. Creía que podría aprender más en esa carretera que en la universidad. "Esto tal vez sea un fracaso total, un fiasco, un desastre de proporciones colosales. Tal vez sea la cosa más irresponsable que haga jamás o tal vez sea la más responsable", escribí.

Un par de días después de que se publicara mi artículo en la *New York Times Magazine*, un lector me envió un mensaje por correo electrónico en el que me sugería ver el discurso que había dado Steve Jobs en la Universidad de Stanford en 2005. Había muchos paralelos entre las nociones sobre el fracaso y el carácter en el discurso de Jobs y el debate que había intentado reflejar en el artículo. Después de la temprana muerte de Jobs, el discurso de Stanford recibió mucha atención, pero hasta aquel momento, yo nunca lo había visto o leído. Entré al sitio de YouTube que me proporcionó el lector, vi a Jobs hablar y pronto me di cuenta de que no conocía mucho sobre su vida. Al ver el discurso, me enteré de que se había salido de la universidad Reed College en Oregon, en su primer año. Y, créanme, si décadas después de desertar de la universidad, sigues intentando justificar tu decisión, no hay nada más tranquilizador que averiguar que uno de los hombres de negocios más exitosos y creativos de la época moderna hizo lo mismo. Lo que es más, no se arrepentía. En su discurso, Jobs explicó que desertar "había sido una de las mejores decisiones que jamás tomó[187]". Incluso fue mejor para él, y para Apple, de una manera muy específica: liberarse de cumplir con los requisitos escolares le permitió asistir a los cursos que le interesaban más que sus clases asignadas, incluyendo una de caligrafía y tipografía.

"Aprendí sobre fuentes *serif* y *sans serif*, sobre la cantidad de espacio entre diferentes combinaciones de letras y qué es lo que hace que una tipografía sea muy buena. Nada de esto tenía siquiera una esperanza de tener aplicación práctica en mi vida", expone Jobs. Hasta que una década más tarde, junto con Steve Wozniak, estaba diseñando la Macintosh y decidió incluir, por primera vez, tipografía creativa en una computadora personal. Ese toque ayudó a distinguir a Mac de todo lo que había antes.

Lo que más me impresionó sobre el discurso de Jobs, sin embargo, fue la historia que contó sobre su mayor fracaso: que lo despidieran de Apple, la compañía que él había creado, justo después de cumplir treinta años, "Lo que había sido el centro de toda mi vida adulta desapareció y fue devastador. Fue un fracaso muy público".

Lo que no pudo ver en ese momento fue que experimentar un fracaso tan dramático le permitió reorientarse a sí mismo y a su trabajo, de una manera que lo condujo a sus mayores éxitos: comprar y transformar Pixar, casarse y regresar rejuvenecido a Apple. Como lo dice Jobs en su discurso: "La pesadumbre de ser exitoso fue reemplazada por la ligereza de ser un principiante de nuevo, menos seguro de todo". Y eso fue exactamente lo que yo estaba buscando en ese dormitorio de Columbia: la ligereza de volver a ser principiante.

Aproximadamente un mes después de escribir mi carta de deserción, me salí de verdad. Compré la bicicleta y la tienda de campaña, una estufa Coleman y un boleto sencillo a Atlanta. De ahí me fui en bicicleta hasta Halifax pasando por muchas tormentas, llantas ponchadas y encuentros extraños. Me tomó dos meses terminar mi recorrido y sentía como si hubiera sido lo mejor que hubiera hecho jamás. Volví a intentar la universidad unos meses después, de vuelta en mi nativa Canadá, en la universidad de McGill, donde una década después Michael Meaney empezaría a descubrir cosas tan impresionantes sobre las ratas y sus costumbres de acicalamiento. Y entonces, tres semestres después, volví a salirme para aceptar una pasantía en *Harper's Magazine*. Esta vez, me quedé fuera, nunca regresé a la universidad, nunca recibí un título y, lleno de dudas, empecé una carrera como editor de revistas y periodista. No fundé Apple ni NeXT (otra compañía de cómputo de Jobs) y continúe las siguientes dos décadas luchando con las mismas preguntas que me hice en aquel dormitorio: ¿debería hacer algo en lo que soy bueno o algo que me encante?, ¿debo arriesgarme o ir por lo seguro? Hasta que veinticuatro años después de salirme de Columbia, me encontré dejando otra encumbrada institución neoyorkina, el *New York Times*, en esa ocasión sin ninguna seguridad. Esta vez, la extraña aventura que emprendí no fue recorrer medio país en bicicleta, sino escribir este libro.

2. Crianza de alto LG

Actualmente, cuando contemplo el éxito y el fracaso, pienso con menos frecuencia en mis propios prospectos y con más frecuencia en los de mi hijo, Ellington. Cualquier cosa podría suceder con él. Además, empecé a investigar material para este libro cerca del momento en que él nació. Se publicará alrededor de su cumpleaños número tres. Así que los años que pase trabajando en esto coincidirán con el periodo de su vida que los neurocientíficos reconocen como la etapa más crítica en el desarrollo de un niño. La experiencia de escribir el libro y, de encontrar las investigaciones sobre el cerebro que describí en el capítulo 1, ha modificado de manera importante el significado de ser padre.

Cuando nació Ellington, yo era como la mayoría de los padres ansiosos bajo la influencia de la hipótesis cognitiva: preocupado de que no tendría éxito en la vida a menos que empezara ver tarjetas con dibujos para estimular su cerebro, le pusiera los CD de Mozart antes de salir de la sala de maternidad del hospital y lo bombardeara con toda clase de estímulos hasta que tuviera una calificación perfecta en su examen de admisión a preescolar. Pero los investigadores, cuyas obras había empezado a leer, me apuntaron en una dirección distinta. Sí, esos primeros años son de importancia crítica en el desarrollo del cerebro de los niños, pero las habilidades más importantes que adquirirá durante esos años no son las del tipo que se puede aprender con tarjetas.

No era que de pronto me dejara de preocupar que Ellington pudiera leer y escribir o sumar y restar. Pero me convencí de que esas habilidades llegarían tarde o temprano, sin importar lo que yo hiciera, simplemente porque crecería rodeado de libros y tenía dos padres que disfrutaban de leer y se sentían cómodos entre números. Lo que no me parecía tan seguro eran sus habilidades de carácter.

Sí, se siente un poco ridículo usar la palabra carácter cuando se está hablando de un niño que apenas camina. El desarrollo del carácter de un individuo depende de todo tipo de misteriosas interacciones entre la cultura, la familia, los genes, el libre albedrío y el destino. Pero para mí, el descubrimiento más importante que ha hecho esta nueva generación de neurocientíficos es la poderosa conexión entre la química cerebral del bebé y la psicología del adulto. Oculto en las profundidades de lo que los humanos que llamamos carácter, los científicos han encontrado la interacción de sustancias químicas específicas en los cerebros y cuerpos de los niños en desarrollo. La química no es destino, ciertamente; pero estos científicos han demostrado que la manera más segura de producir un adulto suficientemente valiente, curioso, amable y prudente, es asegurar que el eje hipotalámico-pituitario-adrenal funcione bien durante su infancia. ¿Y eso cómo se logra?, no es magia: en primer lugar, siempre que sea posible, se protege al niño de trauma serio o estrés crónico; luego, más importante, se le proporciona una relación segura y cariñosa con al menos un progenitor y de preferencia dos. Ese no es el secreto del éxito, pero es gran parte de él.

Cuando Ellington era bebé, la investigación que más influyó en mí fue la de Michael Meaney. Es un poco vergonzoso admitirlo, pero mientras jugaba con mi bebé, con frecuencia pensaba en las ratas. De hecho, pasé mucho tiempo, pensando exactamente qué significaría ser un padre humano de alto acicalamiento. Esas madres de alto LG no eran sobreprotectoras. Tampoco estaban vigilando ansiosamente a sus hijos, no los acicalaban constantemente, lo hacían en situaciones muy específicas: cuando los bebés estaban estresados. Era casi como si las madres estuvieran intentando enseñarle a sus bebés, a través de la repetición, una habilidad importante: cómo manejar sus sistemas de estrés inflamados y restablecerlos a un estado de reposo. El equivalente en los niños humanos, creo, es poder tranquilizarse después de una rabieta o un susto, y me concentré en intentar ayudar a Ellington a aprender eso. Si existe un equivalente humano de crianza de alto LG, implica muchos consuelos, abrazos, pláticas y sosiego. Mi esposa Paula y yo hicimos mucho de esto cuando Ellington era más pequeño. Creo que hacer esto con cualquier bebé resultará una gran diferencia en su carácter y finalmente en su felicidad y su éxito, más que cualquier otra cosa que hagamos.

Conforme Ellington fue creciendo, sin embargo, encontré lo que muchos otros padres encontraron antes que yo, que necesitaba algo más que amor y abrazos. También necesitaba disciplina, reglas, límites, alguien que le dijera que no. Y lo que necesitaba era adversidad de su talla, una oportunidad de caerse y volverse a levantar sin ayuda. Esto fue más difícil para Paula y para mí (no me parecía tan natural como los abrazos y los consuelos). Sé que esto es el principio de una lucha que enfrentaremos, al igual que todos los padres, entre nuestro instinto por darle todo a nuestros hijos, por protegerlos contra el daño; y ser conscientes de que si en realidad queremos que triunfen, primero tenemos que dejarlos fracasar. Para ser más preciso, necesitamos ayudarle a aprender a manejar el fracaso.

Esta noción: lidiar con el fracaso y aprender de él, es una línea común de muchos de los capítulos de este libro. Es lo que Elizabeth Spiegel, la entrenadora de ajedrez, sabía hacer mejor que nadie. Daba por hecho que sus estudiantes fracasarían mucho, todos los ajedrecistas lo hacen. Sin embargo, desde su punto de vista, su trabajo no era evitar que fracasaran sino enseñarles cómo aprender de cada fracaso, cómo observarlos con toda honestidad, cómo confrontarlos y entender por qué habían cometido un error. Si eran capaces de hacer eso, entonces podría irles mejor en la siguiente oportunidad. Al igual que Steve Jobs y Apple la segunda vez.

Cuando hablé con profesores y administradores de Riverdale Country School, y cuando recibí cartas de muchos padres, maestros y alumnos de escuelas privadas que leyeron el artículo de la *Times Magazine* sobre carácter, esto era exactamente lo que más les preocupaba, pensaban que sus hijos estaban demasiado resguardados contra la adversidad y que no estaban desarrollando la capacidad de sobreponerse al fracaso y aprender de él. Cuando estaba trabajando en Riverdale sentía que me había topado con una ansiedad generalizada, aunque incipiente, dentro de la cultura contemporánea de las clases altas: una sensación de que algo iba mal en los canales tradicionales de la búsqueda meritocrática de Estados Unidos, donde los jóvenes se estaban graduando de las mejores instituciones de enseñanza superior con excelentes credenciales, refinadas habilidades para hacer exámenes y poco más que les permitiera abrirse camino en el mundo. Hay menos empresarios graduándose de nuestras mejores universidades actualmente, menos iconoclastas, menos artistas, menos de todo, salvo inversionistas y consultores administrativos[188]. Recientemente, el *New York Times* informó que 36 por ciento de los recién graduados de Princeton[189] en 2010 tenían empleos en la industria financiera y otro 26 por ciento tenía empleos en una categoría que Princeton llama "servicios", que incluye, principalmente, la consultoría administrativa. Más de la mitad de la generación, en otras palabras, ingresaría a la banca o a la consultoría, aún después del colapso de la industria financiera en 2008 (antes de la crisis económica, alrededor de tres cuartas partes de los graduados de Princeton iban a una de esas dos áreas).

Para algunos analistas, el hecho de que estemos enviando a tantos de nuestros jóvenes más talentosos a profesiones no tan reconocidas (por su nivel de satisfacción personal o profundo valor social) es simplemente la continuación de un fenómeno que me describieron muchos maestros de Riverdale: niños que trabajaron duro, pero que nunca tuvieron que tomar una decisión difícil o enfrentar un reto real y entraron al mundo adulto siendo competentes pero poco atrevidos. En 2010, un bloguero sobre economía y profesor de leyes llamado James Kwak, escribió una entrada interesante en su blog sobre este asunto: "¿Por qué los alumnos de Harvard se van a Wall Street? [190]" Después de graduarse de Harvard, Kwak, como muchos de sus compañeros, empezó a trabajar como consultor administrativo. Y explicó que la razón por la cual ese camino es tan seguro no es el dinero, aunque ciertamente eso no estorba. Es que las empresas hacen que este camino y esta decisión sean fáciles de tomar y difíciles de resistir.

El típico estudiante por graduarse de Harvard "está más impulsado por el miedo a no triunfar que por un deseo concreto de hacer algo en particular", escribe Kwak. Las opciones posteriores a la universidad para los graduados de universidades prestigiosas, "están motivadas por dos principales reglas de decisión: (1) elegir entre la menor cantidad de opciones posible y (2) solamente hacer cosas que aumenten las posibilidades de más logros en el futuro". Los reclutadores de los bancos de inversión y empresas de consultoría comprenden esta psicología y la explotan a la perfección: los empleos son competitivos y de alto estatus, pero el proceso para analizar las solicitudes y ser aceptado está regulado y es predecible. Los reclutadores también convencen a los estudiantes que están en el último año[191] de que si se unen a Goldman Sachs o algún grupo de inversión y valores similar, en realidad no están eligiendo nada, simplemente van a pasar un par de años ganando dinero y, como sugieren los reclutadores, haciendo algo de bien. Después, en algún momento en el futuro, podrán tomar la decisión real sobre qué quieren hacer y quiénes quieren ser. "Para la gente que no sabe cómo conseguir un empleo en la economía abierta y que en cada fase de su vida ha hecho un examen para alcanzar el nivel más prestigiado posible y poder pasar a la siguiente fase, esto viene naturalmente", escribe Kwak.

3. Un reto distinto

Para un estudiante de Harvard, la lucha con los desafíos del carácter puede culminar en un empleo no muy inspirador en la banca de inversión. Pero para un adolescente que crece en South Side de Chicago, esto puede llevarlo a la cárcel o, al menos, a la Vivian E. Summers Alternative High School. Y aunque es difícil argumentar que el público en general tiene una responsabilidad de ayudar a los graduados de las universidades prestigiosas a alcanzar su potencial pleno, es más fácil convencer a la sociedad del rol que tienen en el desarrollo exitoso de los jóvenes que crecen en la pobreza y la adversidad. Los liberales y conservadores tienen nociones muy distintas sobre qué debería hacer el gobierno para ayudar a las familias que viven en la pobreza, pero prácticamente todos están de acuerdo en que se debería hacer algo. Ayudar a aliviar el impacto de la pobreza y proporcionar a los jóvenes las oportunidades para escapar de ella: esto ha sido históricamente una de las funciones esenciales de cualquier gobierno nacional, junto con la construcción de puentes y la defensa de las fronteras. Aunque el apoyo público para la ayuda a los pobres se ha debilitado desde 2008, como suele suceder en épocas difíciles para la economía, las cifras que arroja una encuesta de Pew Research[192] demuestran que la mayoría de los estadounidenses está de acuerdo con las siguientes afirmaciones: 'El gobierno deberá garantizar que todos sus ciudadanos tengan suficiente para comer y un sitio para dormir' y 'Es responsabilidad del gobierno cuidar a la gente que no puede cuidarse por sí misma'.

Y cuando el asunto se enmarca en términos de oportunidad, el consenso público es mucho más claro y firme: desde 1987, cuando Pew empezó a hacer estas preguntas, entre el 87 y 94 por ciento de los encuestados han estado de acuerdo con la siguiente afirmación: 'Nuestra sociedad debe hacer lo que sea necesario para garantizar que todos tengan la misma oportunidad de triunfar'.

Pero mientras los estadounidenses permanecen tan comprometidos como nunca a ayudar a sus vecinos menos afortunados a triunfar, algo importante ha cambiado en las últimas décadas: lo que solía ser una conversación nacional ruidosa y apasionada sobre la mejor manera de combatir la pobreza se ha quedado casi en silencio. En la década de 1960, la pobreza fue el mayor enfoque del debate público. No se podía ser un intelectual de políticas serio sin tener una opinión sobre el tema. Durante la administración de Johnson, el sitio para los jóvenes listos y ambiciosos en Washington era la Oficina de Oportunidad Económica, el centro de comando para la guerra contra la pobreza. En la década de 1990, hubo nuevamente una robusta discusión pública sobre la pobreza que se centró, en gran medida, en la reforma de la beneficencia. Pero ahora estos debates prácticamente han desaparecido. Tenemos un presidente demócrata que pasó la primera parte de su carrera luchando personalmente contra la pobreza, trabajando en los mismos barrios donde hoy laboran los consejeros de YAP y realizando una labor muy similar. Pero, como presidente, ha pasado menos tiempo hablando públicamente sobre la pobreza que sus recientes predecesores demócratas.

No es que haya desaparecido la pobreza, para nada. En 1966, en la cúspide de la guerra contra la pobreza[193], la tasa de pobreza estaba por debajo de 15 por ciento. En 2010 llegó al 15.1 por ciento. Y la tasa de pobreza infantil es sustancialmente más alta ahora[194]. En 1966, la tasa estaba por arriba de 17 por ciento, ahora la cifra es de 22 por ciento, lo cual significa que entre una quinta y una cuarta parte de los niños estadounidenses están creciendo en la pobreza.

Entonces, si la pobreza es un asunto tan importante hoy en día como lo era en la década de 1960, ¿por qué hemos dejado de hablar de ella públicamente? Creo que la respuesta tiene que ver con la psicología de los intelectuales públicos.

La guerra contra la pobreza dejó cicatrices muy profundas entre los idealistas bien educados que lucharon en ella y provocó una especie de estrés postraumático entre los analistas políticos. Recordemos que el presidente Kennedy habló, por primera vez, sobre poner fin a la pobreza al mismo tiempo que prometió poner a un hombre en la Luna. El principio de la década de 1960 fue una temporada de gran optimismo y esperanza en Washington y las misiones Apolo satisficieron esa esperanza. Fueron un enorme triunfo nacional y el mensaje que enviaron fue que, si como nación nos esforzábamos por resolver un problema, lo lográbamos.

Sin embargo, no resolvimos la pobreza. Algunas de las intervenciones contra la pobreza fueron efectivas, pero muchas no. Y muchas otras parecieron hacer más daño que bien. Es doloroso admitir que lograr tener un efecto significativo en la pobreza ha resultado ser mucho más difícil de lo que pensábamos, incluso ha sido más doloroso admitir que después de cuarenta y cinco años seguimos sin saber qué hacer.

Algo más sucedió alrededor de la década pasada que también ayuda a explicar por qué desapareció el debate sobre la pobreza: se confundió con el debate de la educación. La educación y la pobreza solían ser dos temas muy separados en la política pública. Hubo conversaciones alrededor de las nuevas matemáticas y sobre el libro *Por qué Johnny no puede leer*. Y luego hubo otra discusión sobre los barrios pobres, el hambre, la beneficencia y la renovación urbana. No obstante, con mayor frecuencia, todo se ha ido convirtiendo en una sola conversación sobre la brecha entre ricos y los pobres: la generalidad de que los niños que crecen en familias pobres en Estados Unidos tienen muy malos resultados en las escuelas.

Hay varias razones detrás de esta conjunción. La primera se remonta al controvertido libro de 1994 *The Bell Curve*[195], de Charles Murray y Richard Herrnstein sobre el CI. Cuya conclusión fallida señala que las diferencias raciales en las pruebas de aprovechamiento son el resultado de diferencias genéticas entre las razas, pero *The Bell Curve* trajo consigo una observación muy importante, que las calificaciones académicas y los resultados de las pruebas de aprovechamiento son una manera muy eficiente de predecir todo tipo de resultados en la vida: no solo de lo lejos que se llegará en la escuela y cuánto se ganará al salir, sino también de si se cometerán delitos, si se usarán drogas, si se contraerá matrimonio y si habrá un divorcio. Lo que mostró *The Bell Curve* es que a los niños que les va bien en la escuela les suele ir bien en la vida, vengan o no de la pobreza. Lo cual conduce a una extraña idea, que atrajo a reformistas sociales de todo el espectro político: si podemos ayudar a los niños pobres a mejorar sus capacidades académicas, pueden escapar del ciclo de pobreza a través de sus propias habilidades, sin necesidad de ayudas especiales.

A finales de la década de 1990 y principios de 2000, la idea ganó más ímpetu debido a dos fenómenos importantes. El primero fue que se aprobó la ley de No Child Left Behind en 2001. Por primera vez, la ley obligaba a los estados, las ciudades y las escuelas a compilar información detallada sobre el desempeño de sus estudiantes, no solo la población estudiantil como un todo, sino también a los subgrupos: minorías, estudiantes de bajos recursos, estudiantes que estaban aprendiendo inglés. Cuando se analizaron los resultados de esas cifras, las brechas de aprovechamiento que reflejaron se volvieron imposibles de evadir o negar. En cada estado, en cada ciudad y en cada nivel (casi en todas las escuelas), los estudiantes de hogares de bajos ingresos tenían resultados mucho peores que los estudiantes de hogares de clase media: estaban dos o tres grados atrás, en promedio, para cuando salían de la secundaria. Y la brecha entre los ricos y los pobres empeoraba cada año[196].

El otro fenómeno fue el surgimiento de un grupo de escuelas que parecía desafiar esta brecha: las escuelas KIPP y otras del mismo estilo, como Amistad Academy en New Haven, Roxbury Prep en Boston y North Star Academy en Newark. La ola inicial de sorprendentes resultados que lograron conseguir los estudiantes de David Levin, Michael Feinberg y otros educadores capturó la atención del público. Parecía que estos maestros habían logrado crear un modelo confiable y replicable para el éxito de las escuelas de zonas marginadas.

Así que estos tres factores se unieron para formar un poderoso silogismo para las personas interesadas en la pobreza: en primer lugar, las puntuaciones en los exámenes escolares están fuertemente relacionadas con los resultados en la vida, sin importar el pasado del estudiante. En segundo, los niños de hogares de bajos ingresos tenían resultados mucho peores en las pruebas de aprovechamiento que los niños de hogares de clase media y alta. Y tercero, ciertas escuelas, que usaban un modelo muy distinto al tradicional de las escuelas públicas, podían elevar sustancialmente las calificaciones de los niños de bajos recursos en las pruebas de aprovechamiento. La conclusión: si se logran replicar a escala nacional los logros de estas escuelas, se logrará un impacto positivo en el éxito de los niños.

Esta manera de ver la pobreza es muy distinta a la previa y fue emocionante para mucha gente, entre quienes me incluyo, debido a que en el pasado hubo muchas cosas que no habían funcionado. Se habían hecho algunos intentos mediante cheques de beneficencia a las madres pobres, subsidios de habitación, el programa Head Start y la policía comunitaria. Y en su mayoría los niños de clase baja no estaban teniendo mejores resultados. Pero ahora parecía ser que si hacíamos mucho más eficientes las escuelas públicas, éstas se podrían convertir en una herramienta más poderosa que todo lo que se había intentado con anterioridad contra la pobreza. Era una idea transformadora, que provocó que surgiera un movimiento: el de la reforma educativa.

4. Un tipo diferente de reforma

En los primeros días del movimiento de reforma educativa, sus proponentes no habían decidido hacia dónde se dirigían. Compartían una visión, un paisaje nacional de las escuelas que tenían resultados igual de buenos que KIPP para los niños de bajos ingresos, pero estaban en desacuerdo sobre cuáles serían las mejores políticas para alcanzar esta visión. ¿Con vales?, ¿modificando el currículo nacional?, ¿con más escuelas subsidiadas?, ¿colocando menos alumnos por salón? Ahora, una década después, los reformistas educativos se han unido alrededor de un punto específico: la calidad de los maestros. El consenso de la mayoría de los promotores de la reforma[197] es que hay demasiados maestros con bajo rendimiento, en especial en las escuelas de alta pobreza, y la única manera de mejorar los resultados para los estudiantes de estas escuelas es cambiar la manera en que se contrata, capacita, compensa y despide a los maestros.

Este argumento tiene sus raíces intelectuales en un puñado de investigaciones[198] que publicaron algunos economistas y estadísticos a finales de la década de 1990 y principios del 2000, entre ellos, Eric Hanushek, Thomas Kane y William Sanders. Establecían que, a través de un método estadístico conocido como valor agregado, era posible identificar a dos grupos distintos de maestros: los que podían elevar el nivel de aprovechamiento de sus estudiantes con regularidad y los que tenían estudiantes que constantemente se quedaban rezagados. Esta noción llevó a la teoría del cambio, si se asignaba a un estudiante de bajo rendimiento y pocos recursos a un maestro de alta calidad durante varios años consecutivos, sus calificaciones deberían aumentar de forma continua y acumulativa y tras tres, cuatro o cinco años, lograría cerrar la brecha con sus compañeros más privilegiados. Y avanzaron un poco más esta idea: si los sistemas escolares y los contratos de los maestros se pudieran renovar para que cada estudiante de bajos recursos tuviera un maestro de alto rendimiento, la brecha se podría eliminar por completo.

En los últimos años, esta teoría se ha aplicado en los niveles más altos de gobierno. La principal iniciativa de educación de la administración de Obama, consiste en ofrecer incentivos competitivos a los estados para reescribir o enmendar las leyes referentes a la profesión docente. Muchos estados han aceptado la oferta del gobierno federal y, en consecuencia, varias modificaciones sobre las compensaciones, evaluaciones y antigüedad de los maestros se están poniendo a prueba en sistemas escolares de todo el país. Al mismo tiempo, la Fundación Bill y Melinda Gates (que gasta más dinero en educación que cualquier otra organización filantrópica) se ha embarcado en un proyecto de investigación de trescientos millones de dólares llamado Measures of Effective Teaching (Medidas de enseñanza efectivas) para intentar definir qué es la buena enseñanza y cómo crear una mejor fuerza nacional de maestros.

A pesar del consenso entre los reformistas, la presión nacional para aumentar la calidad de los maestros es bastante controvertida. Los sindicatos de maestros temen que sea un intento poco sutil de eliminar muchas de las prestaciones profesionales por las cuales han luchado a lo largo de varias décadas. Independientemente de la opinión que se tenga sobre los sindicatos, el hecho es que la investigación sobre el desempeño de los maestros sigue sin ser concluyente. En primer lugar, no sabemos aún cómo predecir de manera confiable quién será un maestro de excelencia en un año dado. A veces, los maestros que parecen estar fracasando, de pronto alcanzan grandes logros con sus alumnos. Otras veces, los maestros brillantes caen en picada[199]. Y todavía no sabemos si es verdad que una serie de maestros excelentes provocará un efecto positivo acumulativo en el desempeño de los estudiantes de bajos recursos. Parece lógico que tener un maestro de excelencia durante tres años consecutivos elevaría el desempeño de un estudiante, pero tal vez no. Tal vez el efecto se desvanezca después de un año. Hasta ahora, no hay evidencias sólidas que lo demuestren.

Es cierto que el sistema actual lleva muchos años asignando a los maestros menos capaces a los estudiantes que tienen mayor necesidad de enseñanza. Esto es un problema serio. Hanushek y otros promotores de la reforma, concluyeron que la variación en la calidad de los maestros representa menos de 10 por ciento[200] de la brecha entre los estudiantes de alto y bajo desempeño.

Este es el lado negativo de mezclar el debate educativo con el de la pobreza: se desvía la atención del asunto real. Se empieza a creer que la única cuestión importante es: ¿cómo mejoramos la calidad de los maestros? Sin embargo, la realidad es que eso solamente es una parte de un asunto mucho más amplio y profundo: ¿qué podemos hacer para mejorar de forma significativa las oportunidades de vida de millones de niños pobres?

Conforme ha desaparecido el tema de la pobreza dentro del debate de la reforma educativa, también hemos descuidado otro hecho importante: muchas de las reformas escolares más populares, incluyendo las escuelas subsidiadas de alto desempeño, que parecen funcionar mejor con los niños de bajos recursos más capaces, no proporcionan buenos resultados con los menos capaces. El problema es que el departamento federal de educación se preocupa únicamente de la necesidad financiera, mientras tiende a ocultar este dato. Actualmente, el único indicador oficial del estatus económico de un estudiante estadounidense de escuela pública es si califica para el subsidio del almuerzo, un beneficio que el gobierno ofrece a cualquier familia cuyo ingreso anual esté por debajo del 185 por ciento de la línea de la pobreza, lo cual en 2012 significaba 41,348 dólares para una familia de cuatro integrantes[201]. Según el departamento de educación, esto abarca más o menos al 40 por ciento[202] de los niños en Estados Unidos, incluyendo algunos que están creciendo en familias que muchos de nosotros definiríamos como clase trabajadora o incluso clase media (en las escuelas públicas de Chicago, solo uno de cada ocho estudiantes[203] no califica para el subsidio del almuerzo). Dentro de la generación de estudiantes de bajos recursos del departamento de educación, aproximadamente la mitad son genuinamente pobres, es decir, viven por debajo de la línea de pobreza. Y luego, la mitad de esos estudiantes (alrededor de 10 por ciento de todos los niños en Estados Unidos[204]) crecen en familias que ganan menos de la mitad de la línea de pobreza. Para una familia de cuatro, esto significa un ingreso menor a 11,000 dólares al año[205].

Y para los más de siete millones de niños[206] que crecen en una familia con ingresos por debajo de 11,000 dólares al año existen incontables obstáculos para alcanzar el éxito en la escuela (dificultades que probablemente no enfrentan las familias que ganan 41,000 dólares al año). Estas son consideraciones financieras directas: es probable que estas familias no puedan conseguir una casa adecuada o comida nutritiva, mucho menos ropa, libros o juguetes educativos. Pero los obstáculos más serios del aprendizaje que enfrenten trascenderán a lo que pueda o no comprar la familia. Si hay tan poco dinero es muy probable que no haya un adulto con empleo de tiempo completo en casa. Esto puede deberse a la escasez de empleos o a que existen obstáculos para que conseguir empleo, como podría ser una discapacidad, depresión o abuso de sustancias. Estadísticamente, es probable que el progenitor sea una madre soltera con poca educación, que jamás se haya casado y, por ende, existe la posibilidad, de que la agencia de protección infantil haya recibido algún informe sobre maltrato o sospecha de abuso.

Sabemos, por lo que nos han dicho los neurocientíficos y psicólogos, que los estudiantes que crecen en estos hogares tienen mayores probabilidades de alcanzar puntuaciones ACE altas y menos probabilidades de tener relaciones de apego seguro con sus cuidadores, que atenúen los efectos del estrés y el trauma. Esto, a su vez indica que desarrollarán las funciones ejecutivas por debajo del promedio y tendrán dificultad para manejar situaciones de estrés. En el aula, tienen como inconvenientes su baja concentración, escasas habilidades sociales, incapacidad de permanecer quietos y seguir instrucciones y, lo que los maestros definen como mal comportamiento.

A pesar de las intensas necesidades de estos niños, los reformistas de las escuelas no han creado intervenciones que funcionen para ellos, pero han tenido mucho más éxito con niños de familias con un poco más de ingresos, los que ganan 41,000 al año. Nadie ha encontrado una manera confiable de ayudar a los niños con profundas desventajas. En vez de esto, hemos creado es un sistema desarticulado, constituido por agencias gubernamentales y programas que les dan seguimiento, al azar, a lo largo de la niñez y la adolescencia.

Este proyecto disfuncional empieza en las clínicas sobrepobladas de Medicaid y continúa a través de las oficinas de bienestar infantil, en el servicio social y salas de emergencias de los hospitales. Cuando los estudiantes llegan a la escuela, el sistema los conduce hacia la educación especial, clases remediales, escuelas alternativas y luego, para los adolescentes, hay programas de GED y cursos de recuperación de créditos con asistencia en línea que, con frecuencia, los ayudan a graduarse del bachillerato sin tener habilidades decentes. Fuera de la escuela, el sistema incluye los hogares temporales, los centros de detención juvenil y los agentes de libertad condicional.

Dentro de este sistema, pocas agencias están especialmente bien administradas y, por lo general, no cuentan con el personal necesario (no hay un equivalente a Teach for America que envíe oleadas de jóvenes recién graduados de la universidad, entusiastas e idealistas, para que trabajen en ellas) y sus esfuerzos rara vez están bien coordinados. Para los niños y familias involucrados, lidiar con estas agencias tiende a ser frustrante y con frecuencia humillante. El sistema en su totalidad es extremadamente costoso e increíblemente ineficiente, además de tener una tasa de éxito muy baja; casi ningún niño que acceda a esos programas se gradúa de la universidad o alcanza alguno de los otros indicadores de una vida feliz y exitosa: una buena carrera, una familia intacta, un hogar estable.

Pero podríamos diseñar un sistema completamente distinto para los niños que están lidiando con una adversidad profunda y generalizada en casa. Se podría empezar por un centro de bienestar pediátrico exhaustivo, como en el que Nadine Burke

Harris está intentando construir en Bayview-Hunters Point, con cuidados específicos para el trauma y servicios sociales incluidos en cada visita. Podría continuar con intervenciones familiares que aumenten las probabilidades de un apego seguro, como ABC Attachment and Biobehavioral Catch-up, el programa desarrollado en la Universidad de Delaware. En preescolar, podría seguirse un programa como Tools of the Mind, que promueve las habilidades de función ejecutiva y autorregulación en los niños pequeños. Querríamos asegurarnos de que estos estudiantes asistieran a buenas escuelas (no a las de clases remediales) que los reten a realizar un trabajo de alto nivel. Y la ayuda académica que reciban en el aula deberá complementarse con intervenciones sociales, psicológicas y de construcción de carácter, como lo que hace Elizabeth Dozier en Fenger o Turnaround for Children en escuelas de bajos recursos en Nueva York y Washington D.C. En los bachilleratos, estos estudiantes se beneficiarían si se les proporcionara alguna especie de combinación de lo que hacen OneGoal y KIPP Through College, un programa que los dirija hacia la educación superior e intente prepararlos para la universidad, no solo académicamente sino también emocional y psicológicamente.

Un sistema coordinado como este, dirigido a ese 10 o 15 por ciento de los estudiantes en mayor riesgo de fracasar, sería costoso, sin duda, pero seguramente sería más barato que el sistema que tenemos funcionando ahora. No solo salvaría vidas sino dinero, no solo a largo plazo, sino de inmediato.

5. La política de la desventaja

Hablar sobre la influencia de la familia en el triunfo y el fracaso de los niños pobres puede ser una conversación incómoda. Los reformistas educativos prefieren localizar los obstáculos principales del éxito dentro del sistema escolar y, como un acto de fe, consideran que las soluciones a estos obstáculos se encontrarán también en las aulas. Los escépticos de la reforma,

en contraste, culpan a factores externos por el bajo desempeño de los niños de bajos recursos, pero cuando se elabora una
lista de estos factores, tienden a elegir los que no tienen mucho que ver con el funcionamiento familiar. En vez de esto,
identifican en gran medida influencias tales como las toxinas
en el ambiente, la desnutrición, una inadecuada atención a la
salud, falta de vivienda y discriminación racial. Todos estos
problemas son genuinos e importantes, pero no representan
con precisión los mayores obstáculos al éxito académico que
los niños pobres enfrentan con frecuencia: un hogar y una
comunidad que crean altos niveles de estrés y la ausencia de
una relación segura con un cuidador que le permita al niño
manejar este estrés.

Ahora que estamos buscando las raíces del mal desempeño
relacionado con la pobreza, ¿por qué tendemos a enfocarnos
en culpar los factores equivocados y hacer caso omiso de lo
que la ciencia nos dice que hace más daño? Creo que hay tres
razones. La primera es que la ciencia en sí misma es densa y
difícil de penetrar. Si hay que utilizar el término hipotalámico-pituitario-adrenal para demostrar un punto, estamos en
problemas.

En segundo, aquellos que no vivimos en hogares de bajos
recursos nos sentimos incómodos hablando de la disfunción
familiar en esos hogares. Es grosero discutir las prácticas de
crianza de la gente, de forma crítica, en público. Es especialmente cuando se está hablando de padres que carecen de las
mismas ventajas materiales que uno. Y cuando la persona que
está haciendo los comentarios es blanca y los padres en cuestión son negros, aumenta el nivel de ansiedad de todos. Esta
es una conversación que inevitablemente desentierra asuntos
dolorosos de la política y la psique estadounidense.

Por último, está el hecho de que la nueva ciencia, con
toda su complejidad, presenta un reto real para algunas de las
creencias políticas más arraigadas tanto en la derecha como en
la izquierda. Para los liberales, la ciencia está diciendo que los

conservadores están en lo correcto en un punto muy importante: el carácter importa. No existe una herramienta contra la pobreza que se pueda proporcionar a los jóvenes en desventaja que sea más valiosa que las fortalezas de carácter: responsabilidad, determinación, resiliencia, perseverancia y optimismo (que Keitha Jones, Kewauna Lerma y James Black poseen en impresionantes cantidades).

El discurso típico conservador sobre la pobreza únicamente señala que: el carácter importa... y eso es todo. Una sociedad no puede hacer mucho hasta que la gente pobre, de alguna manera, desarrolle un mejor carácter. Mientras tanto, todos los demás quedan libres de responsabilidad. Podemos sermonear a los pobres, castigarlos si no se portan como deberían, pero ahí termina nuestra responsabilidad.

Sin embargo, la ciencia sugiere una realidad muy distinta. Señala que las fortalezas de carácter son importantes para el éxito, pero no son innatas, no aparecen mágicamente como resultado de la buena suerte o los buenos genes, y no son simplemente una elección. Están fundamentadas en la química cerebral y se moldean, de maneras medibles y predecibles, por el ambiente en el que crecen los niños. Esto significa que la sociedad en su conjunto puede hacer muchísimo para influir en el desarrollo de los niños. Ahora sabemos mucho sobre el tipo de intervenciones que ayudarán a desarrollar estas fortalezas y habilidades, empezando desde el nacimiento y llegando hasta la universidad. Los padres son un excelente vehículo para estas intervenciones, pero no son el único. La ayuda transformadora también proviene de manera regular de trabajadores sociales, maestros, miembros del clero, pediatras y vecinos. Podemos argumentar que quién debería proporcionar estas intervenciones es el gobierno o alguna organización no lucrativa, pero lo que no podemos seguir argumentando es que no haya nada que podamos hacer.

Comúnmente los promotores de la reforma educativa se basan en la economía: como nación, debemos cambiar nuestro enfoque sobre el desarrollo infantil porque nos ahorrará dinero y mejorará la economía. Jack Shonkoff, el director del Centro de desarrollo infantil de Harvard, concluyó que un programa efectivo de apoyo para los padres[207] de niños pequeños de bajos recursos sería mucho menos costoso y más eficiente que nuestro enfoque actual que nos lleva a pagar por una educación remedial y capacitación para el empleo. James Heckman, a través de las matemáticas, ha llevado la discusión un paso más allá, calculando que el Preescolar Perry produjo entre siete y doce dólares de beneficio tangible[208] a la economía estadounidense por cada dólar que se invirtió.

Pero a pesar de lo poderoso del caso económico, el argumento que más resuena en mi mente es uno puramente personal. Cuando paso tiempo con la gente que crece en la adversidad, no puedo evitar sentir dos cosas: en primer lugar, una sensación de rabia. Cuando Kewauna habla sobre del salón de WINGS, en su escuela de Minnesota, donde se la pasaba viendo películas y comiendo palomitas mientras los demás niños aprendían matemáticas y metáforas, me siento como se sintió Elizabeth Spiegel cuando se dio cuenta de lo poco que le habían enseñado a James Black sobre el mundo además del tablero de ajedrez: me enojo por Kewauna. Como resultado tuvo que trabajar el doble de duro.

Lo cual me lleva a mi segunda reacción: una sensación de admiración y esperanza cuando veo a los jóvenes tomar la decisión difícil, y con frecuencia dolorosa, de seguir un mejor camino, de alejarse de lo que podría parecer su destino inevitable. James, Keitha y Kewauna siguen trabajando más duro de lo que jamás imaginé que podría hacer un adolescente para reconstruirse a sí mismo y mejorar su vida. Todos los días se obligan a subir un escalón más hacia un futuro exitoso. Pero, para el resto de nosotros, no es suficiente aplaudir sus esfuerzos y esperar que algún día más jóvenes sigan su ejemplo. No llegaron solos a esa escalera. Están ahí porque alguien los ayudó a dar el primer paso.

Agradecimientos

La gratitud es una de las siete fortalezas de carácter que los maestros en KIPP y Riverdale están tratando de inculcar en sus estudiantes y me alegra tener la oportunidad de ejercitarla aquí, a lo largo de unos cuantos párrafos: no es espacio suficiente para agradecer a toda la gente que me ayudó a realizar este libro, pero alcanza para mencionar, al menos, a unos cuantos.

Mi reportaje se vio beneficiado por la generosidad y sabiduría de muchos académicos e investigadores, pero estoy especialmente agradecido con James Heckman, Clancy Blair, Nadine Burke Harris y Angela Duckworth, quienes no solo compartieron conmigo el profundo conocimiento que posee cada uno en su propia área, sino que también me ayudaron a ver las conexiones que trascendían las fronteras tradicionales de la academia y la ciencia: los vínculos entre la psicología del desarrollo y la economía laboral, entre la criminología y la medicina pediátrica, entre las hormonas del estrés y la reforma escolar.

Mi agradecimiento también va dirigido a los educadores que me permitieron observarlos trabajar y se tomaron tantas molestias en explicarme por qué hacían lo que hacían, en especial, Elizabeth Spiegel, Jeff Nelson, David Levin, Elizabeth Dozier, Dominic Randolph, Tom Brunzell, K.C. Cohen, Michele Stefl y Lanita Reed.

Steve Gates tal vez no se describa a sí mismo como educador, pero lo incluyo en esta categoría también, porque ciertamente me educó a mí, su orientación y generosidad enriquecieron el tiempo que pasé en Roseland.

Estoy muy agradecido con docenas de jóvenes en Chicago, Nueva York y San Francisco que me contaron sus historias y respondieron a mis preguntas sobre sus vidas con honestidad, introspección y aplomo, en especial Keitha Jones, Monisha Sullivan, Thomas Gaston, James Black y Kewauna Lerma.

Mi agradecimiento a todos en Houghton Mifflin Harcourt por hacer realidad este libro, en especial a mi editora, Deanne Urmy, cuyas contribuciones son visibles en cada página. Estoy agradecido con mi agente, David McCormick, por su incansable fe en este proyecto y con mi agente de conferencias, Alia Hanna Habib, por todo su apoyo, aliento y consejo. Gracias a Emmy Liss, quien me proporcionó apoyo de investigación: expandió mi comprensión de lo que significa para un niño crecer en la profunda desventaja. Gracias a Charles William Wilson, quien fue intrépido y meticuloso en la revisión de datos de gran parte del manuscrito. Estoy también agradecido con Katherine Bradley y sus colegas en CityBridge Foundation por su ayuda y apoyo en las primeras etapas de mi reportaje.

Estoy en deuda con los amigos y colegas que leyeron los borradores y secciones de este trabajo y me dieron sus consejos, incluyendo a Matt Bai y James Forman Jr, así como dos destacados editores de revistas, Vera Titunik y Daniel Zalewski, quienes me ayudaron a convertir algunos de mis reportajes para este libro en artículos para la *New York Times Magazine* y *The New Yorker*, respectivamente. Dos editores más, ambos indispensables: cuando sentía que no podía encontrar cómo salir o entrar a un capítulo, la primera llamada invariablemente fue a Joel Lovell, quien siempre me dio una solución. Y después de terminar el libro, Ira Glass me guió en algunas revisiones críticas, leyendo y ofreciendo su consejo sobre múltiples versiones; tuve suerte de contar con sus entrenados ojos y oídos.

Envío un agradecimiento, de todo corazón, a la familia y amigos que me ofrecieron apoyo, consejo y una bienvenida distracción en el camino, incluyendo a Susan Tough, Anne Tough, Alen Tough, Jack Hitt, Michael Pollan, Ethan Watters, Ann Clarke, Matt Klam, Kira Pollack, James Ryerson, Elana James e Ilena Silverman.

Y sobre todo, mi agradecimiento a Paula, Ellington y Georgie, por su ayuda, su apoyo y su amor. En los agradecimientos de mi último libro, le prometí a Paula que este sería más sencillo y no lo fue. Pero perseveró de todas maneras, con paciencia, buen humor y grandes cantidades de determinación. Los artículos de investigación en los cuales me sumergí al escribir este libro me enseñaron mucho sobre el poder de transformación que tiene el amor de una familia, pero ese conocimiento no es nada, comparado con lo que aprendo de ella cada día.

Notas

1. **Tools of the Mind...** Paul Tough, "Can the Right Kinds of Play Teach Self-Control?", *New York Times Magazine*, 25 de septiembre de 2009.
2. **Rug Rat Race...** Garey Ramey y Valerie A. Ramey, *The Rug Rat Race*, Cambridge, MA: National Bureau of Economics Research, enero de 2010.
3. **La edad ideal es los 3 años...** Kate Zernike, "Fast-Tracking to Kindergarten?", *New York Times,* 13 de mayo de 2011.
4. *(Puntos de partida: satisfacer las necesidades de nuestros niños más pequeños)* Carnegie Task Force on Meeting the Needs of Young Children, *Starting Points: Meeting the Needs of Our Youngest Children*, New York: Carnegie Corporation, 1994.
5. **Uno de los estudios más famosos sobre este tema...** Betty Hart y Todd R. Risley, *Meaningful Differences in the Everyday Experience of Young American Children*, Baltimore: Paul H. Brookes, 1995.
6. **Desarrollo educativo general.** James J. Heckman, John Eric Humphries y Nicholas S. Mader, "The GED", *Handbook of the Economics of Education* 3, Oxford: Elsevier, 2011.
   Véase también:
   • James J. Heckman, Jingjing Hsse y Yona Rubinstein, "The GED is a 'Mixed Signal': The Effect of Cog-

nitive and Non-Cognitive Skills on Human Capital and Labor Market Outcomes", marzo de 2002.
• James J. Heckman y Yona Rubinstein, "The Importance of Noncognitive Skills: Lessons from the GED Testing Program", *American Economic Review* 91, N° 2, mayo de 2001.

7. El GED se convirtió en una prueba que... Pedro Carneiro y James J. Heckman, "Human Capital Policy", *Inequality in America: What Role for Human Capital Policies?*, Cambridge, MA: MIT Press, 2003.

8. Los estudiantes de Perry tuvieron más probabilidades de graduarse... James J. Heckman, Seong Hyeok Moon, Rodrigo Pinto, Peter A. Savelyev y Adam Yavitz, "The Rate of Return to the High/Scope Perry Preschool Program", *Journal of Public Economics* 94, N° 1-2, febrero de 2010.
Véase también:
• James Heckman, Lena Malofeeva, Rodrigo Pinto y Peter Savelyev, "Understanding the Mechanisms Through Which an Influential Early Childhood Program Boosted Adult Outcomes", 23 de noviembre de 2011.

9. "Comportamiento personal y desarrollo social"... James Heckman, Lena Malofeeva, Rodrigo Pinto y Peter Savelyev, "Enhancements in Noncognitive Capacities Explain Most of the Effects of the Perry Preschool Program", 13 de enero de 2010.

10. Colocó a Fenger en la categoría más baja... Michael Martinez, "City's Schools Now Thinking Small", *Chicago Tribune*, 20 de septiembre de 1996.

11. Contratar a un consultor externo... Lynn Schnaiberg, "Scores Up But Schools No Better", *Catalyst Chicago*, marzo de 2001.

12. Creó una academia de primer ingreso... Michael Martinez, *op cit.*

13. **Creó una academia de matemáticas...** Jody Temkin, "Last-Minute Decisions Keep Fenger on Its Toes", *Catalyst Chicago*, octubre de 1999.
14. **Una escuela especializada con enfoque en la tecnología...** Michael Martínez, "Magnet Programs to Expand in City Schools", *Chicago Tribune*, 16 de marzo de 2001.
15. **Eligió a Fenger como una de las escuelas subvencionadas...** David Mendell, "City Dropouts Target of Grant", *Chicago Tribune*, 18 de abril de 2006.
16. **La cuenta para el proyecto en toda la ciudad creció a ochenta millones...** Sarah Karp, "If at First You Don't Succeed...Turnaround and Go Big", *Catalyst Chicago,* 16 de enero de 2009.
17. **Para las escuelas públicas de Chicago y para la ciudad, sino para el país...** David Mendell, *op cit.*
18. **Propuesta por Duncan: High School Turnaround...** Sarah Karp, "If at First"; "Putting the Brakes on High School Transformation", *Catalyst Chicago*, 28 de abril de 2009.
19. **Recibieron un impacto de arma de fuego, pero sobrevivieron...** Sarah Karp, "Youth Murders Up, Money for School Violence Prevention in Doubt", *Catalyst Chicago*, 28 de enero de 2011.
20. **Convirtiendo el oro en plomo...** "Belastungen in der Kindheit und Gesundheit im Erwachsenenalter: die Verwandlung von Gold in Blei", *Zeitschrift für Psychosomatische Medizin und Psychotherapie* 48, 2002.
21. **Una respuesta de casi 70 por ciento...** Shanta R. Dube *et al*, "Childhood Abuse, Household Dysfunction, and the Risk of Attempted Suicide Throughout the Life Span", *Journal of the American Medical Association* 286, N° 24, 26 de diciembre de 2001.
22. **Uno de cada ocho tenía una puntuación de 4 o más...** *Ibid.*

23. **Fueron tan poderosas que los impactaron...** Robert Anda, "The Health and Social Impact of Growing Up with Adverse Childhood Experiences", www.acestudy.org

24. **Comparados con las personas sin historial de ACE...** Robert Anda, Vincent Felitti *et al*, "The Enduring Effects of Abuse and Related Adverse Experiences in Childhood: A Convergence of Evidence from Neurobiology and Epidemiology", *European Archives of Psychiatry and Clinical Neurosciences* 56, 2006.

Véase también:

- Vincent J. Felitti y Robert F. Anda, "The Relationship of Adverse Childhood Experiences to Adult Medical Disease, Psychiatric Disorders, and Sexual Behavior: Implications for Healthcare", *The Hidden Epidemic: The Impact of Early Life Trauma on Health and Disease,* Cambridge: Cambridge University Press, 2010

- Valerie J. Edwards *et al*, "The Wide-Ranging Health Outcomes of Adverse Childhood Experiences", *Child Victimization,* Kingston, NJ: Civic Research Institute, 2005.

- Vincent J. Felitti, Paul Jay Fink, Ralph E. Fishkin y Robert F. Anda, "An Epidemiologic Validation of Psychoanalytic Concepts: Evidence from the Adverse Childhood Experiences (ACE) Study of Childhood Trauma and Violence", *Trauma und Gewalt* 1, 2006.

25. **Tenían el doble de probabilidades de fumar...** Anda, Felitti *et al*, "The enduring effects of abuse and related adverse experiences in childhood. A convergence of evidence from neurobiology and epidemiology", *Eur Arch Psychiatry Clin Neurosci*, 2006.

26. **Enfermedades cardiacas...** Edwards *et al*, "Wide-Ranging Health Outcomes."

27. **Hepáticas...** Maxia Dong *et al*, "Adverse Childhood Experiences and Self-Reported Liver Disease", *Archives of Internal Medicine* 163, 8 de septiembre de 2003.
28. **Treinta veces más posibilidades de haber intentado suicidarse...** Dube *et al*, "Childhood abuse, neglect, and household dysfunction and the risk of illicit drug use: the adverse childhood experiences study."
29. **Cuarenta y seis veces más probabilidades de haberse inyectado drogas...** Felitti y Anda, "Relationship of childhood abuse and household dysfunction to many of the leading causes of death in adults. The Adverse Childhood Experiences (ACE) Study."
30. **Cardiopatía isquémica...** Vincent J. Felitti, Paul Jay Fink, Ralph E. Fishkin y Robert F. Anda, *op cit.*
31. **Cuando surge un peligro potencial...** Robert M. Sapolsky, *Why Zebras Don't Get Ulcers*, New York: St. Martin's Press, 1994.
    Véase también:
    • Seymour Levine, "Stress: An Historical Perspective", *Handbook of Stress and the Brain*, Part 1: The Neurobiology of Stress, Amsterdam: Elsevier, 2005.
    • Center on the Developing Child at Harvard University, *The Foundations of Lifelong Health Are Built in Early Childhood*, Cambridge, MA: Center on the Developing Child, 2010.
32. **Bruce McEwen...** Bruce S. McEwen, "Protection and Damage from Acute and Chronic Stress", *Annals of the New York Academy of Sciences* 1032, 2004.
33. **Teresa Seeman, gerontóloga de UCLA...** Seeman *et al*, "Modeling Multisystem Biological Risk in Young Adults: The Coronary Artery Risk Development in Young Adults Study", *American Journal of Human Biology* 22, 2010.
    Véase también:
    • Teresa Seeman *et al*, "Socio-Economic Differentials

in Peripheral Biology: Cumulative Allostatic Load", *Annals of the New York Academy of Sciences* 1186, 2010.

34. **Pacientes con un ACE de cero...** Nadine J. Burke, Julia L. Hellman, Brandon G. Scott, Carl F. Weems y Victor G. Carrion, "The Impact of Adverse Childhood Experiences on an Urban Pediatric Population", *Child Abuse and Neglect* 35, N° 6, junio de 2011.

35. **En una encuesta nacional...** Sara E. Rimm-Kaufman, Robert C. Pianta y Martha J. Cox, "Teachers' Judgments of Problems in the Transition to Kindergarten", *Early Childhood Research Quarterly* 15, N° 2, 2000.

36. **Los maestros de una escuela privada...** Janis B. Kupersmidt, Donna Bryant y Michael T. Willoughby, "Prevalence of Aggressive Behaviors Among Preschoolers in Head Start and Community Child Care Programs", *Behavioral Disorders* 26, N° 1, noviembre de 2000.

37. **Controladores de tráfico aéreo...** Center on the Developing Child at Harvard University, "Building the Brain's 'Air Traffic Control' System: How Early Experiences Shape the Development of Executive Function", Cambridge, MA: Center on the Developing Child, febrero de 2011.

38. **Investigadores de la Universidad de Cornell...** Gary W. Evans y Michelle A. Schamberg, "Childhood Poverty, Chronic Stress, and Adult Working Memory", *Proceedings of the National Academy of Sciences* 106, N° 16, 2009.

39. **Algo especialmente fuera de balance en el cerebro adolescente...** Laurence Steinberg, "A Behavioral Scientist Looks at the Science of Adolescent Brain Development", *Brain and Cognition* 72, 2010.

40. **Dos sistemas neurológicos independientes...** Laurence Steinberg, "A Social Neuroscience Perspective

on Adolescent Risk-Taking", *Developmental Review* 28, N° 1, marzo de 2008.

Véase también:

• Laurence Steinberg, "A Dual Systems Model of Adolescent Risk-Taking", *Developmental Psychobiology* 52, N° 3, abril de 2010.

41. Investigadores de la Universidad de Northwestern... Karen M. Abram *et al*, "Posttraumatic Stress Disorder and Trauma in Youth in Juvenile Detention", *Archives of General Psychiatry* 61, abril de 2004.

42. Muy por debajo del nivel promedio... Roseanna Ander, Philip J. Cook, Jens Ludwig y Harold Pollack, *Gun Violence Among School-Age Youth in Chicago* University of Chicago, Crime Lab, 2009.

43. Los investigadores de los laboratorios de Meaney notaron algo curioso... Dong Liu *et al*, "Maternal Care, Hippocampal Glucocorticoid Receptors, and Hypothalamic-Pituitary-Adrenal Responses to Stress", *Science* 277, N° 5332, 12 de septiembre de 1997.

44. Cada acicalamiento por parte de la madre... Christian Caldji *et al*, "Maternal Care During Infancy Regulates the Development of Neural Systems Mediating the Expression of Fearfulness in the Rat", *Proceedings of the National Academy of Sciences* 95, N° 9, 28 de abril de 1998.

45. Experimentos de crianza cruzada... Christian Caldji, Josie Diorio y Michael J. Meaney, "Variations in Maternal Care in Infancy Regulate the Development of Stress Reactivity", *Biological Psychiatry* 48, N° 12, 15 de diciembre de 2000.

46. Va mucho más allá que eso: Ian C. G. Weaver *et al*, "Epigenetic Programming by Maternal Behavior", *Nature Neuroscience* 7, N° 8, agosto de 2004.

Véase también:

• Robert M. Sapolsky, "Mothering Style and Methylation", *Nature Neuroscience* 7, N° 8, agosto de 2004.

47. **Tejido cerebral de suicidas humanos...** Patrick O. Mc-Gowan *et al*, "Epigenetic Regulation of the Glucocorticoid Receptor in Human Brain Associates with Child Abuse", *Nature Neuroscience* 12, N° 3, marzo de 2009. Véase también:

- Steven E. Hyman, "How Adversity Gets Under the Skin", *Nature Neuroscience* 12, N° 3 marzo de 2009.
- Hanna Hoag, "The Painted Brain: How Our Lives Colour Our Minds", *Montreal Gazette,* 18 de enero de 2011.

48. **Clancy Blair, investigador de psicología de la Universidad de Nueva York...** Clancy Blair *et al*, "Salivary Cortisol Mediates Effects of Poverty and Parenting on Executive Functions in Early Childhood", *Child Development* 82, N° 6, noviembre / diciembre de 2011.

49. **Cuando las madres tenían un alto nivel de sensibilidad y de respuesta...** Clancy Blair *et al*, "Maternal and Child Contributions to Cortisol Response to Emotional Arousal in Young Children from Low-Income, Rural Communities", *Developmental Psychology* 44, N° 4, 2008. Véase también:

- Clancy Blair, "Stress and the Development of Self-Regulation in Context", *Child Development Perspectives* 4, N° 3, diciembre de 2010.

50. **Gary Evans...** Gary W. Evans *et al*, "Cumulative Risk, Maternal Responsiveness, and Allostatic Load Among Young Adolescents", *Developmental Psychology* 43, N° 2, 2007.

51. **La teoría del apego entre las décadas de 1950 y 1960...** Robert Karen, *Becoming Attached: First Relationships and How They Shape Our Capacity to Love,* New York: Oxford University Press, 1998.

52. **Egeland y Sroufe empezaron a darles seguimiento...** L. Alan Sroufe, Byron Egeland, Elizabeth A. Carlson y W. Andrew Collins, *The Development of the Person: The Minnesota Study of Risk and Adaptation from Birth to Adulthood*, New York: Guilford Press, 2005. Véase también:

• Alan Sroufe y Daniel Siegel, "The Verdict Is In: The Case for Attachment Theory", *Psychotherapy Networker*, marzo / abril de 2011.

53. **Se determinó que dos terceras partes de los niños...** L. Alan Sroufe, Byron Egeland, Elizabeth A. Carlson y W. Andrew Collins, *op cit.*

54. **Cuando los maestros clasificaron a los estudiantes según sus indicadores de dependencia...** *Ibid.*

55. **Más curiosos y mejor equipados para enfrentar problemas...** L. Alan Sroufe, "Attachment and Development: A Prospective, Longitudinal Study from Birth to Adulthood", *Attachment and Human Development* 7, N° 4, diciembre de 2005.

56. **Predecía con mayor certidumbre qué estudiantes se graduarían...** Shane Jimerson, Byron Egeland, L. Alan Sroufe y Betty Carlson, "A Prospective Longitudinal Study of High School Dropouts Examining Multiple Predictors Across Development", *Journal of School Psychology* 38, N° 6, 2000.

57. **Dante Cicchetti...** Dante Cicchetti, Fred A. Rogosch, y Sheree L. Toth, "Fostering Secure Attachment in Infants in Maltreating Families Through Preventive Interventions", *Development and Psychopathology* 18, N° 3, 2006.

58. **Tratamiento multidimensional de cuidado para niños en edad preescolar...** Megan R. Gunnar, Philip A. Fisher, the Early Experience, Stress, and Prevention Network, "Bringing Basic Research on Early Experience and Stress Neurobiology to Bear on Preventive Interventions for Neglected and Maltreated Children", *Development and Psychopathology* 18, N° 3, 2006.

59. **Attachment and Biobehavioral Catch-up:** Mary Dozier *et al*, "Developing Evidence-Based Interventions for Foster Children: An Example of a Randomized Clinical Trial with Infants and Toddlers", *Journal of Social Issues* 62, N° 4, 2006.

60. **Después de solo diez visitas a sus casas...** Kristin Bernard *et al*, "Enhancing Attachment Organization Among Maltreated Children: Results of a Randomized Clinical Trial", *Child Development* 83, N° 2, marzo de 2012.

61. **Heather Mac Donald, becaria en el Manhattan Institute.** Heather Mac Donald, "Chicago's Real Crime Story", *City Journal*, 2010.

62. **En candidatos a ingresar a cualquier universidad...** Jay Mathews, *Work Hard. Be Nice. How Two Inspired Teachers Created the Most Promising Schools in America*, Algonquin Books of Chapel Hill, 2009.

63. **Las calificaciones más altas de las escuelas del Bronx...** Abby Goodnough, "Structure and Basics Bring South Bronx School Acclaim", *New York Times*, 20 de octubre de 1999.

64. **Una historia sobre KIPP en la portada del *New York Times*...** Jodi Wilgoren, "Seeking to Clone Schools of Success for the Poor", *New York Times*, 16 de agosto de 2000.

65. **Se habían titulado de una carrera universitaria de cuatro años...** KIPP presta particular atención a la cifra de seis años tras la graduación, porque es el indicador generalmente aceptado para las estadísticas de graduación de la universidad. A partir de la primavera de 2012, nueve años después de que estuviera programada la graduación de bachillerato de los estudiantes de la generación 2003 de KIPP Academy, dos miembros de esa generación siguen inscritos en un programa de licenciatura y camino a graduarse este año, lo cual hará

que la tasa total de graduación de esa generación sea de 26 por ciento. Otros tres estudiantes se graduaron de programas de dos años. Los veinticinco restantes no tienen títulos superiores.

66. **Martin Seligman...** Martin E. P. Seligman, *Learned Optimism: How to Change Your Mind and Your Life*, New York, A. A. Knopf, 1991.
67. **Un "grave estado de ánimo"...** *Ibid.*
68. **Un "manual de la cordura"...** Christopher Peterson y Martin E. P. Seligman, *Character Strengths and Virtues: A Handbook and Classification*, Oxford: Oxford University Press, 2004.
69. **Una "ciencia del buen carácter"...** *Ibid.*
70. **"Las virtudes son mucho más interesantes que las leyes"...** *Ibid.*
71. **También significativa y satisfactoria...** *Ibid.*
72. **Una gran presión nacional por incluir la educación del carácter...** Roger Rosenblatt, "Teaching Johnny to Be Good", *New York Times Magazine*, 30 de abril de 1995.
    Véase también:
    • Charles Helwig, Elliot Turiel, y Larry Nucci, "Character Education After the Bandwagon Has Gone", *Developmental Perspectives and Approaches to Character Education*, Simposio realizado en la reunión de la American Educational Research Association, Chicago, marzo de 1997.
73. **Una evaluación nacional de los programas de educación para el carácter...** Social and Character Development Research Consortium, *Efficacy of School-wide Programs to Promote Social and Character Development and Reduce Problem Behavior in Elementary School Children*, Washington, DC: National Center for Education Research, Institute of Education Sciences, U.S. Department of Education, 2010.

Véase también:

- Sarah D. Spark, "Character Education Found to Fall Short in Federal Study", *Education Week*, 21 de octubre de 2010.

74. *Sweating the Small Stuff (Explotación de las cosas pequeñas)*... David Whitman, *Sweating the Small Stuff: Inner-City Schools and the New Paternalism*, Washington, DC: Thomas B. Fordham Institute, 2008.

75. **Los valores tradicionales de la clase media...** *Ibid.*

76. **Igual de importante que el intelecto...** Martin E. P. Seligman, *Flourish: A Visionary New Understanding of Happiness and Well-Being*, New York: Free Press, 2011.

77. **Para su tesis de primer año...** Angela Lee Duckworth y Martin E. P. Seligman, "Self-Discipline Outdoes IQ in Predicting Academic Performance of Adolescents", *Psychological Science* 16, N° 12, 2005.

78. **Fuerza de voluntad de niños de cuatro años de edad...** Walter Mischel, "From Good Intentions to Willpower", *The Psychology of Action: Linking Cognition and Motivation to Behavior*, New York: Guilford Press, 1996

79. **Los niños que habían sido capaces de esperar quince minutos...** Jonah Lehrer, "Don't!", *New Yorker*, 18 de mayo de 2009.

80. **Pudieron aplazar otros siete minutos...** Walter Mischel, Yuichi Shoda y Monica L. Rodríguez, "Delay of Gratification in Children", *Science 244*, N° 4907, 26 de mayo de 1989.

81. **Calvin Edlund...** Calvin V. Edlund, "The Effect on the Behavior of Children, as Reflected in the IQ Scores, When Reinforced After Each Correct Response", *Journal of Applied Behavior Analysis* 5, N° 3, 1972.

82. **Dos investigadores de la Universidad de South Florida:** Joy Clingman y Robert L. Fowler, "The Effects of Primary Reward on the I.Q. Performance of Grade-

School Children as a Function of Initial I.Q. Level",
Journal of Applied Behavior Analysis 9, N° 1, 1976.

83. **Aumentaba las donaciones de sangre...** Steven D. Levitt y Stephen J. Dubner, *Freakonomics: A Rogue Economist Explores the Hidden Side of Everything*, New York: HarperCollins, 2005.

84. **Programas de incentivos en las escuelas públicas...** Roland G. Fryer Jr., "Financial Incentives and Student Achievement: Evidence from Randomized Trials", *Quarterly Journal of Economics* 126, 2011.
Véase también:
• Roland G. Fryer, "Teacher Incentives and Student Achievement: Evidence from New York City Public Schools", *NBER Workingpaper* 16850, Cambridge, MA: National Bureau of Economic Research, marzo de 2011
• Roland G. Fryer Jr., "Aligning Student, Parent, and Teacher Incentives: Evidence from Houston Public Schools", *NBER Workingpaper* 17752, Cambridge, MA: National Bureau of Economic Research, enero de 2012
• Amanda Ripley, "Should Kids Be Bribed to Do Well in School?", *Time*, 8 de abril de 2010.
• Elizabeth Green, "Study: $75M Teacher Pay Initiative Did Not Improve Achievement", *Gotham Schools*, 7 de marzo de 2011.

85. **Cómo interactuaban la personalidad y los incentivos...** Carmit Segal, "Working When No One Is Watching: Motivation, Test Scores, and Economic Success", *Management Science*, Universitat Pompeu Fabra, 2006.

86. **Dentro de las dimensiones de la personalidad humana...** "Introduction: Personality and Industrial and Organizational Psychology", *Personality Psychology in the Workplace*, Washington, DC: American Psychological Association, 2001.

Véase también:

- Robert Hogan, *Personality and the Fate of Organizations*, Mahwah, NJ: Lawrence Erlbaum Associates, 2007.

87. **Que van mucho más allá del área laboral...** Brent W. Roberts *et al*, "The Power of Personality: The Comparative Validity of Personality Traits, Socioeconomic Status, and Cognitive Ability for Predicting Important Life Outcomes", *Perspectives on Psychological Science* 2, 2007.

Véase también:

- Angela Lee Duckworth y Kelly M. Allred, "Temperament in the Classroom", *Handbook of Temperament*, New York: Guilford Press.

88. **La instrucción escolar en la América capitalista...** Samuel Bowles y Herbert Gintis, *Schooling in Capitalist America: Educational Reform and the Contradictions of Economic Life*, New York: Basic Books, 1976.

89. **A subordinarse de manera adecuada...** *Ibid.*

90. **Decidido, perseverante.** *Ibid.*

91. **Altos niveles de creatividad e independencia...** *Ibid.*

92. **No existe ninguna desventaja real por tener demasiado autocontrol...** Christopher Peterson y Martin E. P. Seligman, *Character Strengths and Virtues: A Handbook and Classification*, Oxford: Oxford University Press, 2004.

93. **La gente que se controla demasiado está "excesivamente restringida"...** Tera D. Letzring, Jack Block y David C. Funder, "Ego-Control and Ego-Resiliency: Generalization of Self-Report Scales Based on Personality Descriptions from Acquaintances, Clinicians, and the Self", *Journal of Research in Personality* 39, N° 4, agosto de 2005.

94. **Un equipo de investigadores publicó los resultados...** Terrie E. Moffitt *et al*, "A Gradient of Childhood Self-

Control Predicts Health, Wealth, and Public Safety", *Proceedings of the National Academy of Science* 108, N° 7, febrero de 2011.

Véase también:

- Paul Solman, "Self-Controlled Kids Prosper as Adults: 'Fatalistically Depressing'?", *PBS News-Hour*, 13 de junio de 2011.

95. **Escala de la determinación...** Angela Lee Duckworth y Patrick D. Quinn, "Development and Validation of the Short Grit Scale (Grit-S)", *Journal of Personality Assessment* 91, N° 2, 2009.

Véase también:

- Angela L. Duckworth, Christopher Peterson, Michael D. Matthews y Dennis R. Kelly, "Grit: Perseverance and Passion for Long-Term Goals", *Journal of Personality and Social Psychology* 92, N° 6, 2007.

96. **Asociación de educación del carácter...** Character Education Partnership, *Performance Values: Why They Matter and What Schools Can Do to Foster Their Development*, Washington, DC: Character Education Partnership, abril de 2008.

97. **Problemas emocionales a partir de la secundaria...** Madeline Levine, *The Price of Privilege: How Parental Pressure and Material Advantage Are Creating a Generation of Disconnected and Unhappy Kids*, New York: HarperCollins, 2006.

98. **Sentimientos de vergüenza y desesperanza en los niños...** *Ibid.*

99. **Luthar encontró que los adolescentes de clase alta...** Suniya S. Luthar y Chris C. Sexton, "The High Price of Affluence", *Advances in Child Development*, vol. 32, San Diego: Academic Press, 2004.

Véase también:

- Suniya S. Luthar y Karen D'Avanzo, "Contextual Factors in Substance Use: A Study of Suburban and

Inner-City Adolescents", *Development and Psycho-pathology* 11, N° 4, 1999.

100. Con todavía más recursos... Suniya S. Luthar y Chris C. Sexton, *op cit.*

101. Múltiples problemas persistentes... Suniya S. Luthar y Shawn J. Latendresse, "Children of the Affluent: Challenges to Well-Being", *Current Directions in Psychological Science* 14, N° 1, febrero 2005.

102. Aislamiento de los padres, tanto físico como emocional... Suniya S. Luthar y Chris C. Sexton, "The High Price of Affluence", *op cit.*

103. Ansiedad y depresión entre los niños de esta clase social... Dan Kindlon, *Too Much of a Good Thing: Raising Children of Character in an Indulgent Age*, New York: Hyperion, 2001.

104. Mayores probabilidades ser menos estrictos... *Ibid.*

105. Exactamente cómo esperan que se comporten... David Whitman, *op cit.*

106. Disciplina de Levin... Jay Mathews, *op cit.*

107. Modela una atmósfera de dependencia... Tom Brunzell, "Kaboom! Confronting Student Resistance at the Moment of Impact: A Case Study of KIPP Infinity Charter School", diciembre de 2006.

108. Dominaba los estándares de matemáticas... *Ibid.*

109. Cuando son más metacognitivos... Seligman, *Learned Optimism, op cit.*

110. Fuerte asociación entre el futuro y la realidad... Angela Lee Duckworth, Teri Kirby, Gabriele Oettingen y Anton Gollwitzer, "Mental Contrasting with Implementation Intentions Improves Academic Performance among Economically Disadvantaged Children", *Journal of Applied Developmental Psychology*.

111. La efectividad del MCI... *Ibid.*

112. Redirigiendo nuestra atención hacia otras cosas... David A. Kessler, *The End of Overeating: Taking Con-*

trol of the Insatiable American Appetite, New York: Rodale, 2009.

113. Su efecto de muchas maneras en diferentes situaciones... Jeff Stone, Christian I. Lynch, Mike Sjomeling y John M. Darley, "Stereotype Threat Effects on Black and White Athletic Performance", *Journal of Personality and Social Psychology* 77, Nº 6, diciembre de 1999.

114. Antes de hacer una prueba de memoria... Claude Steele, *Whistling Vivaldi: And Other Clues to How Stereotypes Affect Us*, New York: W.W. Norton, 2010.

115. Intensamente debatido entre psicólogos y neurocientíficos... Joshua Aronson, Carrie B. Fried y Catherine Good, "Reducing the Effects of Stereotype Threat on African American College Students by Shaping Theories of Intelligence", *Journal of Experimental Social Psychology* 38, Nº 2, marzo de 2002.

116. Dweck divide a la gente en dos tipos... Carol S. Dweck, *Mindset: The New Psychology of Success*, New York: Ballantine Books, 2008.

117. La mentalidad de los estudiantes predice sus trayectorias académicas... Lisa S. Blackwell, Kali H. Trzesniewski y Carol S. Dweck, "Implicit Theories of Intelligence Predict Achievement across an Adolescent Transition: A Longitudinal Study and an Intervention", *Child Development* 78, Nº 1, enero / febrero de 2007.

118. Mensaje de mentalidad de crecimiento... Catherine Good, Joshua Aronson y Michael Inzlicht, "Improving Adolescents' Standardized Test Performance: An Intervention to Reduce the Effects of Stereotype Threat", *Applied Developmental Psychology* 24, Nº 6, diciembre de 2003.

119. Campeonato Nacional Escolar en el *New York Times*... Dylan Loeb McClain, "For School, National Chess Champions in 3 Grades", *New York Times*, 20 de diciembre de 2008.

120. **En un torneo nacional en Nashville...** Mark Jacobson, "Mr. Times and His Knights of the Square Table", *New York*, 21 de mayo de 2005.

121. **Analizamos a los ganadores, por grado, del torneo de 2010...** *2010 National K–12 Championships*, Federación de Ajedrez de los Estados Unidos, http://www.uschess.org/tournaments/2010/k12/?page=RESULTS.

122. **El mejor ente jugador de ajedrez del planeta...** Bruce Weber, "Swift and Slashing, Computer Topples Kasparov", *New York Times*, 12 de mayo de 1997.

123. **La última oportunidad del cerebro...** Steven Levy, "Man *vs.* Machine", *Newsweek*, 5 de mayo de 1997.

124. **Cuando veo algo que está más allá de mi comprensión, me asusta...** Bruce Weber, "Swift and Slashing", *op cit.*

125. **Ecuación de Levitt...** Jonathan Levitt, *Genius in Chess: Discover and Develop Your Chess Talent*, Seattle: International Chess Enterprises, 1997.

126. **Completamente equivocada...** Jonathan Rowson, "Beyond the Illusion of 'Talent,'" *New in Chess*, junio de 2009.

127. **Los principales estudios académicos sobre el ajedrez...** Jonathan Rowson, *The Seven Deadly Chess Sins*, London: Gambit Publications, 2000.

128. **Es tan importante como la manera de pensar...** *Ibid.*

129. **Con frecuencia recurre a su blog...** Elizabeth Vicary, "North American Open Round Two: Why Am I Such a Huge Baby?", *Elizabeth Vicary's Blog*, 31 de diciembre de 2007, http://lizzyknowsall.blogspot.com (El apellido de soltera de Elizabeth Spiegel era Vicary.)

130. **Uno de sus medios hermanos...** Dylan Loeb McClain, "One Move Ahead of Opponents, and Two Ahead of Trouble", *New York Times*, City Room Blog, 28 de junio de 2011.

131. La distinción entre 'querer' algo y 'elegirlo'... Aaron y Claire Summerscale, *Interview with a Grandmaster*, London: Everyman Chess, 2001.

132. Prilleltensky... Matan Prilleltensky, "Choosing to Break 2200", *Chess Life Online*, 15 de enero de 2011.

133. Celebrando la libertad por encima de la practicidad... Aaron y Claire Summerscale, *op cit.*

134. *Outliers (Fuera de serie)*... Malcolm Gladwell, *Outliers: The Story of Success*, Boston: Little, Brown and Company, 2008.

135. El típico gran maestro había empezado a jugar a los siete... K. Anders Ericsson, Ralf Th. Krampe y Clemens Tesch-Romer, "The Role of Deliberate Practice in the Acquisition of Expert Performance", *Psychological Review* 100, N° 3, 1993.

136. No podía demostrar personalmente su teoría... Carlin Flora, "The Grandmaster Experiment", *Psychology Today*, 1 de Julio de 2005.

137. Estaban jugando entre ocho y diez horas al día... David Shenk, *The Immortal Game: A History of Chess*, New York: Anchor Books, 2007.

138. Se instalaron en un departamento en Brighton Beach... Fred Waitzkin, "A Father's Pawn", *New York Times Magazine*, 13 de mayo de 1990.

139. Se tituló en la facultad de derecho de Long Island... Dylan Loeb McClain, "A Chess Master Returns Older, and Maybe Wiser", *New York Times*, 27 de enero de 2008.

140. Csikszentmihalyi estudió "las experiencias óptimas"... Mihaly Csikszentmihalyi, *Flow: The Psychology of Optimal Experience*, New York: Harper and Row, 1990.

141. Por lograr algo difícil o que vale la pena... *Ibid.*

142. No te darías cuenta... *Ibid.*

143. Tres veces por arriba de lo normal... Robert M. Sapolsky, *Why Zebras Don't Get Ulcers*, *op cit.*

144. Siempre cambiante de estados de conciencia... Davis Shenk, *Immortal Game. A History of Chess or How 32 Carved Pieces on a Board Illuminated Our Understanding of War, Art, Science and the Human Brain,* Doubleday, 2006.
Véase también:
• Adriaan D. de Groot, *Thought and Choice in Chess,* Amsterdam: Amsterdam Academic Archive, 2008.

145. De hecho, de Groot... Philip E. Ross, "The Expert Mind", *Scientific American,* agosto de 2006.

146. En el estudio de Cathcart Wason... Michelle Cowley y Ruth M. J. Byrne, "When Falsification Is the Only Path to Truth", 2004.

147. Diseñaron una entrevista... Michelle Cowley y Ruth M. J. Byrne, "Chess Masters' Hypothesis Testing", 2004.

148. Tendían a caer en el sesgo de la confirmación... *Ibid.*
Veáse también:
• Mark Peplow, "Science Secret of Grand Masters Revealed", *Nature,* 6 de agosto de 2004.
• Jonathan Rowson, *Chess for Zebras: Thinking Differently about Black and White,* London: Gambit Publications, 2005.

149. "Fue un juego muy hermoso"... Elizabeth Vicary, "A Game That Made Me Cry", *Elizabeth Vicary's Blog,* 3 de mayo de 2011, http://lizzyknowsall.blogspot.com/2011/05/game-that-made-me-cry.html.

150. A mediados de la década de 1990... OECD, *Education at a Glance: OECD Indicators,* París: OECD Centre for Educational Research and Innovation, 1995.

151. Graduados de un programa universitario de cuatro años... OECD, *Education at a Glance 2011: OECD Indicators,* París: OECD Publishing, 2011.
Estas cifras son de 2009, las más recientes disponibles. En esta categoría, Estados Unidos está empatado en

decimosegundo lugar con Japón.

152. **Tenían un título universitario...** "Percent of People 25 Years and Over Who Have Completed High School or College, by Race, Hispanic Origin and Sex: Selected Years 1940 to 2010", U.S. Census Bureau, Current Population Survey. http://www.census.gov/hhes/socdemo/education/data/cps/historical/index.html.

153. **La tasa entre los jóvenes con mayor desventaja...** William G. Bowen, Matthew M. Chingos y Michael S. McPherson, *Crossing the Finish Line: Completing College at America's Public Universities*, Princeton University Press, 2009.

Otros autores piensan que las tasas de terminación de la universidad han ido en aumento para los estudiantes en desventaja aunque más lentamente que lo que aumentan las de los estudiantes de clase alta.

Véase también:

• Martha J. Bailey y Susan M. Dynarski, "Gains and Gaps: Changing Inequality in U.S. College Entry and Completion", *NBER Workingpaper* 17633, Cambridge, MA: National Bureau of Economic Research, diciembre de 2011.

154. **Hombres que se graduaron de la universidad se duplicó...** Claudia Goldin y Lawrence Katz, *The Race Between Education and Technology*, Cambridge, MA: Harvard University Press, 2008.

155. **Educación que excedía, por mucho, a la previa...** *Ibid.*

156. **Los creadores de políticas educativas de E.U.** David Leonhardt, "The College Dropout Boom", *New York Times*, 24 de mayo de 2005.

Véase también:

• Sarah Turner, "Going to College and Finishing College: Explaining Different Educational Outcomes", *College Choices: The Economics of Where to Go,*

When to Go, and How to Pay for It, University of Chicago Press, 2004.

- Tamar Lewin, "Once a Leader, U.S. Lags in College Degrees", *New York Times*, 23 de julio de 2010.

157. Estados Unidos todavía tiene un respetable octavo lugar... OECD, *Education at a Glance 2011, op cit.*

158. Puede ganar 83 por ciento más... David Leonhardt, "Even for Cashiers, College Pays Off", *New York Times*, 25 de junio de 2011.

159. Está dejando tiradas en la calle grandes cantidades... Goldin y Katz, *The Race Between Education and Technology, op cit.*

160. Datos académicos detallados de unos doscientos mil estudiantes... David Leonhardt, "Colleges Are Failing in Graduation Rates", *New York Times*, 9 de septiembre de 2009.

161. "Romanticismo educativo": Charles Murray, *Real Education: Four Simple Truths for Bringing America's Schools Back to Reality*, New York: Crown Forum, 2008.

162. "Niebla de ilusiones e igualitarismo bien intencionado"... *Ibid.*

163. Las mismas habilidades académicas distinguidas: Bowen, Chingos y McPherson, *op cit.*

164. El GPA del bachillerato era un mejor indicado... *Ibid.*

165. El SAT se inventó en los años posteriores a la Segunda Guerra Mundial... Nicholas Lemann, *The Big Test: The Secret History of the American Meritocracy*, New York: Farrar, Straus and Giroux, 2000.

166. Graduación de las universidades a las cuales asistieron... *Ibid.*

167. Analizó el GPA... Angela Duckworth, Patrick Quinn y Eli Tsukayama, "What No Child Left Behind Leaves Behind: The Roles of IQ and Self-Control in Predict-

ing Standardized Achievement Test Scores and Report Card Grades", *Journal of Educational Psychology*, 2011.
168. **Completar un programa universitario...** Bowen, Chingos y McPherson, *op cit.*
169. **Aquí no hay niños...** Alex Kotlowitz, *There Are No Children Here: The Story of Two Boys Growing Up in the Other America*, New York: Anchor Books, 1991.
170. **Contrastando la "superfluidad de oportunidad"...** Jonathan Kozol, *Savage Inequalities: Children in America's Schools*, New York: Crown Publishers, 1991.
171. **Comunidad blanca de clase media...** *Ibid.*
172. **Leyó el artículo de primera plana...** Jodi S. Cohen y Darnell Little, "Of 100 Chicago Public School Freshmen, Six Will Get a College Degree", *Chicago Tribune*, 21 de abril de 2006.
Después de que se publicó el artículo se actualizó el informe del consorcio y se corrigió para indicar que ocho de cada cien estudiantes de nuevo ingreso a los bachilleratos de Chicago obtendrían un título universitario, no seis de cada cien.
173. **Solamente ocho de cada cien estudiantes...** Melissa Roderick, Jenny Nagaoka y Elaine M. Allensworth, *From High School to the Future*, Chicago: Consortium on Chicago Schools Research, 2006.
174. **Uno de cada treinta varones que ingresaban al bachillerato:** Jodi S. Cohen y Darnell Little, "Of 100 Chicago Public School Freshmen, Six Will Get a College Degree", *Chicago Tribune*, 2006.
En el artículo se mostró que las probabilidades eran de una en cuarenta y esa cifra cambió cuando se actualizó el informe.
175. **Habilidades académicas no cognitivas...** *Melissa Roderick, Closing the Aspirations-Attainment Gap: Implications for High School Reform*, New York: MDRC, abril de 2006.

176. **Pensamiento crítico ni las capacidades de resolución de problemas...** *Ibid.*

177. **Al menos una licenciatura se duplicó, de 40 a 80 por ciento...** *Ibid.*

178. **La peor zona de barrios bajos en los Estados Unidos...** Pam Belluck, "Razing the Slums to Rescue the Residents", *New York Times*, 6 de septiembre de 1998.

179. **Uno de cada nueve homicidios en Chicago sucedía en esa zona:** William Julius Wilson, *The Truly Disadvantaged*, Chicago: University of Chicago Press, 1987.

180. **El promedio de las escuelas públicas de Chicago es de 17...** Rosalind Rossi, "CPS High School ACT Scores Go Down —and They Go Up", *Chicago Tribune*, 3 de noviembre de 2011.

181. **Deberían asistir a la universidad...** Murray, *op cit.*

182. **Irreales entre la siguiente generación...** *Ibid.*

183. **Más allá de un sentido rudimentario...** *Ibid.*

184. **Dos economistas laborales de la Universidad de California...** Philip Babcock y Mindy Marks, "Leisure College, USA: The Decline in Student Study Time", *AEI Education Outlook*, Washington, DC: American Enterprise Institute for Public Policy Research, agosto de 2010.
Véase también:
• Philip Babcock y Mindy Marks, "The Falling Time Cost of College: Evidence from Half a Century of Time Use Data", 24 marzo de 2010.

185. **En un estudio independiente de 6,300 estudiantes...** Steven Brint y Allison M. Cantwell, *Undergraduate Time Use and Academic Outcomes: Results from UCUES 2006*, Berkeley, CA: Research and Occasional Paper Series, Center for Students in Higher Education, University of California, Berkeley, octubre de 2008.

186. **Se publicó en la *New York Times Magazine* en septiembre de 2011...** Paul Tough, "What If the Secret to

Success Is Failure?", *New York Times Magazine*, 18 de septiembre de 2011.

187. **"Una de las mejores decisiones que jamás tomó"...** "'You've Got to Find What You Love,' Jobs Says", *Stanford Report*, 14 de junio de 2005.

188. **Salvo inversionistas y consultores administrativos...** Paul Kedrosky y Dane Stangler, *Financialization and Its Entrepreneurial Consequences*, Kansas City, MO: Kauffman Foundation Research Series, marzo de 2011.

189. **36 por ciento de los recién graduados de Princeton...** Catherine Rampell, "Out of Harvard, and Into Finance", *New York Times*, Economix blog, 21 de diciembre de 2011.

190. **¿Por qué los alumnos de Harvard se van a Wall Street?** James Kwak, "Why Do Harvard Kids Head to Wall Street?", *Baseline Scenario blog*, 4 de mayo de 2010, http://baselinescenario.com/2010/05/04/why-do-harvard- kids-head-to-wall-street/

191. **Convencen a los estudiantes que están en el último año...** Marina Keegan, "Another View: The Science and Strategy of College Recruiting", *New York Times*, DealBook blog, 9 de noviembre de 2011.

192. **Encuesta de Pew Research...** "22–25 septiembre, 2011, Omnibus", Pew Research Center.

193. **En 1966, en la cúspide de la guerra contra la pobreza...** Carmen DeNavas-Walt, Bernadette D. Proctor y Jessica C. Smith, *U.S. Census Bureau, Current Population Reports, Income, Poverty, and Health Insurance Coverage in the United States: 2010*, Washington, DC: U.S. Government Printing Office, 2011.

194. **Y la tasa de pobreza infantil es sustancialmente más alta ahora...** "Poverty Among Children", *Congressional Budget Office*, 3 de diciembre de 1984.

195. *The Bell Curve...* Richard J. Herrnstein y Charles

Murray, *The Bell Curve: Intelligence and Class Structure in American Life*, New York: Free Press, 1994.
Véase también:
• James J. Heckman, "Lessons from the Bell Curve", *Journal of Political Economy* 103, N° 5, 1995.
196. La brecha entre los ricos y los pobres empeoraba cada año... Sean F. Reardon, "The Widening Achievement Gap Between the Rich and the Poor", *Whither Opportunity?*, New York: Russell Sage, 2011.
Véase también:
• Sabrina Tavernise, "Education Gap Grows Between Rich and Poor, Studies Say", *New York Times*, 9 de febrero de 2012.
197. El consenso de la mayoría de los promotores de la reforma... Steven Brill, Class Warfare: *Inside the Fight to Fix America's Schools*, New York: Simon and Schuster, 2011.
198. En un puñado de investigaciones... William L. Sanders y June C. Rivers, *Cumulative and Residual Effects of Teachers on Future Student Academic Achievement*, Knoxville: University of Tennessee, Value-Added Research and Assessment Center, noviembre de 1996.
Véase también:
• William L. Sanders y Sandra P. Horn, "Research Findings from the Tennessee Value-Added Assessment System (TVAAS) Database: Implications for Educational Evaluation and Research", *Journal of Personnel Evaluation in Education* 12, N° 3, 1998.
• Heather R. Jordan, Robert L. Mendro y Dash Weerasinghe, *Teacher Effects on Longitudinal Student Achievement: A Report on Research in Progress*, Dallas: Dallas Public Schools, julio de 1997.
• Kati Haycock, "Good Teaching Matters...a Lot", *Thinking K–16* 3, N° 2, 1998.
• Eric A. Hanushek, John F. Kain y Steven G. Rivkin,

"Teachers, Schools, and Academic Achievement", *NBER Workingpaper* 6691, Cambridge, MA: National Bureau of Economic Research, agosto de 1998.
- Eric A. Hanushek, "Efficiency and Equity in Education", *NBER Reporter*, 2001.
- Robert Gordon, Thomas J. Kane y Douglas O. Staiger, *Identifying Effective Teachers Using Performance on the Job*, Hamilton Project White Paper 2006-01, Washington, DC: Brookings, 2006.

199. A veces los maestros brillantes de pronto caen en picada... Michael Marder, "Visualizing Educational Data", Department of Physics, University of Texas at Austin, 9 de febrero de 2011.
Véase también:
- Michael Marder, "Failure of U.S. Public Secondary Schools in Mathematics: Poverty Is a More Important Cause than Teacher Quality", 2011.

200. La calidad de los maestros representa menos de 10 por ciento... Hanushek, Kain y Rivkin, *op cit.*
Véase también:
- Eric Eide, Dan Goldhaber, y Dominic Brewer, "The Teacher Labour Market and Teacher Quality", *Oxford Review of Economic Policy* 20, N° 2, 2004.

201. 41,348 dólares para una familia de cuatro integrantes... United States Department of Agriculture Food and Nutrition Service, *National School Lunch Program Fact Sheet*, Washington, DC: United States Department of Agriculture Food and Nutrition Service, octubre de 2011.

202. Abarca más o menos al 40 por ciento... U.S. Census Bureau, Current Population Survey, 2011 *Annual Social and Economic Supplement,* http://www.census.gov/hhes/www/cpstables/032011/pov/new01_185_01.htm

203. Sólo uno de cada ocho estudiantes... 87 por ciento de los estudiantes de escuelas públicas de Chicago son de bajos ingresos según los estándares educativos federales. "Stats and facts", http://www.cps.edu/about_cps/at-a-glance/pages/stats_and_facts.aspx

204. Alrededor de 10 por ciento de todos los niños en Estados Unidos... Carmen DeNavas-Walt, Bernadette D. Proctor y Jessica C. Smith, *op cit.*

205. Un ingreso menor a 11,000 dólares al año... *Ibid.* Véase también:

• Hope Yen y Laura Wides-Munoz, "Poorest Poor in US Hits New Record: 1 in 15 People", *Associated Press*, 3 de noviembre de 2011.

206. Más de siete millones de niños... Carmen DeNavas-Walt, Bernadette D. Proctor y Jessica C. Smith, *op cit.*

207. Un programa efectivo de apoyo para los padres... Jack Shonkoff, *NBC News Education Nation Summit*, 26 de septiembre de 2011, http://developingchild.harvard.edu/index.php/resources/multimedia/lectures_and_presentations/education_nation/

208. Entre siete y doce dólares de beneficio tangible... James J. Heckman, Seong Hyeok Moon, Rodrigo Pinto, Peter A. Savelyev y Adam Yavitz, "The Rate of Return to the High/Scope Perry Pre-school Program", *Journal of Public Economics* 94, N° 1-2, febrero de 2010.